新编大型管理实务工具库

新编会计管理制度与表格设计范本

高平阳 陈红明／编著

企业管理出版社

图书在版编目（CIP）数据

新编会计管理制度与表格设计范本/高平阳，陈红明编著. －北京：企业管理出版社，2010.5

ISBN 978－7－80255－543－3

Ⅰ.①新… Ⅱ.①高… ②陈… Ⅲ.①企业－会计制度－基本知识－中国②企业－会计报表－设计－基本知识－中国 Ⅳ.①F279.23

中国版本图书馆 CIP 数据核字(2010)第 078718 号

书　　名：新编会计管理制度与表格设计范本
编　　著：高平阳　陈红明
责任编辑：李　杜
书　　号：ISBN 978－7－80255－543－3
出版发行：企业管理出版社
地　　址：北京市海淀区紫竹院南路 17 号　　邮编：100048
网　　址：http：//www. emph. cn
电　　话：出版部 68414643　发行部 68467871　编辑部 68428387
电子信箱：80147@ sina. com　zbs@ emph. cn
印　　刷：北京东海印刷有限公司
经　　销：新华书店
成品尺寸：185 毫米×260 毫米　16 开本　20 印张　350 千字
版　　次：2010 年 6 月第 1 版　2010 年 6 月第 1 次印刷
定　　价：45.00 元

前 言

随着我国经济制度的不断完善，企业经济环境随之发生了重大变化。主要是企业作为自主经营、自负盈亏、自我约束、自我发展的实体，独立性日益增强，管理权利不断扩大。这就要求企业在新的形势下，构建企业管理制度的新框架。而会计管理制度的设计则是其中重要的一环。企业会计管理人员要以现代企业制度为方向，充分发挥积极主动性，设计和完善真正适合企业实际的内部会计管理制度，更好地发挥企业会计管理人员在现代企业经济管理活动中的重要作用。

本书不仅对企业会计管理人员有很大的实用性，而且对想了解企业管理和企业内部管理制度的读者具有很强的指导性。本书针对企业管理中需要解决的财务管理、行政制度设计管理以及生产管理的具体问题，提出了有效的解决方法。全书内容全面，通俗易懂，循序渐进为经营管理人员全面迅速掌握有关企业会计管理制度与表格设计的基本知识提供一个平台。

本书共设十二章。第一、二、三章概括介绍企业会计管理组织设计的主要内容和会计管理制度的组织结构，勾画出了企业会计管理制度设计框架。第四章是企业会计核算制度和表格的设计，囊括了从会计科目到会计凭证，从账簿到报表的各项制度和所需表格设计。第五章到第十一章从企业业务循环角度出发，分别介绍了企业货币资金的会计管理、存货的会计管理、长期资产的会计管理、采购与应付款的会计管理、销售与收款业务的会计管理、成本与费用的会计管理以及筹资与投资的会计管理。最后一章是企业内部审计管理制度。内部审计制度是企业会计管理制度行之有效的重要制度保证，所以也纳入到本书的讨论之中。

本书的主要特点如下：一、内容全面、详尽、系统。会计管理作为一种特殊的经济管理活动，具有价值管理、综合性和全面性的特点，这就要求会计管理制度不能仅限于会计核算制度，而应该延伸到企业生产经营的各个领域，即企业生产经营的各个方面都应该渗透会计的管理作用，这样才能更好地发挥会计在企业管理中的作用，故而本书取名为《新编会计管理制度与表格设计范本》，以突出会计的管理作用。如上所述，全书内容涵盖了会计核算制度和会计管理制度两大方面。二、注重实用性、可操作性。本书在处理理论与实践的关系上，假设读者已经掌握或者了解了会计基础理论，将叙述重点放在具体制度的设计方法和实际运用上，因而具有很强的实用性和可操作性。特别是考虑到实际工作中，不少管理者常常因为找不到适用的会计表格而影响了工作效率，本书专门收集整理了大量实用表格，能为读者解决不少实际问题。三、深入浅出、通俗易懂。考虑到读者的阅读习惯和时间，本书在阐述上尽量由浅入深、循序渐进，以使读者对会计工作知识的认识和掌握水平在短期内能迅速得到提升。

本书在写作过程中，参考了大量相关书籍，在此一并向有关作者表示感谢。由于作者水平所限，本书难免会有一些缺点和错误，尚请读者批评指正，以便日后对本书进行修改和补充。

编　者

目　录

第 1 章　会计职业道德规范

1.1　会计人员应遵循的相关法律、法规

会计人员应遵循法律、法规主要包括的内容见下图：

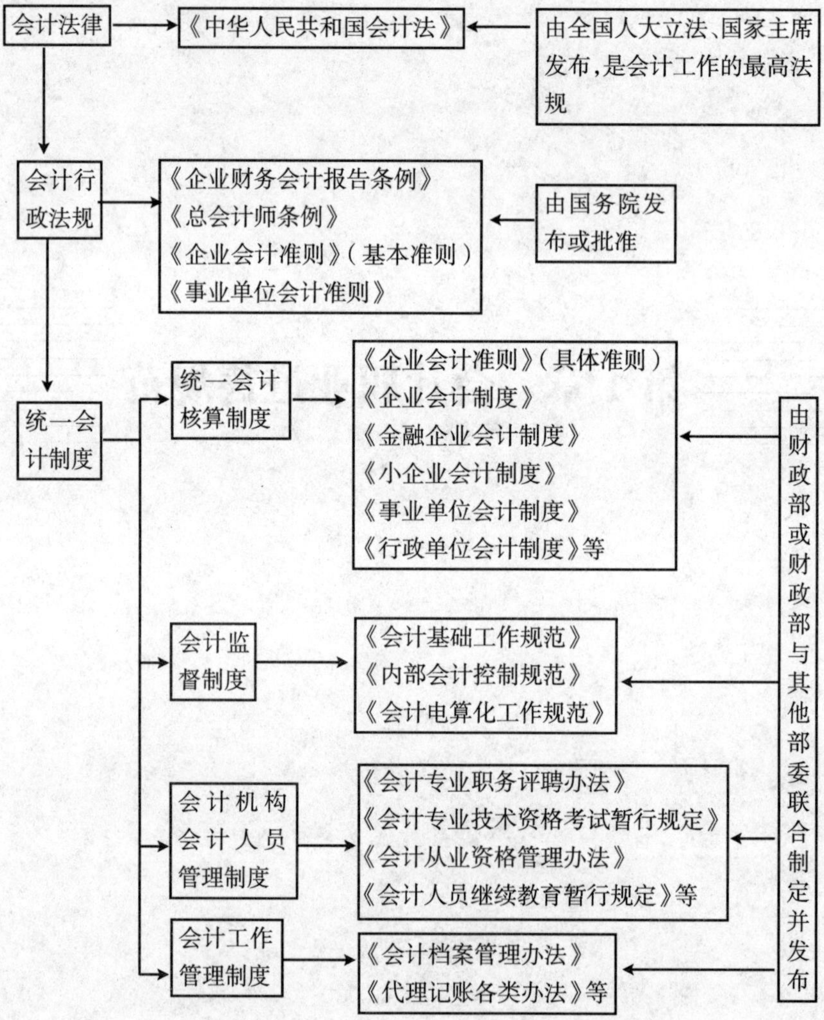

图 1-1　会计人员应遵循的相关法律、法规

1.2　会计人员职业道德规定

第一条　会计人员在会计工作中应当遵守职业道德，树立良好的职业品质、严谨的工

作作风，严守工作纪律，努力提高工作效率和工作质量。

第二条 会计人员应当热爱本职工作，努力钻研业务，使自己的知识和技能适应所从事工作的要求。

第三条 会计人员应当熟悉财经法律、法规、规章和国家统一会计制度，并结合实际工作进行广泛宣传。

第四条 会计人员应当按照会计法律、法规和国家统一会计制度规定的程序和要求进行会计工作，保证所提供的会计信息合法、真实、准确、及时、完整。

第五条 会计人员办理会计事务应当实事求事、客观公正。

第六条 会计人员应当熟悉本单位的生产经营和业务管理情况，运用掌握的会计信息和会计方法，为改善单位内部管理、提高经济效益服务。

第七条 会计人员应当保守本单位的商业秘密。除法律规定和领导人同意外，不能私自向外界提供或者泄露单位的会计信息。

第八条 财政部门、业务主管部门和各单位应当定期检查会计人员遵守职业道德的情况，并作为会计人员晋升、晋级、聘任专业职务、表彰奖励的重要考核依据。

第九条 会计人员违反职业道德的，由所在单位进行处罚；情节严重的，由会计证发证机关吊销会计证。

1.3 会计职业道德与其他职业道德的本质区别

会计职业道德是会计职业活动中应遵循的、体现会计职业特征的、调整会计职业关系的职业行为准则和规范，是从事会计工作的人员在履行职责活动中应具备的道德品质。

会计职业道德与其他职业道德的主要区别在于以下三点：

①会计职业道德是调整会计职业活动中各种利益关系的手段。会计工作的性质决定了在会计职业活动中要处理方方面面的经济关系，包括单位与单位、单位与国家、单位与投资者、单位与债权人、单位与职工、单位内部各部门之间及单位与社会公众之间等经济利益关系。在我国社会主义市场经济建设中，当各经济主体的利益与国家利益、社会公众利益发生冲突的时候，会计职业道德不允许通过损害国家和社会公众利益而获取违法利益，但允许个人和各经济主体获取合法的自身利益。会计职业道德可以配合国家法律制度，调整职业关系中的不同经济利益关系，维护正常的经济秩序。

②会计职业道德具有相对稳定性。会计是一种专业技术性很强的职业。在其对单位经济事项进行确认、计量、记录和报告中，会计标准的设计，会计政策的制定，会计方法的选择，都必须遵循其内在的客观经济规律和要求。因此，会计职业道德在社会经济关系不断的变迁中，始终保持着自己的相对稳定性。例如，在会计职业活动中诚实守信、客观公

正等是对会计人员的普遍要求，而泄露商业秘密是任何一个企业都不能容忍的。

③会计职业道德具有广泛的社会性。会计职业道德的社会性是由会计职业活动所生成的产品决定的。特别是如今所有权和经营权分离的情况下，会计不仅要为政府机构、企业管理层、金融机构等提供符合质量要求的会计信息，而且要为投资者、债权人及社会公众服务，因其服务对象涉及面很广，提供的会计信息是公共产品，所以会计职业道德的优劣将影响国家和社会公众利益。像银广厦、郑百文、蓝田股份等会计造假丑闻就是典型例子，由于会计造假致使广大股东遭受了巨大的损失，严重干扰了社会经济的正常秩序。可见，会计信息质量直接影响着社会经济的发展和社会经济秩序的健康运行，会计职业道德必然受到社会公众的关注，具有广泛的社会性。

1.4 会计职业道德的特点和重要性

会计作为社会经济活动中的一种特殊职业，除了具有职业道德的一般特点外，与其他职业道德相比还具有如下特点：

①具有一定的强制性。道德一般不具有强制性，它只是要求人们“应该这样或那样做”。但在我国，会计职业道德和其他道德却不一样，许多内容都直接纳入了会计法律制度，如我国的《中华人民共和国会计法》、《会计基础工作规范》等都规定了会计职业道德的内容和要求。因此，会计职业道德是一种“思想立法”，它已经超出“应该怎样做”的界限，跨入“必须这样做”的范围。如果不按照“守则”“准则”“条例”去做，有的虽谈不上犯罪，但也是违反职业纪律的，更是职业道德所不允许的。会计职业道德的这种独特的强制性，是由会计工作在市场经济活动中的特殊地位所决定的。

②较多关注公众利益。会计职业的一个显著特征是会计职业活动与社会公众利益密切联系。在会计工作中，会计确认、计量、记录和报告的程序、标准和方法，在选择和运用上发生任何变化，都会引起与经济主体有关的各方经济利益受到直接的影响。

会计职业道德的重要性，主要体现在以下四个方面：

①会计职业道德是规范会计行为的基础。会计职业道德对会计的行为动机提出了相应的要求，如诚实守信、客观公正等，引导、规劝、约束会计人员树立正确的职业观念，建立良好的职业品行，从而达到规范会计行为的目的。

②会计职业道德是实现会计目标的重要保证。从会计职业关系角度讲，会计目标就是为会计职业关系中的各个服务对象提供真实、可靠的会计信息。会计目标能否顺利实现，既取决于会计从业者专业技能水平，也取决于会计从业者的能否严格履行职业行为准则。因此，依靠会计职业道德规范约束会计从业者的职业行为，是实现会计目标的重要保证。

③会计职业道德是对会计法律制度的重要补充。会计法律制度只能对会计人员不得违

法的行为作出规定，却不能对会计人员的爱岗敬业、诚实守信等提出具体要求，因此，会计职业道德可以弥补这一缺陷。

④会计职业道德是社会主义物质文明和精神文明建设的重要力量。只有会计人员遵守职业道德行为规范，会计秩序才能不混乱，企业和社会才能向更好的方向发展。

1.5 会计人员爱岗敬业的基本要求

爱岗敬业指的是忠于职守的事业精神，这是会计职业道德的基础。会计人员应该热爱自己的本职工作，安心于本职岗位，稳定、持久地在会计天地中耕耘，恪尽职守地做好本职工作；应该充分认识本职工作在社会经济活动中的地位和作用，认识本职工作的社会意义和道德价值，具有会计职业的荣誉感和自豪感，在职业活动中具有高度的劳动热情和创造性，以强烈的事业心、责任感从事会计工作。

爱岗敬业的基本要求有以下五点：

①正确认识会计职业，树立职业荣誉感。会计人员只有正确地认识会计本质，明确会计在经济管理工作中的地位和重要性，树立职业荣誉感，才有可能去爱岗敬业。这是做到爱岗敬业的前提，也是首要要求。

②热爱会计工作，敬重会计职业。会计人员只要树立了正确的思想，就会发现会计职业中的乐趣；只有树立正确的思想，才会刻苦钻研会计业务技能，才会努力学习会计业务知识，才会发现在会计核算、企业理财领域有许多值得人们去研究探索的东西。有了对本职工作的热爱，就会激发出一种敬业精神，自觉自愿地执行职业道德的各种规范，不断改进自己的工作，在平凡的岗位上做出不平凡的业绩。

③安心工作，任劳任怨。只有安心本职工作，才能潜下心来“勤学多思，勤学多练”，才能对会计工作中不断出现的新问题去探索和研究，也才能真正做到敬业。只有任劳任怨工作，才能处理好集体利益与职工个人利益或国家利益与单位利益之间的关系。

④严肃认真，一丝不苟。会计工作要求会计人员要有严肃认真的工作态度和一丝不苟的工作作风，否则容易出现偏差。严肃认真、一丝不苟的职业作风贯穿于会计工作的始终，不仅要求数字计算正确，手续清楚完备，而且绝不能有“都是熟人不会错”的麻痹思想和“马马虎虎”的工作作风。

⑤忠于职守，尽职尽责。这不仅要求会计人员认真地执行岗位规范，而且要求在各种复杂的情况下，能够抵制各种诱惑，忠实地履行岗位职责。

1.6 会计人员客观公正、诚实守信的基本要求

客观是指按事物的本来面目去反映，不掺杂个人的主观意愿，也不为他人意见所左右。公正就是平等、公平正直，没有偏失。但公正是相对的，世上没有绝对的公正。客观公正是会计职业道德所追求的理想目标。

客观公正的基本要求有以下四点：

①端正态度。坚持客观公正原则的基础是会计人员的态度、专业知识和专业技能。没有客观公正的态度，不可能尊重事实。

②依法办事。依法办理，认真遵守法律法规，是会计工作保证客观公正的前提。

③实事求是，不偏不倚。社会经济是复杂多变的，会计法律制度不可能对所有的经济事项作出规范，那么会计人员对经济事项的职业判断，就可能会出现偏差。因此，客观公正是会计工作和会计人员追求的目标，通过不断提高专业技能，正确理解、把握并严格执行会计准则、制度，不断消除非客观、非公正因素的影响，做到最大限度的客观公正。

④保持独立性。客观公正是会计职业者的一种工作态度。它要求会计人员对会计业务的处理，对会计政策和会计方法的选择，以及对财务会计报告的编制、纰漏和评价，必须独立进行职业判断，做到客观、公平、理智、诚实。

诚实是指言行跟内心思想一致，不弄虚作假、不欺上瞒下。守信就是遵守自己所作出的承诺，讲信用，重信用，信守诺言，保守秘密。诚实守信是做人的基本准则，也是会计职业道德的重要内容。

诚实守信的基本要求有以下两点：

①做老实人，说老实话，办老实事，不弄虚作假，做老实人，要求会计人员言行一致，表里如一，光明正大。

说老实话，要求会计人员说话诚实，是一说一，是二说二，不夸大，不缩小，不隐瞒，如实反映和披露单位经济业务事项。办老实事，要求会计人员工作踏踏实实，不弄虚作假，不欺上瞒下。总之，会计人员应言行一致，实事求实，如实反映单位经济业务活动情况。

②保密守信，不为利益所诱惑。会计人员在履行自己的职责时，应树立保密观念，做到保守商业秘密，对机密资料不外传，不外泄，守口如瓶，这是会计人员应尽的义务，也是诚实守信的具体体现，会计人员在没有得到法律规定或经单位规定程序批准外，不能以任何借口或方式把单位商业密秘泄露出去。

会计人员如果泄露本单位的商业秘密，不仅会对单位的利益产生威胁，同时也将会损害会计人员自身的形象和利益。会计人员要了解自己所知的信息中，哪些是商业秘密，哪

些是无关紧要的事项，以防止无意泄密的情况发生。而且要抑制住各种各样的利益诱惑，绝对不能用商业秘密作为谋利的手段。

1.7 会计人员廉洁自律的基本要求

廉洁就是不贪污钱财，不收受贿赂，保持清白。自律是指自律主体按照一定的标准，自己约束自己、自己控制自己的言行和思想过程。廉洁自律是会计职业道德的前提，也是会计职业道德的内在要求，这是会计工作的特点决定的。

廉洁自律的基本要求有以下三点：

①树立正确的人生观和价值观。廉洁自律要求会计人员必须加强世界观的改造，树立正确的人生观和价值观。

②公私分明，不贪不占。会计人员必须严格划分公与私的界线，必须摒除贪念。必须加强世界观的自我改造，道德的自我修养，职业道德的自律。

③遵纪守法，尽职尽责。会计人员应正确处理会计职业权利与职业义务的关系，增强抵制行业不正之风的能力，要遵纪守法，不违法乱纪、以权谋私，做到廉洁自律；而且要敢于、善于运用法律所赋予的权利，尽职尽责，勇于承担职业责任，履行职业义务，保证廉洁自律。

1.8 会计人员坚持准则的基本要求

会计人员在处理业务过程中，要严格按照会计法律制度办事，不为主观或他人意志左右。这里所说的“准则”不仅指会计准则，而且包括会计法律、法规、国家统一的会计制度以及与会计工作相关的法律制度。坚持准则是会计职业道德的核心。

面对不同的情况会计人员应如何处理，国际会计师联合会发布的《职业会计师道德守则》提出了如下建议：

①如遇到严重的职业道德问题时，职业会计师首先应遵循所在组织的已有政策加以解决；如果这些政策不能解决道德冲突，则可私下向独立的咨询师或会计职业团体寻求建议，以便采取可能的行动步骤。

②若自己无法独立解决,可与最直接的上级一起研究解决这种冲突的办法。

③若仍无法解决，则在通知直接上级的情况下，可请教更高一级的管理层。若有迹象表明，上级已卷入这种冲突，职业会计师必须和更高一级的管理当局商讨该问题。

④如果在经过内部所有各级审议之后道德冲突仍然存在，那么对于一些重大问题，如

舞弊，职业会计师可能没有其他选择。作为最后手段，他只能诉诸辞职，并向该组织的适当代表提交一份信息备忘录。

坚持准则的基本要求有以下三点：

①熟悉准则。会计人员应了解和掌握《中华人民共和国会计法》和国家统一的会计制度及与会计相关的法律制度，这是遵循准则、坚持准则的前提。只有熟悉准则，才能按准则办事，才能遵纪守法，才能保证会计信息的真实性、完整性。

②遵循准则。准则是会计人员开展会计工作的外在标准和参照物。会计人员在会计核算和监督时要自觉地严格遵守各项准则，将单位具体的经济业务事项与准则相对照，先做出是否合法合规的判断，对不合法的经济业务不予受理。

③坚持准则。会计人员应认真执行国家统一的会计制度，依法履行会计监督职责，发生道德冲突时，应坚持准则，对法律负责，对国家和社会公众负责，敢于同违反会计法律法规和财务制度的现象作斗争，确保会计信息的真实性和完整性。

1.9 会计人员提高技能的基本要求

会计人员是会计工作的主体。会计工作质量的好坏，一方面受会计人员专业技能水平的影响；另一方面受会计人员道德品行的影响。会计人员的道德品行是会计职业道德的根本和核心，会计人员的专业技能水平是会计人员职业道德水平的保证。会计工作是一门专业性和技术性很强的工作，从业人员必须“具备一定的会计专业知识和技能”，才能胜任会计工作。

就会计职业而言，职业技能包括会计理论水平，会计实务操作能力，职业判断能力，自动更新知识能力，提供会计信息的能力，沟通交流能力等。提高技能就是指会计人员通过学习、培训和实践等途径，持续提高上述职业技能，以达到具备足够的专业胜任能力的活动。遵守会计职业道德客观上需要不断提高会计职业技能。

我国加入 WTO 后，中国经济逐渐融入全球经济体系，国际会计惯例充分协调，需要会计人员不断地学习新的会计理论和新的准则制度，熟悉和掌握新的法律法规。

提高技能的基本要求有以下两点：

①具有不断提高会计专业技能的意识和愿望。随着市场经济的发展、全球经济一体化以及科学技术日新月异，会计在经济发展中的作用越来越明显，对会计的要求也越来越高，会计人才的竞争也越来越激烈。会计人员要想生存和发展，就必须具有不断提高会计专业技能的意识和愿望，才能不断进取，才会主动地求知、求学，刻苦钻研，使自身的专业技能不断提高，使自己的知识不断更新，从而掌握过硬的本领，在会计人才的竞争中立于不败之地。

②具有勤学苦练的精神和科学的学习方法。专业技能的提高和学习不可能是一劳永逸之事，必须持之以恒，不间断地学习、充实和提高，“活到老学到老”。只有具有锲而不舍的“勤学”精神，同时掌握科学的学习方法，在学中思，在思中学，在实践中不断锤炼，才能不断地提高自己的业务水平、才能推动会计工作和会计职业和发展，以适应不断变化的新形势和新情况的需要。

谦虚好学、刻苦钻研、锲而不舍，是练就高超的专业技术和过硬本领的惟一途径，也是衡量会计人员职业道德水准高低的重要标志之一。

1.10 会计人员参与管理的基本要求

明确会计人员的职责，充分调动会计人员的积极性，是做好会计工作，加强财务管理，提高经营管理水平，保证社会主义市场经济健康发展的重要方面。

国务院发布的《会计人员职权条例》进一步明确了会计人员的具体职责和工作权限。根据规定，会计人员的主要职责具体包括：

1. 按照国家财务制度，认真编制并严格执行财务计划、预算，严格执行各项费用开支标准，分清资金渠道，合理使用资金，保证完成国家税收及财政上缴任务。

2. 按照国家会计制度的规定，记账、算账、报账、做到手续完备，内容真实，数字准确，账目清楚，日清月结，按期报送。

3. 按照银行制度的规定，合理使用贷款，加强现金管理，做好结算工作。

4. 按照经济核算原则，定期检查，分析财务计划、预算的执行情况，挖掘增收节支的潜力，考核资金使用效果，揭露经营管理中的问题，及时向领导提出建议。

5. 按照国家会计制度的规定，妥善保管会计凭证、账簿、报表等档案资料。

6. 遵守、宣传国家财政制度和财经纪律，同一切违法乱纪行为做斗争。

在此基础上会计人员应该参加管理活动，为管理者当参谋，为管理活动服务。特别是会计部门的负责人，必须强化自己参与管理、当好参谋的角色意识和责任意识。

参与管理的基本要求有以下两点：

①努力钻研业务，熟悉财经法规和相关制度，提高业务技能，为参与管理打下坚实的基础。娴熟的业务，精湛的技能，是会计人员参与管理的前提。

②熟悉服务对象的经营活动和业务流程，使管理活动更具针对性和有效性。会计人员应当了解本单位的整体情况，特别是要熟悉本单位的生产经营、业务流程和管理情况，掌握单位的生产经营能力、技术设备条件、产品市场及资源状况等情况。只有如此，才能充分利用会计工作的优势，更好地满足经营管理的需要，才能在参与管理的活动中有针对性地拟定可行性方案，从而提高经营决策的合理性和科学性，更有效的服务于单位的总体发

展目标。

1.11 会计人员强化服务的基本要求

会计人员应该具有文明的服务态度、强烈的服务意识和优良的服务质量。服务态度是服务者的行为表现，“文明服务，以礼待人”，不仅仅是对服务行业提出的道德要求，而是对所有职业活动提出的道德要求。会计人员不仅要有热情、耐心、诚恳的工作态度，待人平等礼貌，而且遇到问题要以商量的口吻，充分尊重服务对象和部门的意见。做到大事讲原则，小事讲风格，沟通讲策略，用语讲准确，建议看场合。

强化服务的基本要求有以下两点：

1. 强化服务意识

会计人员要树立强烈的服务意识，为管理者服务、为所有者服务、为社会公众服务、为人民服务。不论服务对象的地位高低，都要摆正自己的工作位置，管理好钱账是自己的工作职责，参与管理是自己的义务。只有树立了强烈的服务意识，才能做好会计工作，履行会计职能，为单位和社会经济的发展做出应有的贡献。

2. 提高服务质量

强化服务的关键是提高服务质量。单位会计人员的服务质量表现在，是否真实地记录单位的经济活动，向有关提供可靠的会计信息，是否积极主动地向单位领导反映经营活动情况和存在的问题，提出合理化建议，协助领导决策，参与经营管理活动。

1.12 会计职业道德与会计法律制度的关系

会计职业道德与会计法律制度都属于会计人员行为规范的范畴，两者既有联系，也有区别。

1. 会计职业道德与会计法律制度的联系

会计职业道德与会计法律制度有着共同的目标、相同的调整对象、承担着同样的职责，两者联系密切。其主要表现在：

（1）两者在作用上相互补充协调。

在规范会计行为中，我们不可能完全依赖会计法律制度的强制功能排斥会计职业道德的教化功能，会计行为不可能都由会计法律制度进行规范，不需要或不宜由会计法律制度进行规范的行为，可通过会计职业道德规范来实现。同样，那些基本的会计行为必须运用会计法律制度强制遵守。

（2）两者在内容上相互渗透、相互重叠。

会计法律制度中含有会计职业道德规范的内容，同时，会计职业道德规范中也包含会计法律制度的某些条款。

（3）两者在地位上相互转化、相互吸收。

最初的会计职业道德规范就是对会计职业行为约定俗成的基本要求，后来制定的会计法律制度吸收了这些基本要求，便形成了会计法律制度。

总之，会计法律制度和会计职业道德在实施过程中相互作用，会计职业道德是会计法律规范实施的重要基础，会计法律制度是促进会计职业道德规范形成和遵守的可靠保障。

2. 会计职业道德与会计法律制度的区别

会计职业道德与会计法律制度的主要区别表现在：

（1）两者反映的社会关系不同。

会计法律制度反映统治者的意志和愿望，因而在同一社会内，只允许存在一种会计法律制度，并通过国家机器强制执行。凡违法者，轻者被罚款，重者触犯刑律的则被判刑，失去人身自由乃至失去生命。会计法律具有很强的他律性。而会计职业道德并不都代表统治者的意志，很多来自于职业习惯和约定俗成。在同一社会里，会计职业道德不是惟一的。

（2）两者作用范围不同。

会计法律制度侧重于调整会计人员的外在行为和结果的合法化，具有较强的客观性。会计职业道德不仅要求调整会计人员的外在行为，还要调整会计人员内在的精神世界，其调节的范围远比法律广泛。会计人员某些错误的行为，只要它还不到触犯会计法律的地步，法律可以不予追究、制裁，但从道德来说，却要受到社会舆论的批评、谴责。

（3）表现形式不同。

会计法律制度是通过一定的程序由国家立法部门或行政管理部门制定和颁布的，其表现形式是具体的、正式形成的成文条款。而会计职业道德源自会计人员的职业生活和职业实践，日积月累，约定俗成。其表现形式既有明确成文的规定，也有不成文的只存在于会计人员内心的意识和信念。即使是那些成文的会计职业道德，与会计法律制度相比，在表现形式上也缺乏具体性和准确性，通常只是指出会计人员应当做或不应当做某种行为的一般原则和要求。

（4）两者的评价标准不同。

会计法律是以会计人员享有的权利和义务为标准来判定其行为是否违法。会计法律规定会计人员享有一定的权利，如果这种权利遭受侵犯，造成不良后果，那么侵权者就要受到会计法律制裁；会计法律同时规定了会计人员要承担的义务，如果会计人员不尽义务，造成不良后果，同样要受到会计法律的制裁。而会计职业道德则以善恶为标准来判定人们的行为是否违背道德规范。如果一个会计人员的职业行为符合会计职业的道德规范，就是善的，就会受到社会舆论的赞扬、鼓励，自己内心也会受到激励；反之，就是恶的、不道德的，就会受到社会舆论的批评、谴责，其内心将是痛苦的，感到内疚不安。

1.13 会计职业道德教育机制

实现以“诚信”为核心的会计职业道德目标，必须开展全方位、多形式、多渠道的会计职业道德教育，逐步培养会计人员的会计职业道德情感，树立会计职业道德观念，提高会计职业道德水平，使会计职业健康发展。

会计职业道德教育机制主要包括以下四个方面：

1. 会计职业道德教育的意义

（1）有利于提高会计职业道德水平。会计职业道德的形成，教育是根本。只有加强会计职业道德教育，才能提高会计职业道德水平。

（2）有利于培养会计人员的职业情感。通过会计职业道德教育，把会计职业道德观念灌输到会计人员及准备从事会计工作人员的头脑中，可以培养其对会计职业的荣誉感、责任感，敬重和热爱会计工作。

（3）有利于树立会计职业道德信念。通过会计职业道德教育，有利于树立会计职业道德信念，引导会计人员加强自我修养，将法制的外在约束和道德的内在约束结合起来，共筑法律和道德的防线，减少会计职业犯罪。

2. 会计职业道德教育的形式

会计职业道德教育的形式包括接受教育和自我教育。

（1）接受教育。接受教育即外在教育，是指通过学校或培训单位对从业人员进行以职业责任、职业义务为核心内容的正面灌输，以规范其职业行为。

（2）自我教育。自我教育是内在教育，是从业人员自我学习、自我改造、自我修养的行为活动。

3. 会计职业道德教育的主要内容

会计职业道德教育的内容主要包括以下几个方面：

（1）职业道德观念教育。这是指在社会上广泛宣传会计职业道德基本常识，使广大会计人员懂得什么是会计职业道德，并利用广播电视、报刊杂志等媒介，表彰坚持原则、德才兼备会计人员，鞭笞违法违纪的会计行为，形成遵守职业道德光荣，违反职业道德可耻的社会氛围。

（2）职业道德规范教育。对会计人员开展以会计职业道德规范为内容的教育，这是会计职业道德教育的核心内容，应贯穿于会计职业道德教育的始终。

（3）职业道德警示教育。通过开展对违法违纪会计行为典型安全的讨论，给会计人员以启发和警示，从而可以提高会计人员的法律意识和会计职业道德观念，提高会计人员辨别是非的能力。

4. 会计职业道德教育的途径

（1）岗前职业道德教育，主要包括：会计学历教育中的职业道德教育以及获取会计从业资格中的职业道德教育。

（2）岗位职业道德继续教育，主要包括：形势教育、品德教育和法制教育。

1.14 会计人员继续教育的规定

第一条 为加强会计专业队伍建设，提高会计人员素质，科学、客观、公正地评价会计专业人员的知识水平和业务能力，完善会计专业技术人才选拔机制，根据《中华人民共和国会计法》和《会计专业职务试行条例》的有关规定，制定本暂行规定。

第二条 通过全国通一考试，取得会计专业技术资格的会计人员，表明其已具备担任会计专业技术职务的任职资格。

用人单位可根据工作需要和德才兼备的原则，从获得会计专业技术资格的会计人员中优先聘用。

第三条 会计专业技术资格实行全国统一组织、统一考试时间、统一考试大纲、统一考试命题、统一合格标准的考试制度。

第四条 会计专业技术资格实行全国统一考试后，不再进行相应会计专业技术职务评审工作。

第五条 会计专业技术资格分为：初级资格、中级资格和高级资格。

取得初级资格,单位可根据有关规定按照下列条件聘任相应的专业技术职务：

（一）助理会计师：大专毕业担任会计员职务满二年：中专毕业担任会计职务满四年；不具备规定学历，担任会计员职务满五年。（二）不符合上述条件的人员，只可聘任会计员职务。

取得中级资格并符合国家有关规定，可聘任会计师职务。

高级资格（高级会计师资格）实行考试与评审结合的评价制度，具体办法另外规定。

第六条 报名参加会计专业技术资格考试的人员，应具备下列基本条件：

（一）坚持原则，具备良好的职业道德品质：（二）认真执行《中华人民共和国会计法》和国家统一的会计制度，以及有关财经法律、法规、规章制度，无严重违反财经纪律的行为；（三）履行岗位职责，热爱本职工作；（四）具备会计从业资格，持有会计从业资格证书。

第七条 报名参加会计专业技术初级资格考试的人员，除具备本规定第六条所列的基本条件外，还必须具备教育部门认可的高中毕业以上学历。

第八条 报名参加会计专业技术中级资格考试的人员，除具备本规定第六条所列的基本条件外，还必须具备下列条件之一：

（一）取得大学专科学历,从事会计工作满五年。（二）取得大学本科学历,从事会计工作满四年。（三）取得双学士学位或研究生班毕业,从事会计工作满二年。（四）取得硕士学位,从事会计工作满一年。（五）取得博士学位。

第九条 对通过全国统一的考试，取得经济、统计、审计专业技术中、初级资格的人员，并具备规定第六条所列的基本条件，均可报名参加相应级别的会计专业技术资格考试。

第十条 会计专业技术资格考试工作，由财政部、人事部共同负责。

财政部负责拟定考试科目、考试命题、编写考试用书，组织实施考试工作，统一规划考前培训等有关工作。

人事部负责审定考试科目、考试大纲和试题，会同财政部对考试工作进行检查、监督、指导和确定合格标准。

各地的考试工作，由当地财政部门，人事部门共同负责。

第十一条 会计专业技术初级、中级资格考试合格者，即由各省、自治区、直辖市、新疆生产建设兵团人事（职改）部门颁发人事部统一印制、人事部、财政部用印的会计专业技术资格证书。该证书全国范围有效。各地在颁发证书时，不得附加任何条件。

第十二条 会计专业技术资格实行定期登记制度。资格证书每三年登记一次。持证书应按规定前往当地人事、财政部门指定的办事机构办理登记手续。

第十三条 取得会计专业技术资格的人员应按照财政部的有关规定，接受相应级别会计人员的继续教育。

第十四条 有下列情形之一的，由会计考试管理机构吊销其会计专业技术资格，由发证机关收回其会计专业技术资格证书，两年内不得再参加会计专业技术资格考试：

（一）伪造学历,会计从业资格证书和资历证明。（二）考试期间有违纪行为。

第十五条 本规定报名条件中所规定的从事会计工作年限，其截止日期为考试报名年度当年年底前。

第十六条 本规定适用于国家机关、社会团体、企业、事业单位和其他组织持有会计从业资格证书的人员。

境外人员申请参加会计专业技术资格考试的有关办法，经国务院有关部门批准后另行规定。

第十七条 本规定由财政部、人事部按职责分工负责解释。

第十八条 本规定自印发之日起施行。

1.15 会计职业道德检查与行业自律

为了充分发挥会计职业道德的作用，健全会计职业道德体系，应在建立会计职业道德规范和加强职业道德教育的基础上，强化对会计人员职业道德规范遵循情况的检查。

1. 会计职业道德检查的意义。

（1）会计职业道德的检查具有促使会计人员遵守职业道德规范的作用。

（2）会计职业道德的检查可以对各种会计行为进行裁决，对会计人员具有深刻的教育作用。

（3）会计职业道德的检查有利于形成良好的社会环境。

2. 会计职业道德检查与行业自律。

对会计职业道德情况的检查，除了依靠政府监管外，行业自律也是一种重要手段。会计行业自律是一个群体概念，是会计职业组织对整个会计职业的会计行为进行自我约束、自我控制的过程。在会计职业较发达的市场经济国家，会计职业道德准则一般由会计职业组织制订、颁布与督导实施的。

目前，我国会计职业的行业自律机制尚不健全，对违反会计职业道德的会计人员和会计师事务所惩处力度不够，所以，必须建立健全会计职业团体自律性监管机制，确保会计职业的健康发展。

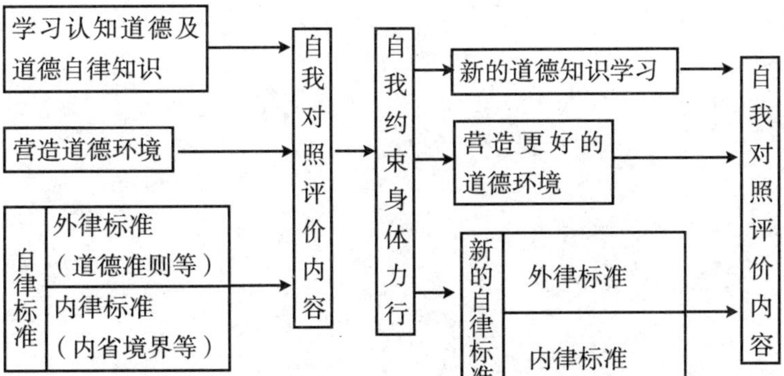

图1－2 会计人员职业道德自律要素机制

1.16 会计职业道德的奖惩机制

1. 建立会计职业道德奖惩机制

奖惩机制是会计职业道德法律机制的主要组成部分。它主要利用人类趋利避害的特点，以利益的给予或剥夺为砝码，对会计人员起着引导或威慑的作用，使会计行为主体不论出于什么样的动机，都必须遵循会计职业道德规范，否则就会遭受到利益上的损失。

2. 会计职业道德奖惩的措施

（1）建立诚信档案，对认真执行忠于职守、坚持原则做出显著成绩的会计人员给予精神或物质上的奖励。

（2）对自觉遵守会计职业道德的优秀会计工作者进行表彰和宣传。

（3）建立会计职业道德监督组织和追踪记录制度，对表现突出的会计人员给予培训或升职，而对表现不好的会计人员予以降职或降级。

3. 奖惩机制的意义

奖惩机制把会计职业道德与个人利益结合起来，体现了利益统一的原则，而且奖惩结合可带来双重的激励效果。

在会计职业道德检查中，应善于发现典型、树立榜样。通过对优秀会计工作者进行表彰、奖励，营造抑恶扬善的环境，从而在潜移默化中提高全体会计人员的职业道德素质。

第 2 章　内部会计控制管理制度

2.1 内部会计控制的目标

内部会计控制的目标总的来说包括以下 10 个方面：

①保护资产的完整和安全。

②保证会计记录的可靠性。

③及时提供可靠的财务信息。

④防止并及时发现，纠正错误及舞弊行为。

⑤避免不必要的风险和损失。

⑥减少成本并确保盈利。

⑦保证授予的会计职责得到正确而有效地履行。

⑧规范单位会计行为，保证会计资料的真实、完整。

⑨确保国家有关法律、法规和单位内部规章制度的贯彻执行。

⑩保证并促进单位业务活动的健康运行。

2.2 内部会计管理制度设计的重要性

内部会计控制是指单位为了提高会计信息质量，保护资产的安全、完整，确保有关法律法规和规章制度的贯彻执行等而制定和实施的一系列控制方法、措施和程序。其在经济管理中重要性主要表现在以下七个方面：

①实行内部会计控制是加强会计核算，抑制会计造假行为，提高财务会计信息质量的必然要求。

②实行会计内部控制是中国加入“WTO”，参与全球性竞争的迫切需要。

③实行会计内部控制是吸取国内外经济经验教训的客观要求。

④实行内部会计控制是我国深化企业改革、建立现代化企业制度，提高单位经济效益的客观需要。

⑤实行内部会计控制是正确处理所有者与经营者的经济利益关系的需要。

⑥建立和健全有效的内部会计控制制度，不仅能规范经营者的行为，而且能调动经营者的积极性和主动性，为所有者赚取更多的财富。

⑦实行内部会计控制制度是强化单位内部管理、保证会计工作和其他工作规范有序进行的重要措施。

2.3 制订内部会计控制制度应遵循的基本原则

1. 合法性和从实际出发的原则

合法性和从实际出发的原则是《内部会计控制规范》所确定的内部会计控制必须遵循的基本原则之一。"内部会计控制应当符合国家有关法律法规和《内部会计控制规范》的要求，以及各单位的实际情况"。这一原则是每一个单位建立健全内部会计控制的前提条件。

各单位建立内部会计控制制度时，必须遵循国家有关的法律、法规，并把国家有关的法律、法规落实到内部会计控制制度中去，按照《内部会计控制规范》的要求实施内部会计控制，而不得与国家有关的法律、法规相抵触。当然，由于各单位的实际情况，千差万别，不可能在全国范围内存在一个固定不变的、统一的内部会计控制模式。因此，还必须结合为单位的实际情况，因地制宜地建立和实施内部会计控制制度。

2. 全员性原则

全员性原则也是《内部会计控制规范》确定的内部会计控制必须遵循的基本原则之一。"内部会计控制应当约束单位内部涉及会计工作的所有人员，任何个人都不得拥有超越内部会计控制的权力"。这一原则包括两层含义：

第一层含义是指内部会计控制涉及单位内部的全体人员。

第二层含义是指内部会计控制制度对全体人员的广泛约束力。

3. 全面性原则

全面性原则是指"内部会计控制应当涵盖单位内部涉及会计工作的各项经济业务及相关岗位，并应针对业务处理过程中的关键控制点，落实到决策、执行、监督、反馈等各个环节"。

全面性原则要求内部会计控制必须从会计核算和会计监督的角度出发，将触角伸到单位各项业务过程和各个操作环节，覆盖所有的部门和岗位，不留任何"死角"。

4. 内部牵制原则

内部牵制原则是指"内部会计控制应当保证单位内部涉及会计工作的机构、岗位的合理设置及其职责权限的合理划分，坚持不相容职务相互分离，确保不同机构和岗位之间权责分明、相互制约、相互监督"。

内部牵制是指单位内部在部门与部门之间、员工与员工之间、岗位与岗位之间所建立的相互验证、相互监督、相互制约的关系，属于内部会计控制的一个重要组成部分。

5. 成本效益原则

成本效益原则是指"内部会计控制应当遵循成本效益原则，以合理的控制成本达到最佳的控制效果”。

单位进行内部会计控制能够有效地防范错弊，提高工作效率的产生效益。

成本效益原则要求各单位在内部会计控制中必须运用科学、合理的方法，以较小的控制成本和管理成本获得较好的经济效益，保证实施内部会计控制所花费的代价低于因此而获得的效益。

成本效益原则要求各单位在建立内部会计控制制度时，必须考虑重要性原则，即要有目的、有重点、正确而精心地选择控制点，因为控制点太多则不经济，太少则会失去内部会计控制制度的有效性；同时，还要努力降低内部会计控制中的各种耗费，在保证内部会计控制制度的有效性的前提下，尽量精简机构和人员，改进控制方法和手段，减少过于繁琐的程序和手续，避免重复劳动，提高单位的工作效率，节约费用。

6. 适应性原则

适应性原则是指“内部会计控制应随着外部环境的变化、单位业务职能的调整和管理要求的提高，不断修订和完善”。

在社会主义市场经济的发展过程中，每个单位的外部环境都在不断地发生变化。环境的变化是不以单位的意志为转移的，所以，每一个单位，特别是企业要想获得生存和发展，必须去适应外部环境的变化，否则，企业将会走向失败。适应能力即应变能力是一个单位生存和发展的重要条件。内部会计控制的建立和修订应该具有前瞻性，同时必须随着国家法律法规、政策、制度等外部环境的改变，以及单位业务职能的调整、管理要求的提高、单位经营。

2.4 内部会计控制的内容

内部会计控制的主要内容见下图：

内部会计控制：
- 货币资金
- 实物资产
- 工程项目
- 采购与付款业务
- 销售与收款业务
- 成本专用
- 筹资活动
- 对外投资活动
- 担保业务

图 2－1 内部会计控制的内容

下面我们就这些内容作一些简单介绍：

1. 货币资金的内部会计控制

货币资金的内部会计控制包括各单位应当对货币资金收支和保管业务建立严格的授权批准制度，办理货币资金业务的不相容岗位应当分离，相关机构和人员应当相互制约，确保货币资金的安全、完整等控制内容。货币资金的内部会计控制主要体现在对单位现金的内部会计控制、备用金制度的内部会计控制、银行存款的内部会计控制和其他货币资金的内部会计控制等内容上。

2. 实物资产的内部会计控制

实物资产的内部会计控制包括各单位应当建立实物资产管理的岗位责任制度，对实物资产的验收入库、领用、发出、盘点、保管及处置等关键环节进行控制，防止各种实物资产被盗窃、被毁损和流失等控制内容。实物资产的内部会计控制主要体现在对存货和固定资产的内部会计控制等内容上。

3. 工程项目的内部会计控制

工程项目的内部会计控制包括各单位应当建立规范的工程项目决策程序，明确相关机构和人员的职责权限，建立工程项目投资决策的责任制度，加强工程项目的预算、招投标、质量管理等环节的会计控制，防范决策失误以及工程发包、承包、施工、验收等过程中的舞弊行为等控制内容。

4. 采购与付款业务的内部会计控制

采购与付款业务的内部会计控制包括各单位应当合理设置采购与付款业务的机构和岗位，建立和完善采购与付款业务的会计控制程序，加强请购、审批、合同订立、采购、验收、付款等环节的会计控制，堵塞采购环节的漏洞，减少采购风险等控制内容。

5. 销售与收款业务的内部会计控制

销售与收款业务的内部会计控制包括各单位应当在制定商品或劳务等的定价原则、信用标准和条件、收款方式等销售政策时，充分发挥会计机构和人员的作用，加强合同订立、商品发出和账款回收的会计控制，避免或减少坏账损失等控制内容。

6. 成本费用的内部会计控制

成本费用的内部会计控制包括各单位应当建立成本费用控制系统，做好成本费用管理的各项基础工作，制定成本费用标准，分解成本费用指标，控制成本费用差异，考核成本费用指标的完成情况，落实奖罚措施，降低成本费用，提高经济效益等控制内容。

7. 筹资活动的内部会计控制

筹资活动的内部会计控制包括各单位应当加强对筹资活动的会计控制，合理确定筹资规模和筹资结构，选择适当的筹资方式，降低资金成本，防范和控制财务风险，确保筹措资金的合理、有效使用等控制内容。

8. 对外投资活动的内部会计控制

对外投资的内部会计控制包括各单位应当建立规范的对外投资决策机制和程序，通过实行重大投资决策集体审议、联签等责任制度，加强投资项目立项、评估、决策、实施、投资处置等环节的会计控制。严格控制投资风险等控制内容。

9. 担保业务的内部会计控制

担保业务的内部会计控制包括各单位应当加强对担保业务的会计控制，严格控制担保行为，建立担保决策程序和责任制度。

2.5 设计内部会计控制的方法

内部会计控制的方法主要包括以下八点：

1. 不相容职务相互分离控制

不相容职务相互分离控制要求单位按照不相容职务相互分离的原则，合理设置会计及相关工作岗位，明确其职责权限，形成相互制衡的机制。

2. 授权批准控制

授权批准控制要求单位明确规定涉及会计及相关工作的授权批准的范围、权限、程序、责任等内容，单位内部的各级管理层必须在授权范围内行使职权和承担责任，经办人员也必须在授权范围内办理业务

3. 会计系统控制

会计系统控制要求单位依据《会计法》和国家统一的会计制度，制定适合本单位的会计制度，明确会计凭证、会计账簿和财务会计报告的处理程序，制定和完善会计档案保管和会计工作交接办法，实行会计人员岗位责任制，充分发挥会计的监督职能。

4. 预算控制

预算控制要求单位加强预算编制、执行、分析、考核等环节的管理，明确预算项目，制定预算标准，规范预算的编制、审定、下达和执行程序，及时分析和控制预算差异，采取改进措施，确保预算的执行。

5. 财产保全控制

财产保全控制要求单位限制未经授权的人员对财产的直接接触，要采取定期盘点、财产记录、账实核对、财产保险等措施，确保各种财产的安全、完整。

6. 风险控制

风险控制要求单位树立风险意识，针对各个风险控制点建立有效的风险管理系统，通过风险预警、风险识别、风险评估、风险分析、风险报告等措施，对财务风险和经营风险

进行全面的防范和控制。

7. 内部报告控制

内部报告控制要求单位建立和完善内部报告制度，全面反映经济活动情况，及时提供业务活动中的重要信息，增强内部管理的时效性和针对性。

8. 电子信息技术控制

电子信息技术控制要求单位运用电子信息技术建立内部会计控制系统，减少和消除人为操纵因素，确保内部会计控制的有效实施；同时，要加强对财务会计电子信息系统的开发与维护、数据输入与输出、文件储存与保管、网络安全等方面的控制。

2.6 内部会计控制方法的运用范围

在上述八种内部会计控制方法中，不相容职务相互分离控制、授权批准控制、会计系统控制和电子信息技术控制这几种方法的适用范围最广，几乎适用于所有的内部会计控制，而其他方法的针对性较强，只适用于一些特殊的内部会计控制。下面将各种内部会计控制方法与内部会计控制的内容结合起来，以反映内部会计控制方法的适用范围。如表 2－1 所示：

表 2－1　　内部会计控制方法的运用范围

方法 内容	不相容职务相互分离控制	授权批准控制	会计系统控制	预算控制	财产保全控制	风险控制	内部报告控制	电子信息技术控制
货币资金	√	√	√		√		√	√
实物资产	√	√	√		√			√
对外投资	√	√	√	√		√		
工程项目	√	√	√			√	√	√
采购与付款	√	√	√	√		√	√	√
筹资	√	√	√	√		√		√
销售与收款	√	√	√	√		√		√
成本费用		√	√	√			√	√
担保	√	√						

2.7 内部会计控制制度的建立

随着我国经济体制改革的不断深化和现代企业制度的建立和完善，人们迫切要求规范会计行为，提高会计信息质量，强化经营管理，控制经营风险，防止错误和舞弊。可见，建立企业内部会计控制制度是现代企业制度的迫切要求，是完善企业经营管理的需要。下面就建立企业内部会计控制制度应注意的问题作出阐述。

1. 企业内部会计控制制度的内容

（1）控制环境。控制环境是指对建立、加强或削弱特定政策、程序及其效率产生影响的各种因素。而影响企业控制环境的因素有：

管理者的素质和对控制的认识；

企业的整体素质；

企业组织结构；

企业精神文明建设；

企业管理信息系统。

（2）会计系统。会计系统是指企业为了汇总、分析、分类、记录、报告企业交易，并保持对相关资产与负债的受托责任而建立的一套会计方法和记录报告制度。一个有效的会计系统应能做到以下几点：

①确认并真实记录企业所有的交易经济业务；

②及时且充分具体地描述交易，以便在会计报表上对交易作适当的分类。

③正确计量交易的价值，以便在会计报表上记录其适当的货币价值。

④确定交易发生的期间。

在会计报表上客观公允披露交易及相关事项。

（3）控制程序。控制程序是为了合理保证企业目标的实现而建立的制度和政策，主要包括：

授权控制；

分工控制；

业务记录控制；

内部报告控制；

财产安全控制；

内部报告控制；

电子信息系统控制；

风险控制。

2. 建立企业内部会计控制制度应注意的问题

由于建立企业内部会计控制制度是一项新的工作，新的任务，不同企业由于其业务性质、经营规模、经营环境、管理水平等各不相同，内部控制的内容也不尽相同。因此，在设计时必须注意以下问题：

（1）明确设计主体。为了保证企业内部会计控制制度的权威性，内部会计控制制度设计的组织者必须是企业管理当局。但由于制度设计的专业性、技术性和实用性很强，设计得既要熟知企业经营政策和业务性质，了解经营理念和管理目标，还应熟悉内部控制原理和方法，有较强的综合分析和文字表达能力。如果企业内部具备这样的人才，企业可自行设计内部会计控制制度，否则应聘请外部专家来设计。

（2）找出关键环节。在设计企业内部会计控制制度前，应首先分析在企业当前会计工作和经营管理中存在问题多、漏洞最大的环节有哪些？在这些环节或问题中，哪些可以通过设置内部控制制度加以预防或纠正。只有找出企业会计工作和管理工作中的这些关键环节，才能有针对性地设置相应内部控制制度，做到防范于未然。

（3）明确控制目标。内部会计控制制度重点是围绕会计核算和会计监督环节来设置的。一般说来，健全的内部会计控制制度应能有效预防错误和舞弊的发生，即使发生了，也容易及时发觉和纠正。因此，在设计时必须明确控制目标，充分考虑各项内部会计控制制度是否符合内部控制基本原则，认真检查关键控制点是否进行了控制，所有的控制目标是否已实现。

（4）加强内部监督。企业内部控制制度是一个过程，这个过程必须通过纳入管理制度及相应活动来实现。为了确保企业内部会计控制制度被切实执行和执行效果良好，内部控制能够随时适应新情况，新变化，内部控制必须被监督。所以，企业应设置内部审计机构或建立内部控制自我评估系统，加强对本企业内部会计控制的监督和评估，及时发现内部控制中的漏洞和隐患，并针对出现的新问题、新情况及内部控制执行中的薄弱环节，及时修正或改进控制政策，做到有章必循、违章必究、违规必罚、以罚促纠，以期能更好地完成内部控制目标。

（5）注重人员素质。企业内部会计控制制度的实施是否有效，关键在于执行者的素质。因此，为使内部会计控制的功能接近预定的目标正常发挥，必须配备与承担的职务相应的高素质人才。否则，即使内部会计控制制度本身是完善的，也可能因为执行人员的粗心大意、判断失误 或相勾结、内外串通而失败。

2.8 内部牵制制度

内部牵制实质上是一个以工作和事务分管为核心的自我检查控制系统，主要是通过职责分工和作业程序的适当安排，使各项业务活动能够自动地被其他作业人员查证核对。从横向上看，至少要经过两个相互之间没有隶属关系的部门或岗位，使一个部门的工作或记录受另一个部门的工作或记录的牵制，借以相互制约防止或尽早发现错弊。从纵向上看，至少要经过上下两级，使上级受下级的牵制，下级受上级的监督，各有顾忌，不能随意妄为。

内部牵制只要包括：职务牵制、账簿牵制、实物牵制、机械牵制。

职务牵制具体表现为：在单位内部分别设置会计与出纳、仓库保管与验收等工作岗位，明确各自的职务与权限。

账簿牵制具体表现为：原始凭证与汇款凭证的核对、会计凭证与会计账簿的核对，总账与明细账的核对，账簿与会计报表的核对等。

实物牵制具体表现为：由两个或两个以上的人员共同保管保险柜或仓库的钥匙。

机械牵制具体表现为：规定会计凭证的处理程序和传递路线等。

在建立、健全内部会计控制制度的过程中，必须是指内部牵制原则，明确单位内部各部门的性质与职责，明确各部门及人员应承担的责任，赋予其相应的权力，规定操作规程和处理手续，制定追究责任的措施和奖惩办法等，做到权有所属，事有人管，事有人干，避免越权或争权夺利、相互相诿、相互扯皮等行为和现象的发生。

2.9 不相容职务相互分离控制

就一个单位而言，在内部会计控制中，特别要进行下列不相容职务的相互分离控制：

1. 授权批准与业务经办职务分离控制

授权批准与业务经办职务分离控制就是要求每个单位都必须使授权（或批准）某项经济业务的职务与经办该项经济业务的职务相互分离。例如，有权决定费用开支的职务应该与具体办理费用开支的职务相互分离，即不能自己批准自己办理；又如，有权决定或审批材料采购的人员不能同时兼任采购职务；等等。

2. 业务经办与审核职务分离控制

业务经办与审核职务分离控制就是要求每个单位都必须使具体经办某项经济业务的职务与审核该项经济业务的职务相互分离。例如，开发票的人员不能兼任审核工作等。

3. 业务经办与会计记录职务分离控制

业务经办与会计记录职务分离控制就是要求每个单位都必须使经办某项经济业务的职务与记录该项经济业务的职务相互分离。例如，销售人员不能兼任会计记账工作；负责办理采购业务的职务与登记入账的职务相互分离；等等。

4. 保管与会计记录职务分离控制

保管与会计记录职务分离控制就是要求每个单位都必须使保管财产物资的职务与对其进行会计记录的职务相互分离，也就是通常所说的“管物的不能管账”。例如，仓库管理员不能兼任会计记账工作等。

5. 保管与稽核检查职务分离控制

保管与核对职务分离控制就是要求每个单位都必须使保管财产物资的职务与对其进行实存数和账存数核对的职务相互分离。

6. 保管与批准职务分离控制

保管与授权批准职务分离控制就是要求每个单位都必须使保管财产物资的职务与相关业务的授权批准职务相互分离。例如，负责现金保管的人员不应拥有批准现金使用和注销坏账的权力；有权批准额外发料的人员不能同时兼管材料的保管工作；等等。

7. 出纳与会计职务分离控制

出纳与会计职务分离控制就是要求每个单位都必须分别设立出纳与会计职务，出纳人员不得兼任稽核、会计档案保管和收入、支出、费用、债权债务账目的登记工作，即通常所说的“管钱的不能管账”。出纳与会计职务分离控制包括日记账的登记工作与总账的登记工作相互分离。

8. 记录总账与记录日记账职务分离控制

记录总账与记录日记账职务分离控制就是要求每个单位都必须使登记总账的工作与登记日记账的工作相互分离，以保证总账与日记账相互核对的有效性，达到两类账簿相互监督、相互制约的目的。

当然，不相容职务相互分离控制需要各个职务相互分离的人员各守其责，相互监督，相互制衡。如果担任不相容职务的人员之间相互串通，共同舞弊，那么不相容职务相互分离控制的作用就会消失殆尽。

2.10 内部会计控制的检查方式

每个单位都必须重视内部会计控制的监督、检查工作。一般来讲，对单位内部会计控制进行检查主要从以下三个方面进行：

1. 在单位内部设置专门机构和人员进行检查

各个单位都应该设置专门机构如内部审计机构，或者指定专门人员如内部审计人员和专职内部控制检查人员，具体负责内部会计控制执行情况的监督、检查，确保内部会计控制的贯彻实施。

2. 外部中介机构或相关专业人员对本单位内部会计控制的检查

各个单位也可以聘请会计师事务所、财务咨询公司等外部中介机构或相关专业人员对本单位内部会计控制的建立、健全及有效实施进行检查和评价，然后由接受委托的中介机构或相关专业人员对本单位内部会计控制中的重大缺陷提出书面报告，最后根据中介机构或相关专业人员提供的书面报告，充分考虑他们提出的意见和建议，不断地完善内部会计控制。

3. 财政部门对单位内部会计控制的监督、检查

按照国家有关法律、法规的规定，国家财政部门是全国会计工作的主管部门，所以国务院财政部门和县级以上地方各级人民政府财政部门应当根据《会计法》和《内部会计控制规范》，对本行政区域内各单位内部会计控制的建立和执行情况进行监督、检查。各单位必须自觉接受财政部门的监督、检查，并根据监督、检查的结果对本单位的内部会计控制进行不断的修订和完善。

2.11 内部会计控制的评价

内部会计控制评价，是指对单位的内部会计控制的恰当性与有效性进行分析及价值评定的工作，它是内部会计控制过程的最后阶段，在内部会计控制中十分重要。

1. 内部会计控制评价的两个目标

（1）对内部会计控制的有效性进行分析、评价，为改进内部会计控制提供最有价值的建议，帮助单位发挥会计管理和内部会计控制的积极作用，提高单位的整体管理水平。

（2）为经济效益审计和财务审计确定范围和方向。通过对内部会计控制的评价，可以了解单位在会计管理和会计控制中的优势和不足，找出存在的问题，为开展经济效益审计和财务审计确定范围，指出审计的重点和方向，从而节约人力、财力和物力，帮助单位采取有效的措施，进一步加强管理和控制，不断提高单位的经济效益和社会效益。

2. 内部会计控制评价的意义

（1）有利于单位的高层管理者及有关部门清楚地了解和掌握本单位、本部门在会计管理工作中存在的问题，有针对性地改进各项管理工作，促进管理水平的不断提高。

（2）有利于审计人员判断内部会计控制中的强点和弱点，并据以促进内部会计控制制度的完善。同时，也有利于内部审计程序的完善和审计职能的扩大。

（3）有利于促进内部会计控制各项措施的有效贯彻实施，从而使内部会计控制真正落到实处，发挥其应有的积极作用。

（4）有利于提高会计工作的地位和发挥会计的职能作用，将会计管理的理念、方法渗

透到企业经营管理的各个方面。

3. 内部会计控制评价的程序

内部会计控制评价应该按照一定的程序进行，这样才能达到应有的效果。

（1）建立内部会计控制评价的组织机构。这是决定评价工作成败的关键。内部会计控制评价机构应该根据单位的规模、机构设置情况、生产经营特点、制度状况等来建立。一般来讲，单位的内部会计控制评价机构设置在内部审计机构内。

（2）对内部会计控制进行调查和初步评价。在设置了内部会计控制评价机构并确定了其职能和任务以后，就要对单位的内部会计控制的运行情况和执行结果进行监督检查，并给予恰当的初步评价。

（3）对内部会计控制进行测试。这是在调查了解内部会计控制制度的基础上，对单位建立的内部会计控制制度是否正在发挥积极、有效的作用，是否被严格执行所做的测试，即对内部会计控制的设计与执行的有效性进行的测试。

（4）对内部会计控制进行评价。这主要是对内部会计控制中的具体问题进行评价，并在评价的基础上进行更深入的检查和采取相应的措施。

（5）撰写内部会计控制评价报告。在评价工作结束之后，评价人员和单位负责人要一起研究、撰写内部会计控制评价报告。

2.12 内部会计控制检查的范围

内部会计控制检查的范围主要包括以下八个方面：

①检查单位组织结构与财务会计职责分工的健全情况；

②检查内部会计控制制度及相关措施是否健全、规范，是否与单位内部的各项管理相吻合；

③检查会计工作中的业务处理与记录程序是否规范、是否经济合理，其执行是否有效；

④检查会计工作中的授权、批准、执行、记录、核对、报告等手续是否完备；

⑤检查单位是否建立有严格的岗位责任制度和奖惩制度；

⑥检查内部会计控制各岗位的职权划分是否符合不相容职务相互分离的原则，其职权的履行是否得到了有效的控制；

⑦检查内部会计控制的各关键点是否采用了必要的控制措施，这些措施的执行是否有效；

⑧检查内部会计控制制度在执行中受单位管理当局的影响程度。

2.13 内部会计控制调查表

表 2－2　　内部会计控制调查表

被审计单位　　审计人员：　　编　号

调查内容：购货与付款　　被调查人：　　调查日期：

调查问题	调查结果				备注
	是	否	较弱	不适用	
一、购货与付款业务的职务分离					
1. 生产、销售、采购部门在货物购进方面是否实行分离？					
2. 采购员与验收人是否实行分离？					
3. 货物采购人、保管员、使用者与账务记录是否分离？					
4. 货物或劳务付款的审批与执行是否实行分离？					
5. 应付账款付款人与记录人是否实行分离？					
二、货物与劳务的请购控制					
1. 对不同的货物或劳务是否制定了不同的请购制度？					
2. 是否建立了请购的授权批准程序？					
3. 每笔购进业务是否都有经过批准的请购单？					
三、订货控制					
1. 购货部门是否审查请购数量的合理性？					
2. 购货部门是否审查请购单上有无主管签字？					
3. 购货部门是否确定供应商？					
4. 购货部门是否确定购货时间？					
5. 购货是否有采购计划并经资金管理部门审查？					
四、货物验收控制					
1. 验收部门是否正确验证货物数量和质量？					
2. 验收是否有内容齐全的收货报告单？					
3. 收货报告单是否及时报告购货部门和会计部门？					
五、应付账款控制					
1. 应付账款的记录是否由独立于请购、采购、验收、付款的职员来进行？					
2. 应付账款的入账是否在取得和审核各种必要的凭证以后才能进行？					
3. 对于有预付货款的交易，在收到供应商发票后，是否以预付金额冲抵部分发票金额来记录应付账款？					
4. 是否分别设置应付账款的统驭账户和明细账？					

续表

调查问题	调查结果				备注
	是	否	较弱	不适用	
5. 对于享有折扣的交易，是否根据供应商发票金额扣去折扣金额的净额登记应付账款？ 6. 每月是否将应付账款明细账与客户的对账单进行核对？ 六、付款控制 1. 所有付款是否都使用事前编号的支票？ 2. 对已答发的支票是否将其原始凭证加盖“已付款”印章？ 3. 付款前，是否复核客户发票上的数量、价格合计数以及折扣条件等内容？ 4. 会计部门是否及时记录付款业务并定期核对总账和分类账以及日记账？					

2.14 内部会计控制评价报告表

表 2 - 3 **内部会计控制评价报告表**

报告编制单位： 报告日期： 年 月 日 编号：

评价问题	评价结果				备注
	是	否	较差	不适用	
1. 内部会计控制程序是否符合国家有关规定？ 2. 该程序是否简明有效？ 3. 该程序是否节约？ 4. 内部会计控制是否符合单位管理方针与政策？ 5. 内部会计控制是否能够满足单位经营管理的需要？ 6. 内部会计控制是否有利于会计信息质量的提高？ 7. 内部会计控制是否有利于单位经营目标的实现？ 8. 内部会计控制在运行中是否存在漏洞或不完善的地方？					1. 今后应该如何进行改进和完善 2. 对内部会计控制中存在的问题进行改进的具体计划和进度安排

2.15 内部会计管理制度

第一条 各单位应当根据《中华人民共和国会计法》和国家统一会计制度的规定，结合单位类型和内部管理的需要，建立健全相应的内部会计管理制度。

第二条 各单位制定内部会计管理制度应当遵循下列原则：

（一）应当执行法律、法规和国家统一的财务会计制度。

（二）应当体现本单位的生产经营、业务管理的特点和要求。

（三）应当全面规范本单位的各项会计工作，建立健全会计基础，保证会计工作的有序进行。

（四）应当科学、合理，便于操作和执行。

（五）应当定期检查执行情况。

（六）应当根据管理需要和执行中的问题不断完善。

第三条 各单位应当建立内部会计管理体系。主 要内容包括：单位领导人、总会计师对会计工作的领导责；会计部门及其会计机构负责人、会计主管人员的职责、权限；会计部门与其他职能部门的关系；会计核算组织形式等。

第四条 各单位应当建立会计人员岗位责任制度。主要内容包括：会计人员的工作岗位设置；各会计作岗位的职责和标准；各会计工作岗位的人员和具体分工；会计工作岗位轮换办法；对各会计工作岗位的考核办法。

第五条 各单位应当建立账务处理程序制度。主要内容包括：会计科目及其明细科目的设置和使用；会计凭证的格式、审核要求和传递程序；会计核算方法；会计账簿的设置；编制会计报表的种类和要求；单位会计指标体系。

第六条 各单位应当建立内部牵制制度。主要内容包括：内部牵制制度的原则；组织分工；出纳岗位的职责和限制条件；有关岗位的职责和权限。

第七条 各单位应当建立稽核制度。主要内容包括：稽核工作的组织形式和具体分工；稽核工作的职责权限；审核会计凭证和复核会计账簿、会计报表的方法。

第八条 各单位应当建立原始记录管理制度。主要内容包括：原始记录的内容和填制方法；原始记录的格式；原始记录的审核；原始记录填制人的责任；原始记录签署、传递汇集要求。

第九条 各单位应当建立定额管理制度。主要内容包括：定额管理的范围；制定和修订定额的依据、程序和方法；定额的执行；定额考核和奖惩办法等。

第十条 各单位应当建立计量验收制度。主要内容包括：计量检测手段和方法；计量验收管理的要求；计量验收人员的责任和奖惩办法。

第十一条 各单位应当建立财产清查制度。主要内容包括：财产清查的范围；财产清查的组织；财产清查的期限和方法；对财产清查中发现问题的处理办法；对财产管理人员的奖惩办法。

第十二条 各单位应当建立财务收支审批制度。主要内容包括：财务收支审批人员和审批权限；财务收支审批程序；财务收支审批人员的责任。

第十三条 实行成本核算的单位应当建立成本核算制度。主要内容包括：成本核算的对象；成本核算的方法和程序：成本分析等。

第十四条 各单位应当建立财务会计分析制度。主要内容包括：财务会计分析的主要内容；财务会计分析的基本要求和组织程序；财务会计分析的具体方法；财务会社分析报告的编写要求等。

2.16 内部会计控制规范——基本规范

总　则

第一条 为了促进各单位内部会计控制建设，加强内部会计监督，维护社会主义市场经济秩序，根据《中华人民共和国会计法》（以下简称《会计法》）等法律法规，制定本规范。

第二条 本规范所称内部会计控制是指单位为了提高会计信息质量，保护资产的安全、完整，确保有关法律法规和规章制度的贯彻执行等而制定和实施的一系列控制方法、措施和程序。

第三条 本规范适用于国家机关、社会团体、公司、企业、事业单位和其他经济组织（以下统称单位）。

第四条 国务院有关部门可以根据国家有关法律法规和本规范，制定本部门或本系统的内部会计控制规定。

各单位应当根据国家有关法律法规和本规范，结合部门或系统的内部会计控制规定，建立适合本单位业务特点和管理要求的内部会计控制制度，并组织实施。

第五条 单位负责人对本单位内部会计控制的建立健全及有效实施负责。

内部会计控制的目标和原则

第六条 内部会计控制应当达到以下基本目标：

（一）规范单位会计行为，保证会计资料真实、完整。

（二）堵塞漏洞、消除隐患，防止并及时发现、纠正错误及舞弊行为，保护单位资产的安全、完整。

（三）确保国家有关法律法规和单位内部规章制度的贯彻执行。

第七条 内部会计控制应当遵循以下基本原则：

（一）内部会计控制应当符合国家有关法律法规和本规范，以及单位的实际情况。

（二）内部会计控制应当约束单位内部涉及会计工作的所有人员，任何个人都不得拥有超越内部会计控制的权力。

（三）内部会计控制应当涵盖单位内部涉及会计工作的各项经济业务及相关岗位，并应针对业务处理过程中的关键控制点，落实到决策、执行、监督、反馈等各个环节。

（四）内部会计控制应当保证单位内部涉及会计工作的机构、岗位的合理设置及其职责权限的合理划分，坚持不相容职务相互分离，确保不同机构和岗位之间权责分明、相互制约、相互监督。

（五）内部会计控制应当遵循成本效益原则，以合理的控制成本达到最佳的控制效果。

（六）内部会计控制应随着外部环境的变化、单位业务职能的调整和管理要求的提高，不断修订和完善。

内部会计控制的内容

第八条 内部会计控制的内容主要包括：货币资金、实物资产、对外投资、工程项目、采购与付款、筹资、销售与收款、成本费用、担保等经济业务的会计控制。

第九条 单位应当对货币资金收支和保管业务建立严格的授权批准制度，办理货币资金业务的不相容岗位应当分离，相关机构和人员应当相互制约，确保货币资金的安全。

第十条 单位应当建立实物资产管理的岗位责任制度，对实物资产的验收入库、领用、发出、盘点、保管及处置等关键环节进行控制，防止各种实物资产被盗、毁损和流失。

第十一条 单位应当建立规范的对外投资决策机制和程序，通过实行重大投资决策集体审议联签等责任制度，加强投资项目立项、评估、决策、实施、投资处置等环节的会计控制，严格控制投资风险。

第十二条 单位应当建立规范的工程项目决策程序，明确相关机构和人员的职责权限，建立工程项目投资决策的责任制度，加强工程项目的预算、招投标、质量管理等环节的会计控制，防范决策失误及工程发包、承包、施工、验收等过程中的舞弊行为。

第十三条 单位应当合理设置采购与付款业务的机构和岗位，建立和完善采购与付款的会计控制程序，加强请购、审批、合同订立、采购、验收、付款等环节的会计控制，堵塞采购环节的漏洞，减少采购风险。

第十四条 单位应当加强对筹资活动的会计控制，合理确定筹资规模和筹资结构、选择筹资方式，降低资金成本，防范和控制财务风险，确保筹措资金的合理、有效使用。

第十五条 单位应当在制定商品或劳务等的定价原则、信用标准和条件、收款方式等销售政策时，充分发挥会计机构和人员的作用，加强合同订立、商品发出和账款回收的会计控制，避免或减少坏账损失。

第十六条 单位应当建立成本费用控制系统，做好成本费用管理的各项基础工作，制定成本费用标准，分解成本费用指标，控制成本费用差异，考核成本费用指标的完成情况，落实奖罚措施，降低成本费用，提高经济效益。

第十七条 单位应当加强对担保业务的会计控制，严格控制担保行为，建立担保决策程序和责任制度，明确担保原则、担保标准和条件、担保责任等相关内容，加强对担保合同订立的管理，及时了解和掌握被担保人的经营和财务状况，防范潜在风险，避免或减少可能发生的损失。

内部会计控制的方法

第十八条 内部会计控制的方法主要包括：不相容职务相互分离控制、授权批准控制、会计系统控制、预算控制、财产保全控制、风险控制、内部报告控制、电子信息技术控制等。

第十九条 不相容职务相互分离控制要求单位按照不相容职务相分离的原则，合理设置会计及相关工作岗位，明确职责权限，形成相互制衡机制。

不相容职务主要包括：授权批准、业务经办、会计记录、财产保管、稽核检查等职务。

第二十条 授权批准控制要求单位明确规定涉及会计及相关工作的授权批准的范围、权限、程序、责任等内容，单位内部的各级管理层必须在授权范围内行使职权和承担责任，经办人员也必须在授权范围内办理业务。

第二十一条 会计系统控制要求单位依据《会计法》和国家统一的会计制度，制定适合本单位的会计制度，明确会计凭证、会计账簿和财务会计报告的处理程序，建立和完善会计档案保管和会计工作交接办法，实行会计人员岗位责任制，充分发挥会计的监督职能。

第二十二条 预算控制要求单位加强预算编制、执行、分析、考核等环节的管理，明确预算项目，建立预算标准，规范预算的编制、审定、下达和执行程序，及时分析和控制预算差异，采取改进措施，确保预算的执行。

预算内资金实行责任人限额审批，限额以上资金实行集体审批。严格控制无预算的资金支出。

第二十三条 财产保全控制要求单位限制未经授权的人员对财产的直接接触，采取定期盘点、财产记录、账实核对、财产保险等措施，确保各种财产的安全完整。

第二十四条 风险控制要求单位树立风险意识，针对各个风险控制点，建立有效的风险管理系统，通过风险预警、风险识别、风险评估、风险分析、风险报告等措施，对财务风险和经营风险进行全面防范和控制。

第二十五条 内部报告控制要求单位建立和完善内部报告制度，全面反映经济活动情况，及时提供业务活动中的重要信息，增强内部管理的时效性和针对性。

第二十六条 电子信息技术控制要求运用电子信息技术手段建立内部会计控制系统，减少和消除人为操纵因素，确保内部会计控制的有效实施；同时要加强对财务会计电子信息系统开发与维护、数据输入与输出、文件储存与保管、网络安全等方面的控制。

内部会计控制的检查

第二十七条 单位应当重视内部会计控制的监督检查工作，由专门机构或者指定专门人员具体负责内部会计控制执行情况的监督检查，确保内部会计控制的贯彻实施。内部会计控制检查的主要职责是：

（一）对内部会计控制的执行情况进行检查和评价。

（二）写出检查报告，对涉及会计工作的各项经济业务、内部机构和岗位在内部控制上存在的缺陷提出改进建议。

（三）对执行内部会计控制成效显著的内部机构和人员提出表彰建议，对违反内部会计控制的内部机构和人员提出处理意见。

第二十八条 单位可以聘请中介机构或相关专业人员对本单位内部会计控制的建立健全及有效实施进行评价，接受委托的中介机构或相关专业人员应当对委托单位内部会计控制中的重大缺陷提出书面报告。

第二十九条 国务院财政部门和县级以上地方各级人民政府财政部门应当根据《会计法》和本规范，对本行政区域内各单位内行监督检查。

附　则

第三十条 本规范由财政部负责解释。

第三十一条 本规范自发布之日起施行。

第3章　会计管理组织机构与组织程序设计

3.1 企业会计管理组织设计内容及其重要性

1. 会计工作组织制度的重要性

正确反映和监督会计对象是会计的基本职能，保证会计信息的真实性和完整性，提高会计信息的使用价值是会计工作的基本目标。要想充分发挥会计职能，及时完成会计任务，有效实现会计目标，必须建立健全会计工作组织制度，科学合理地组织和规划会计工作。会计工作组织制度就是根据国家有关法律规定，结合本单位的具体情况，对会计工作进行科学组织而设计的会计制度。

设计会计工作组织制度的意义表现在三个方面：一是建立最优化的会计组织机构和会计运行机制，确保会计工作高效率、低消耗；二是完善会计工作的支持与保障系统，确保会计工作科学化、有序化；三是营造严谨规范的会计工作环境，强化会计人员的责任感、使命感。

2. 会计工作组织制度的内容

会计工作组织制度的任务是运用组织、规划和协调等手段，完善会计组织机构，优化会计人员结构，提高会计工作效率，降低人、财、物的消耗，实现会计工作目标。因此，它包含的内容是多方面的，主要有：

（1）会计机构设置与内部的岗位分工以及岗位责任制的建立；

（2）会计人员配备、职责划分以及任免；

（3）会计档案的保管、查询以及销毁；

（4）会计工作交接；

（5）会计核算组织形式及账务处理程序；

（6）会计工作中的其他组织制度。

上述六个制度并不是完全独立的，它们往往交织在一起，使企业会计工作有序运行。

3.2 会计管理组织机构设置

会计机构的内部组织是指在会计机构内部，如何根据各种会计业务及其相互之间的联系，进行合理的分工和组合，使机构内部形成若干相对独立的工作小组，专门负责某类经济业务的会计处理。以大中型工业企业为例，按照会计机构与财务机构合设的要求，财会业务大致可以分为固定资产、采购及应付款、工资、成本、销售及应收款、出纳、投资、稽核和总账报表、税金和利润等不同类型。因此，会计机构内部应大致分成 8 个组：

（1）设备组，负责固定资产和在建工程的日常核算与管理。

（2）材料组，负责原材料、低值易耗品、包装物等存货的核算和应付账款的核算。

（3）成本组，负责各种生产费用的核算和产品成本的计算。

（4）工资组，负责工资的计算、分配、发放及相应的核算。

（5）销售组，负责产成品、销售、应收账款以及税金、利润等业务的核算。

（6）出纳组，负责现金、银行存款等货币资金的核算与管理。

（7）资金组，负责筹资业务和对外投资业务的核算与管理。

（8）综合组，负责凭证汇总、总账登记、报表编制、报送以及稽核等工作。

上述各组最少应由一人专门负责，在总会计师的监督和财会科长（处长）的直接领导下实行分工协作，形成一个以总会计师为首，以财会科长为主管，包括若干专门小组的财会机构组织体系（参见下图）。

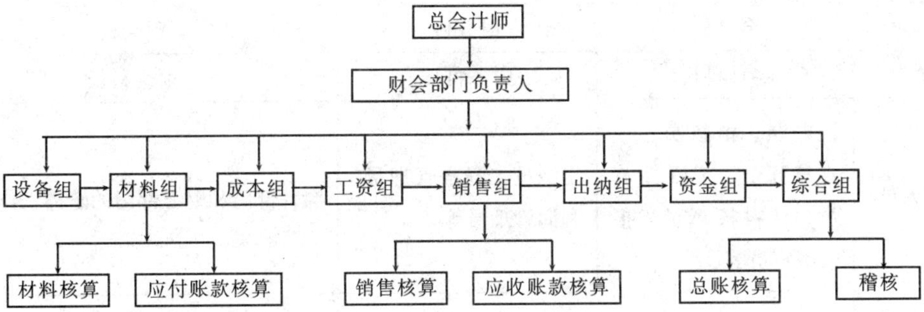

图 3－1　会计管理组织机构设置图

3.3　会计管理组织形式

由于各个企业的性质、规模以及内部模式等差别很大，其各自设立的财务管理机构也自然不相同。目前，我国企业财务会计机构的常见组织形式主要有以下两种：

1. 财务与会计为一体的组织形式

在这种形式下，企业的财务管理和会计两套机构合并在一起，这是目前我国多数企业所采取的形式。一般情况下，企业只设一个财务科室，由总会计师和主管企业经济活动的副总经理来领导，负责整个企业的财务和会计两方面的管理工作。

这种一体化的财务会计组织形式的优点在于关系简单明了，便于财会业务集中管理，并能提高工作效率。但是，随着经济的发展，企业所面临的理财环境越来越复杂，财务管理的内容也越来越丰富，财务管理对企业的重要性日益增强，在这种情况下，这种一体化的组织形式有些跟不上目前财务管理的发展形势。

2. 财务与会计分设不同管理机构的平行组织形式

在这种形式下，企业将一体化的财务、会计分开，设置独立机构，各司其职。在这种平行组织结构中，会计主任主管会计核算的所有工作，如编制预算、业绩评价和业务咨询，并负责内部会计控制、会计核算，办理纳税，编制财务报告、会计报表等，而财务主任则统管全盘财务管理工作。

这种平行的组织机构设置在实际运行中，有利于财务、会计各自发挥各自的作用，权责明确，既保证了财务工作又保证了会计工作，可以适应市场经济现代化管理的要求。

下面就会计机构和财务机构的分设与合设进行比较（参见下表），从中可以看出两种办法的主要区别以及各自的优缺点。

表 3－1 **财会机构分设与合设比较表**

设置办法	分设		合设
机构名称	会计科	财务科	财会科
机构负责人	会计科长	财务科长	财会科长
组成人员	记账员、稽核员、成本核算员、工资核算员、材料核算员、报表编审员等	出纳员、资金管理员、利润管理员等	会计部门和财务部门的全体工作人员
设置办法	分设		合设
主要工作内容	资金营运过程及结果的确认、记录、计算、报告和分析	资金的筹集、调拨、使用、分配、归集和保护	会计、财务的全部工作
优点	①分工明确，各司其职，各负其责 ②防止重核算、轻管理的现象 ③便于加强内部控制制度		①密切财务会计联系，便于协调工作 ②会计记录及时、直接 ③减少信息传递，提高工作效率
缺点	信息传递慢；工作手续增多；协调相对困难；费用加大		难免造成职责不清；内控减弱；忙于事务，忽视管理
适用范围	大型企业		中小型企业

3.4 企业会计管理岗位责任

会计工作是一项十分细致而复杂的工作，要做好这项工作，会计机构的内部就必须有合理的分工和协作。会计机构内通常可设以下 7 个岗位：

（1）会计主管岗位。

具体领导管理本企业的会计工作，组织、制定本企业的各项会计规章制度，组织编制和实施本企业的财务计划，参与经营决策。

（2）出纳岗位。

主管现金收付和银行结算业务，登记现金和银行存款日记账，保管库存现金和各种有价证券，保管与其工作相关的印章、空白收据和空白支票。

（3）存货会计岗位。

负责各种存货采购成本的核算、存货的明细核算和相关的往来结算。

（4）成本费用会计岗位。

负责建立、健全企业各项原始记录、消耗定额和计量检验的制度；制定各种费用、成本计划；加强各种成本和费用管理的基础工作；负责审核各项费用开支，并要正确计算产品成本，编制成本报表等。

（5）总账报表岗位。

主要负责登记总账，并编制资产负债表、利润表和现金流量表等，并负责管理会计凭证和各种报表。

（6）稽核岗位。

这一岗位的主要职责是审查各项财务收支，并复核会计凭证和账表。

（7）综合分析岗位。

这一岗位主要负责综合分析企业的财务状况和经营成果，编写财务状况说明书，并进行财务预测和决策，为经营活动提供分析资料和决策依据。

3.5 会计人员任职条件规定

1. 职位设置

（1）财务部经理。

（2）会计主管。

（3）会计。

（4）出纳员。

2. 任职条件

（1）财务部经理任职条件。

①具有良好的职业道德，能坚持原则，做到廉洁奉公，并具备一定的组织能力。

②具有大学本科以上学历，有会计师职称或注册会计师资格，五年以上公司财务管理工作经验。

③熟悉财务管理工作，精通公司会计核算，熟知国家的财经法律、法规、规章制度和方针政策，掌握本行业业务管理方面的相关知识。

④能熟练操作计算机。

⑤有良好的对外交际能力。

（2）会计主管岗位任职条件。

①坚持原则，廉洁奉公，具备良好的职业道德。

②具有本科以上会计专业学历或会计师、注册会计师以上职称，有三年以上会计工作经验。

③熟悉国家的财经法律、法规、规章制度和方针、政策，掌握本行业业务管理方面的相关知识。

④具备一定的组织能力、协调能力、综合分析能力。

⑤服从上级工作安排。

⑥能熟练操作计算机。

（3）会计岗位任职条件。

①具有大专以上学历，助理会计师以上职称，两年以上会计工作经验。

②具备必要的专业知识和专业技能。

③熟悉国家有关法律、法规、规章和国家统一会计制度，遵守职业道德。

④熟悉会计核算业务，熟练操作计算机。

（4）出纳岗位任职条件。

①具有良好的职业道德，遵纪守法，认真负责，无工作过失记录。

②具有中专以上学历，会计员以上证书，一年以上出纳工作经验，熟悉出纳业务。

③服从上级工作安排。

3.6 企业领导会计管理权责

企业领导会计管理的主要权责是：

（1）企业领导依法对企业会计资料的真实性和完整性负责。

(2) 企业领导依法行使企业的理财自主权，并对企业的盈亏负直接经营责任。

(3) 企业领导在企业的财务管理工作中居于中心地位，全面负责企业财务工作的决策、指挥、控制和监督，遵守国家相关法律、法规，决定企业财务预算方案并组织实施，保证企业财务目标的实现。

(4) 企业领导决定企业财务管理机构的设置，根据企业生产经营规模及工作基础，选定企业所要采取的具体核算方式。

(5) 企业领导者有权组织制定企业内部财务管理的具体办法，切实遵循《企业财务通则》、《企业会计制度》及国家相关财务法规，并确保在企业内有效实施。

(6) 企业领导有权依法聘任、解聘、奖励或惩罚企业的财务负责人，包括财务总监（或财务经理）和行使财务总监（或财务经理）职权的财务副厂长（副经理）等人员。

(7) 企业领导要宏观管理企业财务管理和会计核算，保证核算资料合法、真实、准确、完整，在企业财务报告上签名或盖章。

(8) 企业领导负责提出资金分配、工资调整方案、福利基金使用方案和其他有关职工生产福利和重大事宜的建议，提交职工代表大会审查决定。

(9) 企业领导对职代会或董事会负责，行使理财权，并接受企业内部审计及国家财政、税务、审计机关的监督，并依法委托独立审计机构进行委托责任审计。

3.7 财会部门会计管理权责

企业财会部门会计管理的主要权责

(1) 负责企业各种日常财务活动的计划、组织、指挥、控制，并对企业内部各种财务关系进行协调和处理。

(2) 在财务主管领导下，执行财务管理、会计核算职能，明确分工，相互合作。如果采取财会合一的模式，要做到职能不混同，人员有专职。

(3) 根据企业领导决策，具体执行企业理财自主权，负责自主筹集资本金、统一调剂资金使用与处置资产及选择核算办法。

(4) 运用科学的财务预测与决策方法，按企业领导及财务主管确定的最佳生产经营方案负责编制企业财务预算，并组织财务预算的执行、检查和分析。

(5) 根据《企业财务通则》及相关会计制度的规定，结合企业自身生产经营特点和管理需要，具体制定企业内部会计管理方法，建立企业内部会计管理的良好工作秩序，并负责组织、指导、监督基层单位贯彻实施。

(6) 以提高企业经济效益、保证资产保值增值为中心目标，研究制订财务战略，参与企业经营管理，加强资金管理，优化资源配置，预测财务风险，遵守国家财经纪律，如实反映本单位的经营成果财务和财务状况，并依法进行委托责任审计和接受政府部门的审核。

（7）具体负责企业财务收支，依法纳税，并向有关方面报送财务决算，分配投资人应得收益，清收应收债权，偿还应付债务。

（8）具体组织企业各职能部门、车间、班组进行经济核算和成本管理工作，分解、下达成本指标，全面控制成本开支。

财务部经理岗位责任制

（1）总经理的直接领导下，具体领导企业的财务政策和财务管理制度的实施和运转。

（2）负责组织全企业的经济核算工作，组织编制和审核会计、统计报表，并向上级财务部门负责报告工作，按上级规定时限及时组织编制财务预算和结算。

（3）负责组织财会人员搞好会计核算，正确、及时、完整地记帐、算帐、报帐，全面反映给企业领导，及时提供真实的会计核算资料。

（4）负责组织贯彻执行《会计法》等法规和旅游企业财务制度及财经纪律，建立健全财务管理的各项制度，发现问题及时纠正，重大问题及时报告总经理。

（5）加强财务管理，分月、季、年编制和执行财务计划，正确合理调度资金，提高资金使用效率，指导各部门搞好经济核算，为企业发展积累资金。

（6）负责做好资金管理，组织各营业部门收银员、出纳员按规定程序、手续及时做好资金回笼，准时进帐、存款，保证日常合理开支需要的供给。

（7）负责组织企业内部各个环节的财务收支情况，遵守国家外汇管理条例，加强对外汇收支的管理和监督。

（8）负责与财政、税务、金融部门的联系，协助总经理处理好与这些部门的关系，及时掌握财政、税务及外汇动向。

（9）负责办理银行贷款及还贷手续。

（10）遵守、维护国家的财政纪律，严格掌握费用开支，认真执行成本物资审批权限、费用报销制度。

（11）审查各部门的开支计划，并转报总经理。

（12）参与重要经济合同和经济协议的研究、审查，并负责对新产品、新项目的开发、技术改造、商品（劳务）价格和工资奖金方案的审核，及时提出具体的改造措施。

（13）参与企业经营管理，围绕提高企业的管理水平和经济效益，为总经理当家理财、把关和经营参谋。

（14）合理制定各部门的生产指标、成本费用、专项资金和流动资金定额，尤其应做好对三大成本费用（即食品、用具成本，劳动费用成本、能源销售成本）的控制，精打细算，确保经济效益。

（15）督促、检查企业固定资产、低值易耗品、物料用品等财产、物资的使用、保管情况，注意发现和处理财产、物资管理中存在的问题，确保企业财产、物资的合理使用和安全管理。

（16）督促有关人员重视应收账款的催收工作，如加速资金回笼。

（17）监督采购人员做好客记、工程、办公及劳保的物料、用品的采购工作。

（18）负责审查各项开支，密切与各部门的联系，研究并合理掌握成本和费用水平。

（19）组织财务人员，定期开展财务分析工作，考核经营成果，分析经营管理中存在的问题，及时向领导提出建议。促进企业不断提高管理水平。

（20）每季度组织一次全面检查库存现金和备用金情况，并不定期抽查各业务部门、收款岗位的库存现金和备用金。

（21）保存企业关于财务工作方面的文件、资料、合同和协议，督促本部门员工完整地保管公司的一切帐册、报表凭证和原始单据。

（22）负责本部门员工业务培训工作，使属下员工训练掌握本岗位的业务知识、操作程序和管理制度，能独立工作，并使各员工对本部门其他岗位的业务环节有所了解。

（23）负责本部门职工的思想教育和业务水平的提高定期组织、召开本部门的学习和业务会议，抓好本部门内部管理工作。

3.8 企业会计核算组织程序

所谓会计核算组织程序就是规定凭证、账簿的种类、格式和登记方法及各种凭证之间、账簿之间和各种凭证与账簿之间，以及各种报表之间，各种账簿与报表之间的相互联系及编制的程序。

选用适当的会计核算组织程序，对于科学地组织单位的会计核算工作具有重要意义。它可以保证会计数据的整个处理过程有条不紊地进行，保证会计记录正确、及时、完整；可以迅速编制报表，提高会计核算工作的效率；可以保证迅速形成财务信息，提高会计核算资料的质量，为企业的经营管理提供准确的财务资料；可以减少不必要的核算环节和手续，避免重复，提高会计核算工作的效率。

基本的会计核算组织程序可通过下图表示。

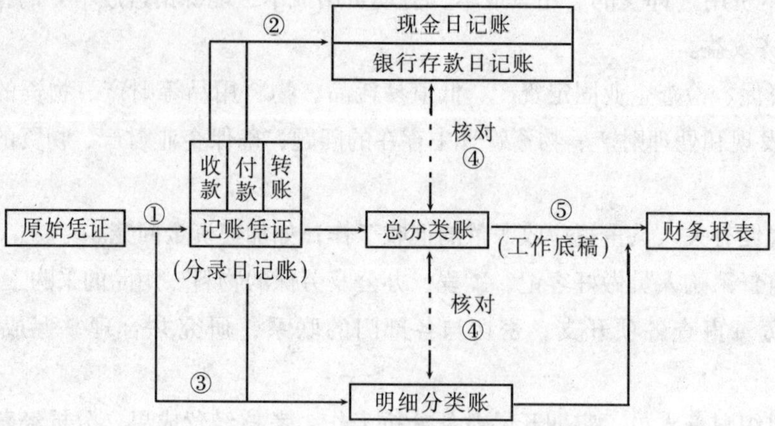

图 3-2　企业会计核算组织程序图

会计主管岗位责任制

①在财务部经理的领导下，具体负责公司会计组的管理工作。

②负责领导所属的出纳员、记帐员、会计员按时、按要求记帐收款，如实反映和监督企业的各项经济活动和财务收支情况，保证各项经济业务合情、合理、合法。

③负责指导、监督、检查和考核本组成员的工作，及时处理解决工作中发生的问题，保证本组的会计核算工作正常进行。

④按时编制月、季、年度会计表，做到数字真实、计算准确、内容完整、说明清楚、报送及时。

⑤根据会计制度，定期汇总会计凭证（登记总帐不超过 10 天），并与科目明细帐核对相符。

⑥负责企业管理费核算，认真审核收支原始凭证，帐务处理符合制度规定，帐目清楚，数字准确，结算及时。

⑦负责专用款项的明细核算，正确反映各项专用基金运用和结余情况以及专项工程支出和完工情况。专用基金的往来款项要及时对帐清算。

⑧负责每月各项按规定进行预提和待摊费用的核算。

⑨负责公司税金合帐的登记和税金的交纳。

⑩负责公司各部门的费用报销业务手续。

⑪按每月工资表、水电耗用表、燃料耗用表等费用项

目编制部门费用分摊表，根据工资表提取福利基金、工会经费，并按规定上缴工会经费。

⑫对公司的会计凭证、帐薄报表、财务计划和重要经济合同等会计资料定期收集、审查、装订成册，登记编号，按照《会计档案管理办法》的规定妥善保管，并按照规定办理

销毁报批手续。

⑬定期组织对公司固定资金和流动资产的清查、核实，确保财产的准确性，加强对固定资产和流动资金的管理，提高资金利用率。

⑭严格按照财务管理制度的要求，认真做好记帐凭证的稽核，组织会统报表的编审工作，保证财务结算的正确、及时和真实，为领导提供可靠的经营管理资料。

⑮及时掌握流动资金使用和周转的情况，定期向财务部经理汇报工作。

⑯督导所负责岗位的工作情况，并对工作完成的效果负有直接的责任。

⑰定期组织所属部门员工学习有关国家财政政策、法规、财经纪律和财会制度，不断提高员工的思想水平和业务工作能力。

3.9 记账凭证核算组织程序流程

记账凭证核算组织程序是直接根据各种记账凭证逐笔登记总分类账的程序，它是会计核算中最基本的一种核算组织程序，也是其他核算组织程序的基础。其基本程序可通过下图表示。

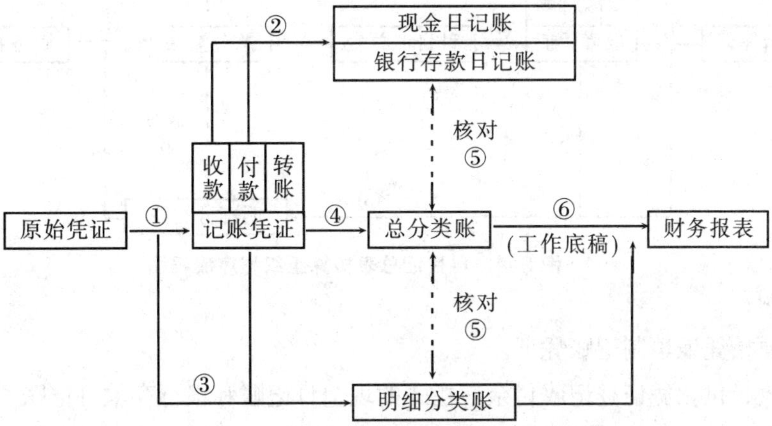

图 3–3 记账凭证核算组织程序流程图

程序说明：

①根据原始凭证编制记账凭证。

②根据收、付款凭证逐日逐笔地登记现金日记账和银行存款日记账。

③根据原始凭证和记账凭证登记各种明细分类账。

④根据各种记账凭证逐笔登记总分类账。

⑤月末，将现金日记账、银行存款日记账和明细分类账的余额与总分类账的有关账户余额核对。

⑥月末，将总分类账和明细分类账的余额，填入工作底稿，在工作底稿中编制有关的

调整分录，并进行试算平衡，作为编制报表的依据。

⑦月末，根据总分类账和明细分类账编制财务报表。

记账凭证核算组织程序的特点是根据记账凭证逐笔登记总分类账。由于记账凭证核算组织程序是根据记账凭证直接登记总分类账，因而容易理解，便于掌握。但是，当单位的业务量较大时，逐笔登记总分类账会增加登记总账的工作量。这种程序适用于一些规模小、业务量少、凭证不多的单位。

3.10 科目汇总表核算组织程序流程

科目汇总表核算组织程序是定期将所有记账凭证汇总编制成科目汇总表，再根据科目汇总表登记总分类账的核算组织程序。其基本程序可通过下图表示。

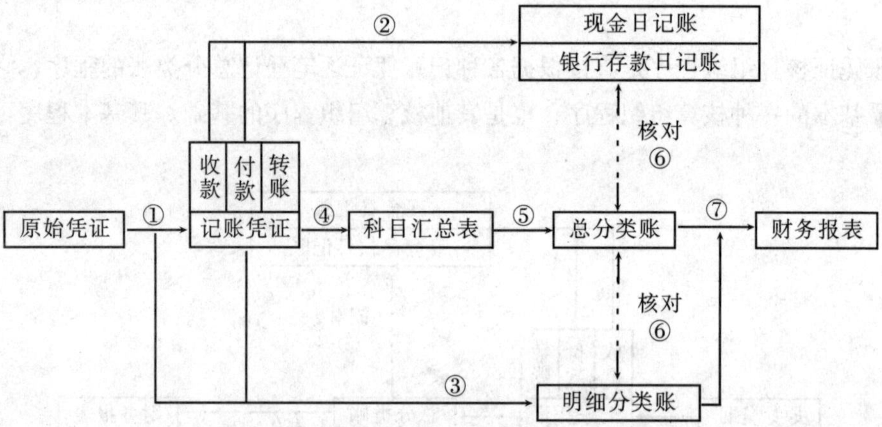

图 3-4 科目汇总表核算组织程序流程图

程序说明：

①根据原始凭证填制记账凭证。

②根据收、付款凭证登记收付余三栏式的现金日记账和银行存款日记账。

③根据原始凭证和记账凭证登记各种明细分类账。

④根据记账凭证定期汇总编制科目汇总表。将一定期间的全部记账凭证按照相同科目的借方和贷方归类，定期汇总每一会计科目的借方本期发生额和贷方发生额，填写在科目汇总表的相关栏内。科目汇总表的编制时间根据企业经济业务量的多少来确定，可以在每1天、3天、5天、10天编制汇总一次。

⑤根据科目汇总表登记总分类账。

⑥月末，将现金日记账、银行存款日记账和各明细分类账的余额与总分类账的有关账户余额进行核对。

⑦月末，根据总分类账和明细分类账编制财务报表。

3.11 科目汇总表格式

科目汇总表依据汇总天数而采用不同的格式，一般有两种格式。

表 3-2 科目汇总表（格式一）

年 月 日 至 日 第 号

会计科目	账页	本期发生额		记账凭证起讫号数
		借方	贷方	
合 计				

表 3-3 科目汇总表（格式二）

年 月 日

会计科目	账页	1~10 日		11~20 日		21~30 日		本月合计	
		借方	贷方	借方	贷方	借方	贷方	借方	贷方
合 计									

格式二的科目汇总表适用于按旬汇总的企业，记账凭证按旬汇总后于月底编制一张科目汇总表；其他情况下科目汇总表多采用格式一定期汇总，每月编制若干张科目汇总表。

3.12 汇总记账凭证核算组织程序

汇总记账凭证核算组织程序是定期将所有记账凭证汇总编制成汇总记账凭证，然后再根据汇总记账凭证登记总分类账的核算组织程序。汇总记账凭证核算组织程序与科目汇总表核算组织程序基本相同，其基本程序可通过下图表示。

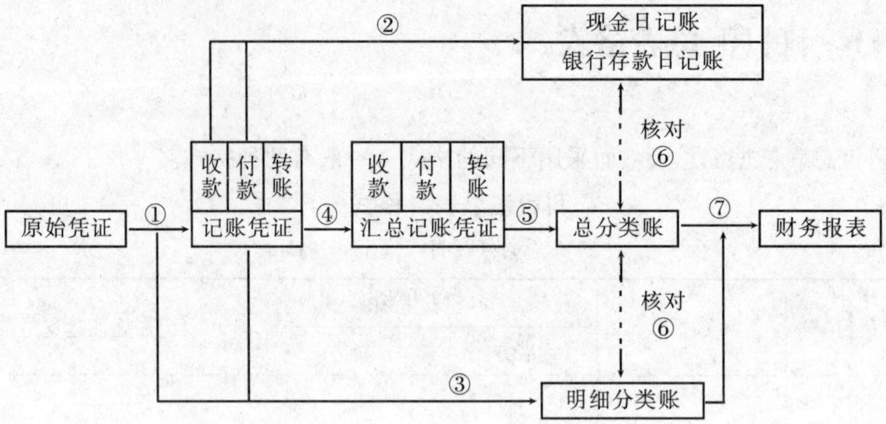

图 3-5 汇总记账凭证核算组织程序

程序说明：

①根据原始凭证填制各种记账凭证。

②根据收、付款凭证登记现金日记账和银行存款日记账。

③根据原始凭证和记账凭证登记各种明细账。

④根据各种记账凭证汇总编制汇总记账凭证。

⑤根据汇总记账凭证登记总分类账。

⑥月末，将现金日记账、银行存款日记账、各明细分类账的余额与有关总分类账的余额进行核对。

⑦月末，根据总分类账和明细分类账的资料编制财务报表。

3.13 汇总收款凭证

汇总收款凭证是根据一定时期的全部收款凭证，按月编制而成的。汇总收款凭证按现金和银行存款借方发生额设置，按其相对应的贷方科目加以归类，定期汇总，按月编制，月末时，结算出汇总收款凭证中各贷方科目的合计数，作为登记部分分类账的依据。收款凭证的借方科目只有现金和银行存款，如以借方为主体，按贷方科目归类编制汇总收款凭证的张数就减少了。按月编制汇总收款凭证时只须编制一张现金汇总收款凭证和一张银行存款汇总收款凭证就可囊括全部收款凭证。下表为现金汇总收款凭证的格式。

表 3－4　　　　汇总收款凭证

借方科目：现金　　　　　　　　年　　月　　　　　　　　汇收第　号

贷方科目	金　额				总账页数
	1～10 日 收款凭证 第　号至第　号	11～20 日 收款凭证 第　号至第　号	21～30 日 收款凭证 第　号至第　号	合计	
合计					

3.14　日记总账核算组织程序流程

日记总账核算组织程序是设置日记总账，并以所有经济业务编制的记账凭证为依据直接登记日记总账的核算组织程序。其基本程序可通过下图表示。

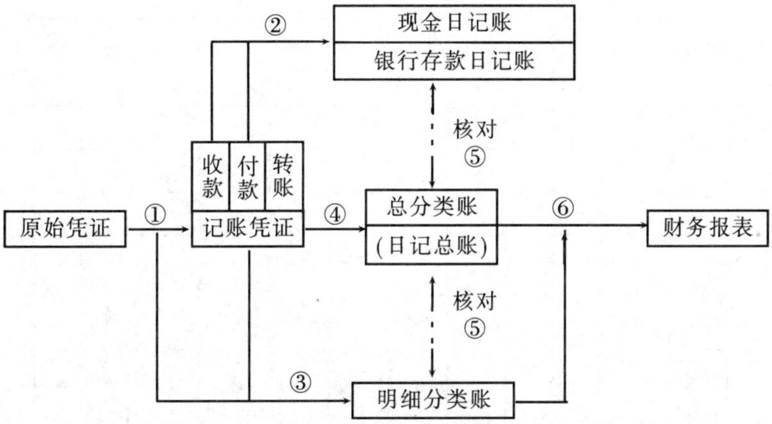

图 3–6　日记总账核算组织程序流程图

程序说明：

①根据原始凭证填制各种记账凭证。记账凭证多采用收款凭证、付款凭证、转账凭证的格式，也可以采用通用的格式。

②根据收、付款凭证登记现金日记账和银行存款日记账。

③根据原始凭证和各种记账凭证登记各种明细分类账。

④根据各种记账凭证及现金日记账、银行存款日记账登记日记总账。

⑤月末，将现金日记账、银行存款日记账和各明细分类账的余额与总分类账的有关账户余额核对。

⑥根据日记总账和各种明细分类账编制会计报表。

3.15 日记总账

表 3－5 日记总账

年		凭证		摘要	发生额	现金		银行存款		应收账款		其他应收款		材料		…
月	日	字	号													
				发生额合计及月末余额												

在采用三栏式现金日记账和银行存款日记账的情况下，根据收、付款凭证及转账凭证逐日逐笔登记日记总账；在采用多栏式现金日记账和银行存款日记账的情况下，平时根据收、付款凭证登记日记账，根据转账凭证逐笔登记日记总账，月末，将多栏式现金日记账和银行存款日记账各科目汇总的合计数一次登入日记总账。

3.16 账务处理程序

集团总公司所属会计单位统一适用“科目汇总表账务处理程序”，设置三栏式的现金日记账、银行存款日记账、总分类账（按一级科目开设账页）、明细分类账（根据管理的需要可采用三栏式或多栏式账页）。总分类账使用订本式账簿，明细分类账使用活页式账簿，记账凭证使用收款凭证、付款凭证、转账凭证三种格式。科目汇总表根据各种记账凭证，按照相同的会计科目归类，可以每装订一本记账凭证汇总一次，也可以每 10 天汇总一次，汇总一次登记一次总分类账。科目汇总表账务处理程序的基本内容是：

（1）根据原始凭证填制收款凭证、付款凭证和转账凭证。

（2）根据收款凭证和付款凭证逐笔登记现金日记账和银行存款日记账。

（3）根据收款凭证、付款凭证和转账凭证逐笔登记各种明细账。

（4）根据收款凭证、付款凭证和转账凭证填制科目汇总表。

（5）根据科目汇总表登记总账。

（6）月终，将现金日记账、银行存款日记账的余额以及各明细科目余额合计数，与总账有关的余额核对相符。

（7）根据总账和各明细账的记录编制月报和会计报表。使用计算机记账的单位，在填制记账凭证时，应填写各科目的电算编号。

3.17 会计档案管理办法

会计档案归档范围和做法

第一条 会计档案是企业在经济活动中形成的记录和反映经济业务的重要资料和证据，它既是本单位档案的一部分，也是国家全部档案的重要组成部分。为了使会计档案管理工作做到管理科学、标准化和规范化，特制定本办法。

第二条 会计档案管理，是企业管理的一项很重要的基础工作，各级领导应高度重视，加强对会计档案管理工作的领导。档案部门和财会部门要互相支持，密切配合，共同做好会计档案管理工作。各级机关的档案部门和财会部门负责对所属单位的会计档案管理工作进行业务指导、检查和监督。

第三条 本办法适用于集团所属各单位。

第四条 每年形成的会计档案（包括会计凭证、会计账簿、会计报表、其他会计核算资料和电算软盘资料），应由财务会计部门按照归档的要求负责整理立卷或装订成册。

第五条 会计凭证。记账人员对会计凭证逐笔登完账后，将记账凭证按月整理，分类（现字、银字、转字）装订成若干本，每本的厚度为两公分，每本为一卷。整理装订时，必须将金属物剔除，做到装订整齐、美观、坚固和规范。

第六条 会计账簿。包括现金日记账、银行存款日记账、总分类账和明细分类账。每年会计年度终了，由记账人员整理装订。属订本式的账簿，应贴上封面；属活页式的账簿，应加以整理，将空页抽出，用线绳装订成册，一般一年装订成一本。如果明细分类账的账页过多，也可以装订成多本。各类账簿贴上封面后，均要写明使用单位、年度和账簿名称。使用活页式账簿，装订后再编写账页顺序号，应附“启用表”和目录，记明每个账户的名称和页次。每本账簿立为一卷。

第七条 会计报表。总公司规定定期编报月报、季报和年报。月报上报后，财会部门留存一份，按年集中装订成册。季度和年度会计报表按一、二、三季度和年度分别装订成册，每册为一卷。

第八条 其他会计档案。包括：

1. 文书部分

（1）各种经济合同、协议、担保书及其附件；

（2）年度财务工作计划，年度财务工作总结，财政、财务工作会议文件及资料；

（3）各种财务分析资料（包括资金分析、经济活动分析、成本情况分析）；

（4）各种调查报告和典型经验；

（5）资信证明；

（6）重点工程决算资料；

（7）财会部门会议记录本；

（8）各种投标保函；

（9）城建制划转、撤销、合并单位的全部交接资料。

2. 报表部分

年度各项经济技术指标完成情况报表（包括统计、质量、劳动工资、安全生产、设备情况、科技成果及效益等）；财务大检查报表；社会集团购买力报表；国库券和其他债券分配和统计报表；会计人员统计表；会计人员考试情况统计表；会计证登记表；职称评定审批表；会计达标升级申报、验收、审批表；报废后的固定资产卡片；各种台账等。

以上这些会计资料和报表，由经办人在每一项业务完成时及时整理存档；也可以一年整理一次，分类装订。存档前，要经财会部门负责人审查签字后方能存档。

会计档案的保管

第九条 公司级以上机关应设会计档案室。没有条件设立会计档案室的单位，应设会计档案专柜，并指定专人负责保管。每年会计年度终了，会计凭证、会计账簿、会计报表暂由财会部门保管一年，期满后移交档案部门保管。年度终了时填制的会计档案目录送档案部门一份备查。其他会计档案，由财会部门自行保管。

第十条 基层单位的会计档案，除要求按第八条规定办理外，全部会计档案由财会部门自行负责保管。

第十一条 会计档案由档案保管人员收集归档。存档前，经办人要整理装订，分类填制会计档案目录，写明案卷号，一切手续完备后，保管人员才能接收。

第十二条 会计档案的存放应该做到：防火、防潮、防虫、防鼠、防霉变。不允许随便堆放，保证会计档案完整无损。

会计档案的移交

第十三条 会计档案保管人员，应相对稳定。如果保管人员有变动，必须办理交接手续后才能离开。交接时移交人与接替人应按会计档案目录逐一点交。如发现会计档案有短缺，应由移交人负责找齐，如有丢失，移交人应查明原因，承担责任。点交清楚后应由双方在移交表上签字。

第十四条 撤销单位的会计档案移交。被撤销单位的会计档案应经上级审计和财会部门审查后，编制会计档案移交清册，上交上级档案或财会部门保管。

第十五条 被合并单位的会计档案移交。被合并单位应编制移交清册移交给合并单位。双方经办人按移交清册进行点交后，双方经办人和负责人在移交清册上签字，上级档案和财会部门派员监交。

会计档案保管年限

第十六条 会计档案的保管年限，按《会计档案保管年限表》执行。保管年限期满后方能销毁。

会计部门保管的其他会计档案，各种契约、重点工程决算资料、会计记录本永久保存；其他档案按其使用价值由各单位自定保管年限。

会计档案借阅批准权限

第十七条 本单位财会部门内部人员借阅会计档案。会计档案存在财会部门的，档案保管人员应及时提供；会计档案存在档案部门档案库的，到档案库借阅，档案保管人员应及时提供。

第十八条 本单位其他部门借阅会计档案。会计档案存在财会部门的，要经财会部门负责人批准，方能借阅；会计档案存在档案库的，要经档案部门和财会部门负责人批准，方能借阅。

第十九条 外单位人员查阅会计档案，要持单位介绍信，经单位主管领导批准，方能借阅。

第二十条 借阅会计档案应在财会部门或档案部门的档案库（室）内查阅。须拿出档案库（室）时要经档案部门和财会部门负责人批准，必须携带出单位的要经单位主管领导批准。

第二十一条 需要借出财会部门或档案库的会计档案，必须办理借阅手续，在《会计档案借阅登记簿》上进行登记，归还时还应注明利用效果。

会计档案的销毁

第二十二条 公司会计档案的销毁。由档案、审计和财会部门共同对应销毁的会计档案进行鉴定，经公司主管领导审查后，编制《会计档案销毁清册》和《销毁清册审批表》，报经总公司档案部门和财会部门批准并派人监销时，方能销毁。

第二十三条 总公司会计档案的销毁。应由档案、审计和财会部门对应销毁的会计档案共同进行鉴定，经总公司主管领导审查后，编制《会计档案销毁清册》和《销毁清册审批表》，报经市档案局、财政局和建设银行市分行批准并派人监销，方能销毁。

第二十四条 会计部门保管的会计档案的销毁。应由会计部门编制《会计档案销毁清册》和《销毁清册审批表》，经档案、审计部门鉴定、审批和监销。

第二十五条 基层单位会计档案的销毁。应由财会人员编制《会计档案销毁清册》和《销毁清册审批表》，经本单位负责人审查后，报经公司档案部门和财会部门审查批准，并派人监销，方能销毁。

第二十六条 会计档案保管期满应销毁时，若其中有些原始凭证还有使用价值，如未了结的债权、债务凭证，应单独抽出另行立卷保管，一直保管到确无使用价值时再销毁。

附　则

第二十七条 本办法由集团总公司财务部负责解释。

第二十八条 本办法从×年×月×日起开始实行。

3.18 会计档案保存期限表

表 3－6 会计档案保管期限表

顺序号	档 案 名 称	保管期限	备 注
	一、会计凭证类		
1	原始凭证、记账凭证和汇总凭证	15 年	
	其中：涉及外事和对私改造的会计凭证	永久	
2	银行存款余额调节表	5 年	
	二、会计账簿类		
3	日记账	15 年	
	其中：现金和银行存款日记账	25 年	
4	明细账	15 年	
5	总账	15 年	包括日记总账
6	固定资产卡片		固定资产报废清理后可存 5 年
7	辅助账簿	15 年	
8	涉及外事和对私改造的会计账簿	永久	
	三、会计报表类		包括各级主管部门的汇总会计报表
9	主要财务指标快报	3 年	包括文字分析
10	月、季度会计报表	5 年	同上
11	年度会计报表（决算）	永久	同上
	四、其他类		
12	会计移交清册	15 年	
13	会计档案保管清册	永久	
14	会计档案销毁清册	永久	
15	银行对账单	5 年	

3.19 会计档案销毁清册

表3－7 会计档案销毁清册

档案名称	起止日期	册数	销毁原因	销毁方法	备注

档案机构负责人　　　　会计主管　　　　监销人　　　　保管

3.20 会计档案管理制度

会计档案是会计事项的历史记录，是总结经验，进行决策所需利用的重要资料，也是进行会计检查、审计检查的重要资料。因此，各单位的会计部门必须认真做好会计档案的管理工作。

会计部门在记账之后，应定期（每天、每旬或每月）对各种会计凭证加以分类整理，将各种记账凭证按照编号列序，连同所附的原始凭证折叠整齐，加具封面、封底装订成册，并在装订线上加贴封签。

每年的会计凭证、账簿、报表都应由财会部门按照归档的要求，负责整理立卷或装订成册；当年的会计档案，在会计年度终了后，可暂由本单位会计部门保管一年，期满后，原则上应由会计部门编造清册移交本单位的档案部门保管。

各单位对会计档案必须进行科学管理，做到妥善保管，存入有序，查找方便，并积极为本单位提供利用。但调阅会计档案，应有一定的手续，应设置《会计档案调阅登记簿》，详细登记调阅日期、调阅人、调阅理由、归还日期等。

各种会计档案的保管期限，根据其特点，分为永久、定期两类。定期保管期限分为3年、5年、10年、15年、25年五种。

保管期满后，需要销毁。销毁时必须严格执行会计档案保管的规定，任何人不得随意销毁。

3.21　会计工作交接制度规定

设计会计工作交接制度，应主要对交接前的移交准备、交接程序和内容以及监交等作出具体的规定。

1. 关于移交准备工作的规定

会计人员因故离职或者调动工作时，必须向接替人员办理正式的会计移交手续，在移交手续未办妥前不得离职。移交人员因故不能承办移交手续时，经领导批准，可由移交人委托他人代办移交，但移交中的责任仍需由本人承担。

2. 关于交接程序和内容的规定

会计工作的交接，应按移交清册逐项进行，接替人员应对移交内容逐项核对后再予以接收。

会计主管人员办理移交手续时，除了移交所经管的会计事项外，还应将全部财会工作、重大财务收支、会计人员状况、下属单位的有关财会情况、与本单位财务往来密切的单位及人员情况等，向接替人员作出详细介绍，以便接替人员尽快熟悉情况，开展工作。

在会计交接过程中，移交人员有责任解答接替人员对有关交接事项提出的质疑，且不得以任何理由、任何形式借故推延不移交。同样，接替人员也不得以任何借口推诿不接替。对双方均不了解的会计事项应立据说明，并由移交人签字负责。

3. 关于监交的规定

会计人员办理交接时，必须有监督人员参加，以严格交接手续，分清是非，明确责任，保证交接工作的顺利进行。一般会计人员交接时，应由会计主管人员监交；会计主管人员交接时，应由单位负责人监交，必要时还可由上级主管部门派人会同监交。

3.22　会计工作交接制度

（1）为了明确经济责任，保持会计工作的连续性，会计人员工作调动或因故离职时，应该与接替人员办理交接手续，没有办理交接手续的，不得离职。

（2）会计人员离职前，应将本人经管的会计工作，在规定的期限内，全部移交清楚，接替人员应认真接管移交的工作。移交后，如发现原经管的会计业务有违反财会制度和财经纪律等问题，仍由原移交人负责。

（3）会计人员办理移交手续前，应该做完如下工作：

①已经受理的经济业务（包括收款、付款和转账业务）尚未填制会计凭证的，应填制完毕。

②尚未登记的账目，应登记完毕，并结出各账户的余额；各明细分类账户的余额应与有关总分类账户余额核对相符，并填制“科目余额表”平账，在最后一笔余额后加盖名章。

③编制移交清册，列明应交的会计凭证、账簿、报表、公章、现金、有价证券、支票、文件资料和其他物品等内容。

（4）会计人员办理交接手续时，必须由监交人负责监交。一般会计人员交接，由主管人员监交；会计主管人员交接，由单位领导负责监交，必要时由上级主管部门派人监交。

（5）移交人要按照移交清册一项一项的移交，接替人要逐项核对点收，交接时必须做到：

①现金、有价证券要根据账簿余额进行当面点交，必须与账簿余额一致；不一致时，移交人要在规定期限内查清楚，方能办理交接。

②会计凭证、账簿、报表和其他会计资料应完整无缺，不得遗漏，如有短缺，移交人应该找齐；如找不齐应查明原因，并在移交清册中注明，由移交人负责。

③银行存款账余额要与银行核对相符，并编制银行存款余额调节表。

④各种债权债务账户余额应与往来单位或个人核对清楚。

⑤财产物资账户余额应与物资账核对相符。

⑥移交人经管的公章、业务专用章和其他实物，应交接清楚。

（6）会计主管人员移交时，应将全部财务会计工作，重大的财务收支和会计人员的情况等向接替人详细介绍，对需要移交的遗留问题，应写出书面材料。

（7）交接工作结束时，交接双方和监交人要在移交清册上签名或盖章，并应在移交清册上注明单位名称、交接日期、交接双方和监交人的职务、姓名、移交清册页数以及需要说明的问题和意见等。移交清册一般应填制一式三份，交接双方各一份，存档一份备查。

（8）接替的会计人员应继续使用移交的账簿，不得自行另立新账，以保持会计记录的连续性。

（9）会计人员临时离职或因事因病不能到职工作的，会计主管人员或单位领导必须指定人员接替或代理，并办理会计工作交接手续。

（10）单位撤销时，必须留有必要的会计人员，办理清理工作，编制决算，未移交前，不得离职。接收单位和移交日期由上级主管部门确定。

（11）合并单位的会计移交手续，比照上述规定办理。

第 4 章　企业会计核算制度与表格设计

4.1 企业会计核算制度设计的内容

设计会计制度，要求根据会计工作的一般原理，用系统的理论和方法将会计科目、会计凭证、会计账簿、会计报表的种类和格式以及内部控制制度、成本核算制度、会计核算形式等加以规范化，组成一套可以实施的会计程序和方法。为此，组织和从事会计工作所需要的一切规定、标准和要求，都属于会计制度设计的内容。

在一般企业里，需要设计的会计制度内容包括三个大的方面：

1. 会计工作基本条件方面的制度

（1）会计科目及其使用说明。

（2）会计凭证（包括原始凭证和记账凭证）。

（3）会计账簿的种类、格式及各种账簿之间勾稽关系的规定。

（4）会计报表内容的规定。

此外，使用何种记账方法也应在会计制度设计时予以说明。

2. 会计组织方面的制度

（1）关于账务处理程序的规定。

（2）关于核算工作组织形式的规定。

（3）关于会计机构内部组织及人员分工的规定。

（4）关于会计档案管理和会计工作交接的规定。

3. 会计管理方面的制度

（1）内部控制制度。

（2）内部结算制度，或称责任会计制度。

（3）成本核算和成本管理制度。

（4）其他有关制度。

4.2 会计科目设计的原则

会计科目的设计对会计账簿、会计报表的设计有直接影响，是会计制度中最重要的部分之一，在设计时要高度重视。为把会计科目设计好，设计时应掌握以下原则：

1. 要根据经营过程的特点和资金运动的规律来设计

经营过程的特点就是会计对象的具体特点。例如工业企业中，要根据它在供应、生产、销售三个过程中资金循环的特点来设计，商业企业要根据购进、销售两个过程资金循环的特点来设计，行政事业单位则根据预算资金收支的特点来设计。

2. 根据经营管理的要求来设计

在我国社会主义条件下，经营管理的要求与国家经济政策是有密切联系的，经济政策变了，经营管理的要求也就不同，会计科目的设计也要相应增删。

3. 根据企业实际情况来设计

在考虑企业经营过程特点的前提下，还要考虑企业实际情况，因为即使是同类企业，因为生产经营对象不同，各企业具体的经济活动又可能有较大差异，故还应根据企业实际情况来设计其科目体系。

4.3 会计科目设计的注意事项

会计科目可按业务内容分类，一般分为以下五大类：资产类科目、负债类科目、所有者权益类科目、成本类科目、费用类科目、利润类科目。

会计科目也可按核算详略分类，一般分为总分类账科目和明细分类账科目。

设计会计科目时，除遵循上述基本原则外，还应注意以下各点：

1. 科目名称要简明扼要、含义确切

科目名称是日后编制记账凭证的依据，也是资产负债表和利润表中各个项目的依据，这两大报表中许多项目是直接利用科目名称的，因此为便于编制记账凭证和会计报表，科目名称应简明扼要，含义确切。

2. 科目设计力求做到标准化

这包括两方面的意思：其一是设计者为某基层单位设计会计科目时，其有关名称要尽量与统一会计制度中规定的名称或本行业其他单位通用的名称一致，避免自己生造；其二是，国家有关部门在制订统一会计制度时，不同行业但经济内容相同的会计科目名称要力求一致。

3. 注意对称科目的设计

许多会计科目的运用是对称的，反映在资金上，也是如此，有资金运用必有其来源，有应收款也会有应付款，所以，在科目设计上要考虑这种对称关系。

4. 要编制科目使用说明

会计科目设计完后，还必须编制科目使用说明。科目使用说明是对每个科目的经济含义和使用方法作出的解释。

4.4 会计凭证设置的意义

会计凭证，是在会计工作中记录经济业务、明确经济责任的书面证明，是用来登记账簿的依据。填制和审核会计凭证作为会计核算的一项重要内容，在经济管理中具有重要作用，主要体现在以下 4 个方面：

①提供经济信息和会计信息。会计人员可以根据会计凭证，对日常大量、分散的各种经济业务，进行整理、分类、汇总，并经过会计处理，为经济管理提供有用的会计信息。

②监督、控制经济活动。通过会计凭证的审核，可以检查经济业务的发生是否符合有关的法令、制度，是否符合业务经营、财务收支的方针和计划、预算的规定，以确保经济业务合理、合法和有效；监督经济业务的发生、发展；控制经济业务的有效实施，以充分发挥会计管理职能。

③提供记账依据。会计凭证是记账的依据，通过会计凭证的填制、审核，按一定方法对会计凭证进行整理、分类、汇总，可以为会计记账提供真实、可靠的依据，并通过会计凭证的及时传递，对经济业务适时地进行记录。

④加强经济责任制。经济业务发生后，要取得或填制适当的会计凭证，证明经济业务已经发生或完成；同时要由有关的经办人员，在凭证上签字、盖章，明确业务责任人。通过会计凭证的填制和审核，使有关责任人在其职权范围内各司其职、各负其责，并利用凭证填制、审核制度，进一步完善企业的经济责任制。

4.5 原始凭证分类

原始凭证的分类，可以按其来源、用途、格式和填制手续的不同进行分类，而不同的分类，对原始凭证的设计有不同的要求，设计时必须引起注意。分类情况参见下图。

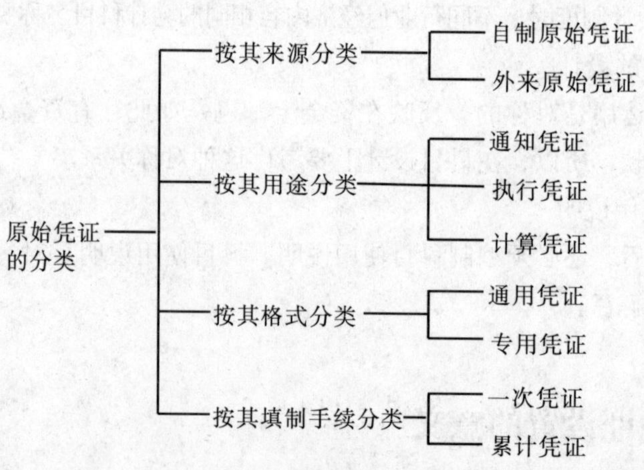

图 4-1 原始凭证分类图

此外，原始凭证的分类，还可按经济业务的种类进行，如反映货币资金收付业务的凭证、反映采购业务的凭证、反映销货业务的凭证等。这种分类，将结合原始凭证的具体设计，在后面的问题中详细介绍，此处不再赘述。

4.6 原始凭证基本要素

在会计实务中，由于各种经济业务的内容和经济管理的要求不同，原始凭证的名称、格式和内容多种多样，其填制与审核的具体内容也会因此而多种多样。但是，原始凭证作为反映经济业务已经发生或已经完成的原始证据，必须反映经济业务发生或完成的情况，并明确有关人员的责任，所以各种原始凭证都必须具备 7 个基本要素：

①凭证的名称。标明原始凭证所记录业务内容的种类，反映原始凭证的用途，如“发货票”、“入库单”等。

②填制凭证的日期。填制原始凭证的日期一般是业务发生或完成的日期。如果在业务发生或完成时，因各种原因未能及时填制原始凭证的，应以实际填制日期为准。销售商品、产品时未能及时开出发货票的，补开发货票的日期应为实际填制时的日期。

③填制凭证单位或填制人姓名。

④经办人员的签名或盖章。经办人员签名盖章是为了通过该项内容明确经济责任。

⑤接受凭证单位的名称。将接受凭证单位与填制凭证单位或填制人相联系，标明经济业务的来龙去脉。

⑥经济业务内容。主要是表明经济业务的项目、名称及有关的附注说明。

⑦数量、单价和金额。主要表明经济业务的计量，这是原始凭证的核心。

4.7 原始凭证填制要求

填制原始凭证要由填制人员将各项原始凭证要素按规定方法填写齐全，办妥签章手续，明确经济责任。

原始凭证的填制有三种形式，一是根据实际发生或完成的经济业务，由经办人员直接填列，如“入库单”、“出库单”等；二是根据已经入账的有关经济业务，由会计人员利用账簿资料进行加工整理填列，如编制各种记账凭证；三是根据若干张反映同类经济业务的原始凭证定期汇总填列，如汇总原始凭证。

原始凭证的种类不同，其具体填制方法和填制要求也不尽一致，但就原始凭证应反映的经济业务、明确的经济责任而言，原始凭证的填制有其一般要求。为了确保会计核算资料的真实、正确并及时反映，应按下列要求填制原始凭证：

①符合实际情况。凭证填制的内容、数字等，必须根据实际情况填列，确保原始凭证所反映的经济业务真实可靠，符合实际情况。

②填写内容齐全。原始凭证的各项内容，必须详尽地填写齐全，不得遗漏，而且凭证填写的手续必须完备，符合内部牵制原则。

③书写格式要规范。原始凭证要用蓝色或黑色笔书写，字迹清楚、规范，填写支票必须使用碳素笔，需要套写的凭证，必须一次套写清楚，合计的小写金额前应加注币值符号，汉字大写金额数一律用正楷字或行书字书写，如壹、贰、叁、肆、伍、陆、柒、捌、玖、拾、佰、仟、万、亿、元、角、分、零、整等易于辨认、不易涂改的字样。

4.8 原始凭证审核要求

只有经过审核无误的凭证，才能作为记账的依据。为了正确反映并监督各项经济业务，会计部门的经办人员必须严格审核各种原始凭证，以确保会计核算资料真实、合法、准确。原始凭证的审核，主要包括以下 3 个方面的内容：

1. 合规性审核

根据有关的法令、制度、政策等，审核原始凭证所记录的经济业务是否合规、合法，有无违反法令、制度的行为；审核经济业务是否按规定的程序予以办理，对于弄虚作假、涂改或经济业务不合法的凭证，应拒绝受理，并报请上级有关人员处理。

2. 完整性审核

根据原始凭证的要素，逐项审核原始凭证的内容是否完整，原始凭证的各项目是否按规定填写齐全，是否按规定手续办理。若原始凭证的内容填写不全，手续不完备，应退还经办人员补办完整后，才予受理。

3. 技术性审核

根据原始凭证的填写要求，审核原始凭证的摘要和数字及其他项目是否填写正确，数量、单价、金额、合计是否填写正确，大、小写金额是否相符。若有差错，应退还经办人员予以更正。

4.9 增值税专用发票

表 4－1

××省增值税专用发票

抵 扣 联

地名 No

开票日期：年 月 日

批印文号税发（××）×号本数××万××印钞厂

<table>
<tr><td rowspan="2">购货单位</td><td>名称</td><td colspan="3"></td><td colspan="9">纳税人登记号</td><td colspan="10"></td></tr>
<tr><td>地址、电话</td><td colspan="3"></td><td colspan="9">开户银行及账号</td><td colspan="10"></td></tr>
<tr><td colspan="2" rowspan="2">货物或应税劳务名称</td><td rowspan="2">计量单位</td><td rowspan="2">数量</td><td rowspan="2">单价</td><td colspan="9">金额</td><td rowspan="2">税率（%）</td><td colspan="9">税额</td></tr>
<tr><td>百</td><td>十</td><td>万</td><td>千</td><td>百</td><td>十</td><td>元</td><td>角</td><td>分</td><td>百</td><td>十</td><td>万</td><td>千</td><td>百</td><td>十</td><td>元</td><td>角</td><td>分</td></tr>
<tr><td colspan="2"></td><td></td><td></td><td></td><td colspan="9"></td><td></td><td colspan="9"></td></tr>
<tr><td colspan="2"></td><td></td><td></td><td></td><td colspan="9"></td><td></td><td colspan="9"></td></tr>
<tr><td colspan="2"></td><td></td><td></td><td></td><td colspan="9"></td><td></td><td colspan="9"></td></tr>
<tr><td colspan="2">合计</td><td></td><td></td><td></td><td colspan="9"></td><td></td><td colspan="9"></td></tr>
<tr><td colspan="2">价税合计（大写）</td><td colspan="22">仟 佰 拾 万 仟 佰 拾 元 角 分 ★______</td></tr>
<tr><td rowspan="2">销货单位</td><td>名称</td><td colspan="3"></td><td colspan="9">纳税人登记号</td><td colspan="10"></td></tr>
<tr><td>地址、电话</td><td colspan="3"></td><td colspan="9">开户银行及账号</td><td colspan="10"></td></tr>
<tr><td>备注</td><td colspan="23"></td></tr>
</table>

票样

第三联：抵扣联 购货方作抵扣税款凭证

收款人　　开票单位（未盖章无效）

表 4－2

服务业专用发票
发 票 联

客户名称：______　　**支票号______**

<table>
<tr><td rowspan="2">收款项目</td><td rowspan="2">单位</td><td rowspan="2">数量</td><td rowspan="2">单价</td><td colspan="9">金额</td></tr>
<tr><td></td><td></td><td></td><td></td><td></td><td></td><td></td><td></td><td></td></tr>
<tr><td></td><td></td><td></td><td></td><td colspan="9"></td></tr>
<tr><td></td><td></td><td></td><td></td><td colspan="9"></td></tr>
<tr><td></td><td></td><td></td><td></td><td colspan="9"></td></tr>
<tr><td colspan="4">小 写 金 额 合 计</td><td colspan="9"></td></tr>
<tr><td>大写金额</td><td colspan="12">佰 拾 万 仟 佰 拾 元 角 分</td></tr>
</table>

二、付款方收执

开票单位（盖章）　　开票人　　年 月 日

4.10 差旅费报销单

（企业名称）

表 4－3　　**出差借款单**

年　月　日　　　　字第＿＿＿＿号

<table>
<tr><td>借款人姓名</td><td colspan="2"></td><td colspan="2">所在单位或部门</td><td></td></tr>
<tr><td>出差地点</td><td colspan="2"></td><td>出差事由</td><td colspan="2"></td></tr>
<tr><td>往返时间</td><td></td><td>借款金额</td><td></td><td>预计还款日期</td><td></td></tr>
<tr><td>人民币（大写）</td><td colspan="5"></td></tr>
</table>

审批　　出纳　　借款单位负责人　　　　借款人

（企业名称）

表 4－4　　**差旅费报销单**

年　月　日

<table>
<tr><td>报销人姓名</td><td colspan="2"></td><td colspan="2">所在单位</td><td colspan="2"></td><td colspan="2">出差地点</td><td></td></tr>
<tr><td>出差事由</td><td colspan="4"></td><td colspan="2">出差时间</td><td colspan="3">月　日至　月　日</td></tr>
<tr><td rowspan="2">费用项目</td><td colspan="5">交通费</td><td rowspan="2">住宿费</td><td rowspan="2">补助费</td><td rowspan="2">其他费用</td><td rowspan="2">合计</td></tr>
<tr><td>火车</td><td>飞机</td><td>船</td><td>长途汽车</td><td>市内汽车</td></tr>
<tr><td>凭证张数</td><td></td><td></td><td></td><td></td><td></td><td></td><td></td><td></td><td></td></tr>
<tr><td>金额</td><td></td><td></td><td></td><td></td><td></td><td></td><td></td><td></td><td></td></tr>
<tr><td>原借款数</td><td colspan="3"></td><td>报销数</td><td colspan="2"></td><td>退补数</td><td colspan="2"></td></tr>
<tr><td>人民币（大写）</td><td colspan="9"></td></tr>
</table>

审计　　报销单位负责人　　　　报销人

4.11 记账凭证分类

记账凭证是根据原始凭证或原始凭证汇总表填制的用作记账直接依据的信息载体。

记账凭证按使用的形式不同可分为通用记账凭证、专用记账凭证和汇总记账凭证三类。通用记账凭证是指不论收款业务、付款业务和转账业务，都记录在一种格式中的记账凭证；专用记账凭证是指将收款业务、付款业务和转账业务分别用不同格式进行记录的记账凭证，一般分为收款凭证、付款凭证和转账凭证三种；汇总记账凭证是指用以对记账凭证进行汇总的凭证。

记账凭证按反映会计分录的形式可分为单式记账凭证和复式记账凭证两种。单式记账凭证是在一张凭证中只记录一个会计科目的凭证（另一对应科目虽然也要填写，但只起参考作用并不记账，否则为重记）；复式记账凭证是在一张凭证中记录经济业务所涉及的全部会计科目的凭证。

4.12 记账凭证基本要素

记账凭证主要是用来将经济信息转换成会计信息，对经济业务进行分类核算的凭证。它可以根据每项经济业务编制，即根据每项经济业务的原始凭证编制，也可以根据若干项同类经济业务编制，即根据同类原始凭证汇总编制。记账凭证有多种形式，但作为确定会计分录和进行款项收付、账簿记录的依据，必须反映经济业务归类核算的项目、填制依据以及有关人员的责任，所以，记账凭证必须具备一些基本要素，这些基本要素主要包括以下 7 个方面：

①填制凭证日期。

②凭证的名称编号。

③经济业务内容摘要。

④会计科目、记账方向。

⑤记账金额。

⑥所附原始凭证张数。

⑦填制凭证人员、稽核人员、记账人员、会计主管人员的签名或盖章。收、付款的记账凭证还应由出纳人员签名或盖章。

4.13 记账凭证填制要求

填制记账凭证，就是要由会计人员将各项记账凭证要素按规定方法填写齐全，便于账簿登记。

记账凭证除严格按原始凭证的填制要求填制外，还应注意以下填制要求：

1. 凭证摘要简明

记账凭证的摘要栏要用简练明确的语句概括经济业务内容的要点，这主要是为了便于查阅凭证和登记账簿。

2. 业务记录明确

在一张记账凭证上，不能把不同类型的经济业务合并填制在一张记账凭证上，只能反映某一项经济业务，或若干项同类经济业务。

3. 科目运用准确

必须按规定的会计科目及其核算内容，正确编制会计分录，确保科目的准确运用。

4. 附件数量完整

记账凭证所附的原始凭证必须完整无缺，并在记账凭证上注明原始凭证的张数，以便核对摘要及所编会计分录是否准确无误。对于同一张原始凭证需填制两张记账凭证的（如采用单式记账凭证格式），应在未附原始凭证的记账凭证上注明其原始凭证在哪张记账凭证下，以便查阅。如果一张原始凭证所列支出需要几个单位共同负担的，应将其他单位负担的部分，开给对方原始凭证分割单，进行结算。对于结账和更正错账的记账凭证，可以不附原始凭证。

5. 填写内容齐全

记账凭证中的各项内容必须填写齐全，并按规定程序办理签章手续，不得简化。

6. 凭证顺序编号

记账凭证应按业务发生顺序按不同种类的记账凭证连续编号，若一笔经济业务需填制多张记账凭证的，可以采用按该项经济业务的记账凭证数量编列分数顺序号的方法，如$2\frac{1}{2}$、$2\frac{2}{2}$。

4.14 记账凭证审核要求

记账凭证是登记账簿的直接依据，为了确保账簿记录的准确，监督款项收付，全面提供会计信息，必须严格按照要求填制记账凭证，同时要由专人对已经填制的记账凭证严格审核。只有经审核无误后的记账凭证，才能作为记账的依据。记账凭证的审核主要包括以下三项内容：

1. 合规性审核

即根据执行的会计制度、会计方针及会计准则的规定，审核记账凭证所确定的会计分录是否合规、合法。这就要求审核人员必须根据记账凭证所附原始凭证的经济内容，按照会计核算的要求，审核会计分录的编制（主要是审核会计科目及其金额）是否准确无误，同时审核记账凭证是否附有审核无误的原始凭证，所附原始凭证的张数及其内容是否与记账凭证一致。

2. 完整性审核

即根据记账凭证的要素，逐项审核记账凭证的内容是否按规定要求填制，各项目是否按规定填写齐全并按规定手续办理。

3. 技术性审核

即根据记账凭证的填制要求，审核记账凭证的摘要，应借、应贷会计科目及金额以及账户对应关系是否清晰、完整，核算内容是否符合会计制度和会计方法的要求。

在审核中若发现错误，应查明原因予以更正或予以重填，并由更正人员在更正处签章。

4.15 收款凭证

表 4-5 **收款凭证**

借方科目	现金

出纳编号

年　月　日　　凭证编号

摘要	贷方科目		金额										记账符号✓
	总账科目	明细科目	千	百	十	万	千	百	十	元	角	分	
	合计金额												

附单据　张

会计主管人员（签章）　记账（签章）　制单（签章）　出纳（签章）　交款人（签章）

表 4-6 **收款凭证**

借方科目	银行存款

出纳编号

年　月　日　　凭证编号

摘要	贷方科目		金额										记账符号✓
	总账科目	明细科目	千	百	十	万	千	百	十	元	角	分	
结算方式及票号		合计金额											

附单据　张

会计主管人员（签章）　记账（签章）　稽核（签章）　制单（签章）　出纳（签章）

4.16 付款凭证

表 4－7

付款凭证

贷方科目	现金

年　月　日

出纳编号

凭证编号

<table>
<tr><td rowspan="2">摘要</td><td colspan="2">借方科目</td><td colspan="10">金额</td><td rowspan="2">记账符号✓</td></tr>
<tr><td>总账科目</td><td>明细科目</td><td>千</td><td>百</td><td>十</td><td>万</td><td>千</td><td>百</td><td>十</td><td>元</td><td>角</td><td>分</td></tr>
<tr><td></td><td></td><td></td><td></td><td></td><td></td><td></td><td></td><td></td><td></td><td></td><td></td><td></td><td></td></tr>
<tr><td></td><td></td><td></td><td></td><td></td><td></td><td></td><td></td><td></td><td></td><td></td><td></td><td></td><td></td></tr>
<tr><td></td><td></td><td></td><td></td><td></td><td></td><td></td><td></td><td></td><td></td><td></td><td></td><td></td><td></td></tr>
<tr><td>合计金额</td><td></td><td></td><td></td><td></td><td></td><td></td><td></td><td></td><td></td><td></td><td></td><td></td><td></td></tr>
</table>

附单据　张

会计主管人员（签章）　记账（签章）　稽核（签章）　制单（签章）　出纳（签章）　交款人（签章）

表 4－8

付款凭证

贷方科目	银行存款

年　月　日

出纳编号

凭证编号

<table>
<tr><td rowspan="2">摘要</td><td colspan="2">借方科目</td><td colspan="10">金额</td><td rowspan="2">记账符号✓</td></tr>
<tr><td>总账科目</td><td>明细科目</td><td>千</td><td>百</td><td>十</td><td>万</td><td>千</td><td>百</td><td>十</td><td>元</td><td>角</td><td>分</td></tr>
<tr><td></td><td></td><td></td><td></td><td></td><td></td><td></td><td></td><td></td><td></td><td></td><td></td><td></td><td></td></tr>
<tr><td></td><td></td><td></td><td></td><td></td><td></td><td></td><td></td><td></td><td></td><td></td><td></td><td></td><td></td></tr>
<tr><td>结算方式及票号</td><td></td><td>合计金额</td><td></td><td></td><td></td><td></td><td></td><td></td><td></td><td></td><td></td><td></td><td></td></tr>
</table>

附单据　张

会计主管人员（签章）　记账（签章）　稽核（签章）　制单（签章）　出纳（签章）

4.17 转账凭证

表 4－9 **转账凭证**

年 月 日 凭证编号

摘要	总账科目	明细科目	✓	借方金额										✓	贷方金额								
				千	百	十	万	千	百	十	元	角	分		千	百	十	万	千	百	十	元	角	分
合计																							

附单据 张

财务主管（签章） 记账（签章） 出纳（签章） 审核（签章） 制单（签章）

4.18 会计账簿设置的重要性

设置会计账簿是企业会计制度设计的一个重要环节，表现在：

（1）会计账簿连续、系统、全面地反映和监督经济业务的发生。

连续、系统、全面是账簿记录经济业务的特点。“连续”体现于账簿的序时记录，“系统”体现于账簿的分类记录，“全面”体现于账簿对经济业务的全面记录。因此，通过设置账簿，将大量、分散的经济业务经过归类整理体现在账簿上，是会计能连续、系统、全面核算与监督经济业务的前提条件。

（2）账簿资料是编制会计报表的依据。

会计报表为使用者提供的各种数据和指标，其资料主要来源于账簿。“资产负债表”的数据主要来自分类账簿的期末余额，“利润表”的数据主要来自某些分类账簿的发生额，“成本报表”数据主要来自于成本费用类明细账。

（3）账簿的建立有利于加强会计监督。

会计账簿是汇集、整理和加工会计信息的工具及积累储存信息的数据库。企业的财务状况和经营成果都在账簿中得到体现。因此，建立健全账簿组织体系，有利于利用账簿的功能对企业的经济活动实施会计监督。如利用账簿记录可以对财产增减变动进行控制与监督，保证企业财产的安全、完整及合理使用。

会计账簿的设计，就是确定应设计哪些账簿，如何建立合理的账簿体系。制定出反映不同业务内容及采用不同记账工具的账面格式，设计合理、科学的登账方法。使账簿既能为会计核算与管理提供充分的信息资料，又能简化会计核算工作，提高会计工作效率。

4.19 会计账簿的种类

会计账簿的种类可以采用不同的标准来划分，具体如下：

（1）按照账簿的用途，可以分为序时账簿、分类账簿和备查账簿。

序时账簿的主要作用是按时间顺序记录发生的经济业务，以保证会计资料的序时性和连续性，主要包括普通日记账、货币资金日记账、购货日记账等；分类账簿的主要作用是按业务内容分类记录各项会计要素内容的增减变化情况，以保证会计资料的系统性，主要包括总分类账和各种形式的明细分类账；备查账簿的主要作用是作为辅助账簿，补充记录主体账簿（序时账和分类账）未能或无法反映的经济事项，使会计资料更全面。

（2）按照账簿的外表形式，可分为订本账、活页账和卡片账三种。

订本式账簿的特点是在启用前将若干账页固定，装订成册；活页式账簿的特点是用账夹将零散的若干账页夹在一起，可以随时添减；卡片式账簿则是活页账簿的一种特殊形式。

（3）按照账簿中账页格式的不同，可以分为三栏式账簿、多栏式账簿和数量金额式账簿三种。

三栏式账簿是将“金额”分成三个栏目，分别登记资金的增加、减少和结存；多栏式账簿是根据实际需要，在增加、减少栏目下划分若干栏次；数量金额式账簿是在增加、减少和结存栏目下分别设计三个栏次，用来登记财产实物的数量、单价、金额。

明白了账簿的分类，就可以根据单位的经济业务类型、经营管理要求以及财会机构内部分工情况，确定所需使用的账簿种类，并在此基础上，设计各种账簿的数量、格式和内容等。

4.20 现金日记账

表 4－10 **现金日记账**

第 页

年		凭证		摘要	贷方科目					收入合计	借方科目					支出合计	余额
月	日	种类	号数														

多栏式现金日记账的登记，可以采用以下两种方法：

①由出纳人员根据审核后的收、付款凭证逐日逐笔登记现金收入日记账和现金支出日记账，每日应将支出日记账中当日支出合计数，转记入收入日记账中当日支出合计栏内，以结算当日账面余额。

②另外设置现金收支登记簿，由出纳人员根据审核后的收、付款凭证逐日逐笔登记，以便逐笔掌握库存现金收付情况并同银行核对收付款项。然后将收、付款凭证交由会计人员据以逐日汇总登记多栏式现金日记账，并于月末根据日记账登记总账。

4.21 三栏式总分类账

三栏式总分类账是最基本、最常用的总分类账，适用于“日记总账核算形式”以外的所有会计核算形式，也是分类账簿的标准格式。其特点是在账页上设置三个金额栏，即借方、贷方和余额三栏。使用时每个总账科目设立一个账户，单独占用一张（或儿张）账页，定期或不定期地进行登记。其优点是：简单明了，适用性强，便于记账、查账。

三栏式总分类账的格式参见下表。

表 4-11　　总分类账

会计科目：　　第____页

年		凭证		摘要	借方	贷方	借或贷	余额
月	日	字	号					

4.22 三栏式明细分类账

三栏式明细分类账的格式如同“三栏式总分类账”，主要特征是：在账页上分设三个金额栏，分别记录经济业务引起的资金增减变化和结存情况，单纯提供详细具体的价值核算指标，如实收资本明细账、待摊费用明细账、预提费用明细账、各种债权债务（应收款、应付款、预收款、预付款等）明细账，大多采用三栏式。这是明细账中最基本的格式，其他格式的明细账一般都是在此基础上，结合所要记录的特殊内容加以演变而来的。现以“应收账款明细账”为例，介绍三栏式明细分类账，参见下表。

表4－12　　应收账款明细账

购货单位名称：　　　　第____页

年		凭证		摘要	借方	贷方	借或贷	余额
月	日	字	号					

4.23　登记账簿规则

为了保证记账工作的质量，使账簿记录保持正确、完整和清楚，要求会计人员增强责任感，工作认真、负责，必须遵循下列登账规则：

（1）为了保证账簿记录的合法性和完整性，明确记账的责任，在账簿启用时，应写明单位名称和账簿名称；并在“启用表”中写明启用日期。账簿页数（活页账簿应在装订成册后记明页数）、记账人员和会计主管人员姓名，并加盖名章和单位公章，记账人员和会计主管人员调动工作时，应注明交接日期、接办人员和监交人员姓名，并由交接双方人员签章；为便于查阅，在总账和明细账的首页，应附全部账户的名称、页次目录。

（2）为了使账簿记录清晰耐久，防止篡改，登记账簿要用蓝黑墨水或碳素墨水书写，不得使用圆珠笔或铅笔，红色墨水只限于划线、改错和冲账时使用。

（3）登记账簿时，应将会计凭证的日期、编号、业务内容摘要、金额和其他有关资料逐项登记入账簿内，同时在会计凭证上签章，注明“✓”符号，表示已经记账。账簿中书写的文字和数字，应紧靠行格的底线，一般占格宽的二分之一或三分之二，留有更正的余地。

（4）各种账簿必须按规定的页次顺序连续登记，不得跳行、隔页。如果发生跳行出现的空行，可以登记新的会计事项填补空行；如果无法补记时应将空行划线注销，注明“此行空白”字样。如果发生隔页也应划横线注销，注明“此页空白”字样。空行、空页划线注销时均应由记账人员签章。

各账户的每一张账页登记完了需要继续登记时，须在本页的最末一行摘要栏写上“过次页”字样，并在下一页的第一行摘要栏写上“承前页”字样，然后按账户是否要求结出发生额，分别将发生额和余额结出结转到下页。具体办法是：

①需要结计本月发生额的账户，结计“过次页”的合计数应为本月初至本页末止的发生额合计数，这样可以根据“过次页”的合计数随时了解本月初至本月末止的发生额，也便于月末结账时加计“本月合计”数。

②不需要结计本月发生额的账户，结计“过次页”的本页合计数，应是自年初起至本页末止的累计发生额，这样可以从“过次页”了解自年初至本页末的累计发生额，也可为年终结账时加计“本年累计”提供方便。

遇有月度、季度结账后，还有最后一行，可以继续登记业务事项，不再填“过次页”，在次面应填“承前页”，将上页最后一行的发生额及余额移记到次页第一行。最后一行是月、季结账栏，不再填“过次页”，只在次页第一行将上页余额记入余额栏内，并在摘要栏注明“承前页”字样。如果余额为零时亦不填“承前页”。

（5）结账。为了正确反映一定时期内在账簿中已经记录的经济业务，总结有关经济活动和财务状况，各单位必须在月末进行结账，不得为赶编报表而提前结账，更不得先编报表后结账。月终结账时，应先在最后一笔记录下面划一条红线，表示“本月到此为止了”。将月末余额写在本月最后一笔经济业务记录的同一行内，结出余额，并在“借或贷”栏内写明“借或贷”的字样，没有余额的写“平”字样，并在余额栏内用“0”表示；结出的当月发生额应在摘要栏内注明“本月合计”字样，结出本年累计发生额时（一月不用结出累计发生额只结出本月发生额），应在摘要栏内注明“本年累计”字样，并在下面划一条通栏红线。十二月末的“本年累计”就是全年累计发生额，下面应划通栏双红线，表示封账。

年度终了，要把各账户的余额结转下年，并在摘要栏内注明“结转下年”字样，（账户的余额直接记入新账余额栏内即可，不需要编制记账凭证，也不必将余额再记入本年账户的借方或贷方）；在下年新账第一行余额栏内填写“上年结转”字样，上年余额不作为当年的第一笔会计事项，不是当年发生额。

（6）为了正确反映成本、费用账户年内累计发生额，防止发生额出现虚数，如遇有费用收回时要作减少支出处理，可用红字在相反方向登记。

（7）账簿应做到记录完整，数字正确，说明清楚，字迹整洁。如果发生错误，不得涂改、刮擦、挖补或用药水清除字迹；登记账簿时发生错误，应将错误的文字或数字划线注销，但必须使原有字迹仍可辨认，然后在划线上方写正确的文字或数字，并由记账人员在更正处盖章，对于错误的数字应全部划线更正，不得只更正其中错误的数字；对于文字差错，可只划去错误的部分，由于记账凭证的错误而使账簿记录发生错误，应按更正的记账凭证登记账簿。

4.24 企业会计报表的种类

按照《企业财务通则》和《企业会计制度》的规定，我国会计报表体系，已基本上与国际接轨，形成了以资产负债表、利润表和现金流量表为主的会计报表体系。现把这三大主要报表简要叙述如下：

1. 资产负债表

资产负债表是反映企业在某一特定日期（年末或月末）资产、负债和所有者权益情况的一种会计报表。它是以“资产 = 负债 + 所有者权益”恒等式为理论根据，按照一定的分类标准和次序把企业一定日期的资产、负债、所有者权益项目予以适当排列编制而成的。

借助于资产负债表，会计信息使用者可以了解企业特定时日的资产、负债和所有者权益的基本情况，分析、评价企业财务状况的好坏，以便作出各项决策。

2. 利润表

利润表是反映企业在一定期间的经营成果及其分配情况的报表。利润分配表和利润表可合并编制成一张表，也可分别编制成两张表，我国现行会计制度采用后者。

利润表是以“收入 - 成本费用 = 利润”平衡公式所包含的经济内容为依据的。收入项目包括营业收入、其他业务收入等。成本费用项目包括成本、各种费用以及从收入中补偿的各种税金及附加，如主营业务成本、主营业务税金及附加、营业费用、管理费用、财务费用等。利润类项目如营业利润、利润总额等。

3. 现金流量表

现金流量表，是反映企业会计期间内经营活动、投资活动和筹资活动等对现金及现金等价物产生影响的会计报表。现金流量表从动态上反映现金变动情况，为报表使用者提供企业在一定会计期间现金的流入与流出的信息。

4.25 资产负债表编制方法

会计报表的编制，主要是通过对日常会计核算记录的数据加以归集、整理，使之成为有用的财务信息。我国企业资产负债表各项目数据的来源，主要通过以下几种方式取得：

1. 根据总账科目余额直接填列

资产负债表各项目的数据来源，主要是根据总账科目期末余额直接填列，如“应收票据”项目，根据“应收票据”总账科目的期末余额直接填列。

2. 根据总账科目余额计算填列

资产负债表某些项目需要根据若干个总账科目的期末余额计算填列，如“货币资金”项目，根据“现金”、“银行存款”、“其他货币资金”科目的期末余额的合计数填列。

3. 根据明细科目余额计算填列

资产负债表某些项目需要根据有关科目所属的相关明细科目的期末余额计算填列，如“应付账款”项目，根据“应付账款”、“预付账款”科目的所属相关明细科目的期末贷方余额计算填列。

4. 根据总账科目和明细科目余额分析计算填列

资产负债表上某些项目需要根据总账科目和明细科目余额分析计算填列，如“长期借款”项目，根据“长期借款”总账科目余额扣除“长期借款”科目所属的明细科目中反映的将于一年内到期的长期借款部分分析计算填列。

5. 根据科目余额减去其备抵项目后的净额填列

如“短期投资”项目，由“短期投资”科目的期末余额减去其“短期投资跌价准备”备抵科目余额后的净额填列。

在我国，资产负债表的“年初数”栏各项目数字，应根据上年末资产负债表“期末数”栏内所列数字填列。

4.26 利润表与利润分配表编制方法

1. 利润表的编制方法

我国企业利润表的编制方法如下：

（1）报表中的“本月数”栏反映各项目的本月实际发生数，在编报中期财务会计报告时，填列上年同期累计实际发生数；在编报年度财务会计报告时，填列上年全年累计实际发生数，并将“本月数”栏改成“上年数”栏。如果上年度利润表的项目名称和内容与本年度利润表不相一致，应对上年度报表项目的名称和数字按本年度的规定进行调整，填入报表的“上年数”栏。在编报中期和年度财务会计报告时，应将“本月数”栏改成“上年数”栏。

报表中的“本年累计数”栏各项目，反映自年初起至本月末止累计实际发生数。

（2）报表各项目主要根据各损益类科目的发生额分析填列。

2. 利润分配表的编制方法

利润分配表基本上是按照“利润分配”科目所属的各明细科目的发生额编制。报表中的“本年实际”栏，根据本年的“本年利润”及“利润分配”科目所属明细科目的记录分析填列。“上年实际”栏，根据上年度利润分配表中的“本年实际”栏所填列的数据填列。如果上年度利润分配表与本年度利润分配表的项目名称和内容不相一致，应对上年度报表项目的名称和数字按本年度的规定进行调整，填入报表的“上年实际”栏内。报表各项目主要根据“本年利润”科目和“利润分配”科目所属有关明细科目的发生额分析填列。

4.27 现金流量表编制方法

经营活动产生的现金流量是一项重要的指标，它可以说明企业在不动用企业外部筹得资金的情况下，通过经营活动产生的现金流量是否足以偿还负债、支付股利和对外投资。经营活动产生的现金流量通常可以采用间接法和直接法两种方法反映。

1. 直接法

直接法是通过现金收入和现金支出的主要类别反映来自企业经营活动的现金流量。采用直接法编制经营活动的现金流量时，一般以利润表中的营业收入为起算点，调整与经营活动有关的项目的增减变动，然后计算出经营活动的现金流量。

2. 间接法

间接法是以本期净利润为起算点，调整不涉及现金的收入、费用、营业外收支等有关项目的增减变动，据此计算出经营活动的现金流量。

采用直接法提供的信息有助于评价企业未来现金流量。国际会计准则鼓励企业采用直接法编制现金流量表。在我国，现金流量表也以直接法编制，但在现金流量表的补充资料中还单独按照间接法反映经营活动现金流量的情况。

第5章　货币资金会计管理制度与表格设计

5.1 企业日常资金流程

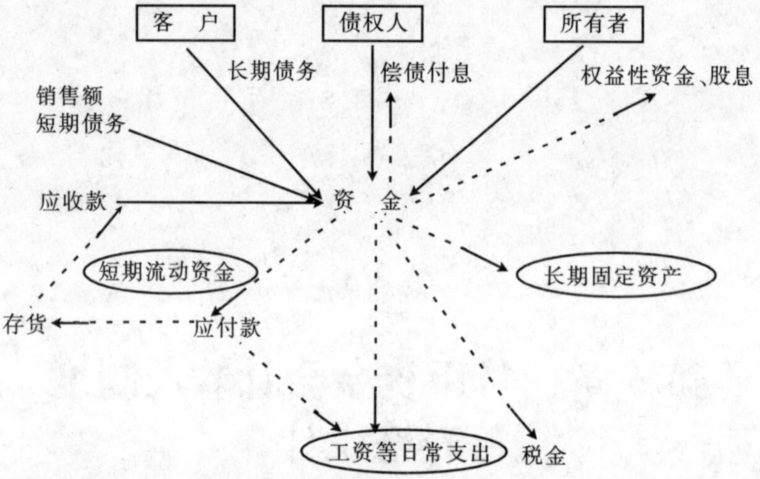

图 5-1　企业的日常资金流程图

企业的资金来源主要有三个：

（1）企业所有者。他们以投资入股的方式创办了企业，有的后来又增加更多的股权投资。

（2）债权人，包括银行和其他债权人。他们向企业提供长期和短期的资金。

（3）客户。通过向客户销售商品或提供服务，得到营业收入。

从对客户的销售中得到的资金有时称为内源性资金，从所有者和债权人得到的资金有时称为外源性资金。

企业的资金流出主要有三个去向：

（1）长期（固定）资产的投资，比如建筑和设备。

（2）短期（流动）资产的投资，比如原材料的库存。

（3）工资和其他日常支出。

5.2 资金管理办法

总　　则

第一条　为加强资金管理，提高资金使用效益，充分发挥公司的筹融资职能，实现公司资金运转安全、高效的目标，制定本办法。

第二条　本办法所指子公司包括全资子公司、控股子公司等纳入报表合并范围的法人实体，分公司指公司设立的分支机构，总公司指××投资股份有限公司。

第三条 各单位须严格按照本办法进行资金管理，不得越权行事。

第四条 资金管理的基本原则：统一管理、分级负责、相互调剂、有偿使用。

资金管理权责

第五条 总公司财务部是公司资金管理的职能部门，具体组织与管理公司系统各类资金的运作。其资金组织与管理的具体权责为：

①根据各公司报送的年度资金收支计划，财务部进行审查、汇总，统筹安排，提出公司年度资金运作计划及具体筹融资方案，并组织实施与监督上述计划与方案的执行；总公司年度筹集资金总额超过××万元以上，年度资金运作计划及具体筹融资方案由董事会批准；××万元以下由董事会授权公司总裁批准。

②总公司在政策允许的范围内和不影响其他股东利益的情况下有权调度子（分）公司暂时闲置的资金。

③审查、批复子（分）公司重大筹融资方案，掌握其资金流入流出情况，发现并纠正资金运作过程中存在的问题。

④核定子（分）公司资金占用指标和各类资金周转指标。

第六条 子（分）公司财务部负责各自具体的资金运作，其管理职责为：

①编制本单位年度资金收支计划，报总公司批准后组织实施；

②拟定本单位年度筹融资方案，对纳入公司年度计划内的筹融资，由各单位按计划组织落实，并上报总公司备案；对计划外的筹融资必须报告总公司，待批准后方可实施。

③子（分）公司应加强资金管理，及时收回各种应收款项，减少资金占用，加速资金周转，确保公司资金的安全。

第七条 严禁各公司下列筹融资行为：

①以高于同期银行存款利率的利息率向其他单位和个人以及本单位职工进行债务式融资或商业信用融资。

②未经批准，以固定分红或按收益情况进行分红等方式向其他单位和个人进行股权式融资。

③其他不合理合法的融资行为。

第八条 严禁各公司下列资金运作行为：

①向其他单位和个人拆出资金；

②违反公司规定对外投资；

③私设小金库或资金体外循环；

④未按合同规定提供预付款项；

⑤提供不合理的商业信用期限；

⑥其他不合法的资金支出。

资金使用的审批与内部控制

第九条 各级单位必须建立健全资金使用审批程序和内部控制制度，确保各项资金使用的安全。

①各单位日常费用开支，有明确控制标准的项目，按标准控制；无明确开支标准，但有总额控制的，按总额控制。对超标准、超定额的开支，各级财务部门不予报销，确需开支的，由费用开支部门申报费用追加计划，由总裁批准后执行。

各单位日常费用的审批程序、权限，由各单位自行制定。费用审批原则上执行一支笔制度，对有标准和总额控制的费用项目，在费用控制标准和费用控制总额以下的，可由财务把关，分管领导审批；对控制标准和费用控制总额以上的开支，特别是对无标准、无总额控制的项目和某些临时开支项目及有标准但一次支出金额较大的项目（××万元以上），必须事先申请，由总裁（经理）一支笔审批。

②各单位生产经营发生的各项对外资金支付，包括存货采购、支付的货款及运杂费，按合同规定支付的预付货款，国际贸易正常购汇用款等支出，由资金使用部门提出申请并经部门经理签字后，送财务部门审核用款的合理性、合法性，属正常用款的由财务经理签字后报主管财务领导审批使用。对有问题的开支，财务部门有权拒绝支付，特殊情况下必须由总裁（经理）签字使用这笔资金。

③各单位按规定归还银行贷款及清还其他债务的，如不影响资金周转，由财务经理审核后报主管财务领导审批执行；影响资金周转的，说明情况后报总裁（经理）批准。属于偿还历史上形成的贷款以及账龄较长的应付款必须经总裁（经理）批准，子公司、分公司此项行为还须报总公司批准；建设项目拨付资金，由项目单位提出申请后，由总公司项目管理部门根据项目的形象进度提出资金使用意见后，经财务部门审核，报公司总会计师、主管领导、总裁批准后拨付资金。

④总公司委托理财发生资金流出必须经财务经理签字后报主管财务领导及总裁批准后执行。

⑤总公司将资金调剂给子、分公司解决临时资金需求，在不影响总公司资金需求和安全有保证的情况下，××万元及××万元以下的资金由财务经理签字后报主管财务领导审批，××万元以上必须由总裁审批。

资金内部有偿使用制度

第十条 总公司与子（分）公司之间的资金往来、资金占用实行有偿使用制度。

①有偿使用资金包括：总公司与各级单位之间发生的互相占用结算资金；调剂资金发生的内部资金往来；子公司应付母公司但尚未支付的分配利润（股利）；分公司使用总公司的资金及应缴付总公司但尚未缴付的利润（按季缴付）；其他各种形式的资金占用。总公司拨付给分公司开办资金，除另有约定的不计算资金占用费。

②子（分）公司与总公司之间相互占用的资金，除另有约定，一律按3个月期银行贷

款利率计算资金利息。总公司按季计算利息，填制利息单，通知占用资金的单位。

日常资金管理

第十一条 各单位应加强日常资金的监管，确保资金的正常运转。

①各单位除按银行的要求开立基本账户和结算账户外，还应按照总公司的要求在有关银行开户。对所属单位较多且地域分布比较集中的子（分）公司，应要求所属单位的主要结算户与子（分）公司的主要结算户在同一银行。

②各单位的银行存款账户余额必须日清月结，银行存款日记账必须能准确反映逐日银行存款余额。

③各单位每周一下午给总公司报送银行存款汇总余额及各开户行银行存款余额情况表。

④加强应收款项的余额动态分析，及时回收各项资金。

⑤按月编制现金流量表，并随其他会计报表上报总公司财务部。

⑥逐月编制下月资金收支计划表，并于每月最后一个工作日报总公司财务部。

⑦各级财务部门应随时向单位领导报告资金运行过程中存在的问题，重大问题及时向总公司报告。

资金管理责任制度

第十一条 各单位必须在本办法的指导下建立健全本单位的资金管理办法，明确各项管理职责，做到奖罚分明，并将办法报总公司备案。

①严格执行资金管理办法，对越权越级审批的要给予批准，造成损失的，承担经济和法律责任。

②因审核不严、监控不力造成资金管理出现问题的，要追究各级单位财务负责人、单位领导以及经办人员的责任。

③对私设“小金库”和资金体外循环的现象，一旦发现，没收全部资金和非法所得，并追究财务负责人和单位领导的责任。

④子（分）公司应督促所属下级单位建立健全资金管理制度，并对下级单位资金管理中出现的问题承担管理责任。

资金管理中心的职责

第十二条 公司财务部设立资金管理中心，负责公司系统的日常资金管理工作，其职责如下：

①定期编制公司资金平衡计划及资金实际执行情况报告，提出年度融资方案。

②统一对外办理有关公司贷款、抵押、质押、互保，确保公司资金的安全。

③统一对外筹资，确保公司的资金需求。

④监控各单位资金运动，掌握近期资金运动情况，指出各单位资金管理中存在的问题。

⑤定期反馈公司及下属单位的资金余额。

⑥核定各分（子）公司及控股单位日常留用的资金余额。

⑦建立健全内部资金日常调度和监控的网络体系。

⑧保持与银行及其他金融机构稳定密切的合作关系。

本办法自下发之日起实行，以前办法与本办法不符的，以本办法为准。

5.3 资金调度月报表

表 5－1　　资金调度月报表

财务处	经理	审核	制表

制表：　年　月

销售收入		其他收入		转账收入		借入款项		已动用借款	
项　目	金　额	项　目	金　额	项　目	金　额	项　目	金　额	项　目	金　额
直接外销		利息收入							
现销		退税收入							
票据兑现		其　他							
合计		合计		合计		合计		合计	
本月累计		本月累计		本月累计		本月累计		本月累计	

5.4 资金调度计划表

表 5－2　　资金调度计划表

单位：元

摘要	合计	现金	银行存款											
本月（　周）结存														
加：预计票据收入														
预计现金收入														
预计其他收入														
减：预计票据到期														
预计薪金支出														
预计水电费支出														
预计税费支付														
预计利息支出														
预计经营支出														
预计应付账款														
预计偿还借款														
预计其他支出														
下月（　周）余缺														
经调度后结存														
资金调度计划														

一式一联：财务科

总经理　　经理　　主管　　经办

资金如何调动，事关一个公司的经营前景，本表详细列出了各种项目，便于公司领导能对公司资金运用有一个整体的计划。

表 5－3　　**资金调度控制表**

年　月　日

年		收入						支出						银行存款金额
月	日	押汇收入	现销收入	应收票据	贴现贷款		收入合计	应付票据	水电薪资	利息支出	偿还贷款		支出合计	

5.5 资金运用表

表5-4 **资金运用月报表**

月份：　　年　　月

摘要			前月累计		本月		累计		备注
			预算	实际	预算	实际	预算	实际	
上月转入									
收入	销售收入								
收入	应收账款回收								
收入	票据兑现								
收入	抵押借款								
收入	票据催收								
收入	私人借款								
收入									
收入	合计								
支出	借款偿还	长期借款							
支出	借款偿还	短期借款							
支出	借款偿还								
支出	借款偿还	小计							
支出	滞销偿还	材料							
支出	滞销偿还	采购品							
支出	滞销偿还	费用							
支出	滞销偿还	设备							
支出	滞销偿还								
支出	滞销偿还	小计							
支出	费用								
支出	费用								
支出	费用	小计							
支出利息									
固定资产购入									
下月转入									

本表对未来资金的运用情况做出了预计，使用本表，能使公司领导对公司预期的收入、支出有准确估计。

5.6 企业内部资金结算中心的职能

内部资金结算中心的各种职能的实现必须有一个前提：与银行签订有关协议，二者关系融洽、合作愉快。这有助于：

1. 实现公司内部各类账户资金的全面监控和调度资金的迅速到位

通过与银行合作，设立公司银行终端并利用其公司结算系统，使得公司总部能通过终端随时查询各分支机构账户上的资金余额，全面及时地掌握公司的整体资金状况，同时根据公司的资金预算、计划，使需要调度的资金能够在瞬间到账，解决资金调度上存在的时间、地区差异问题。

2. 实现公司各营销网点销售货款的及时回笼，减少在途资金，提高资金运行效率

健全且分布广泛的营销网络体系是公司产品销售的巨大优势，但由此也带来了资金回笼速度慢，月度在途资金占用大的问题。因此我们可将各经销网点账户统一调到合作银行，并应用合作银行较为先进的资金结算系统，缩短资金在途时间，加快货款的回笼，减少不必要占用。

3. 实现网内资金融通

如果公司下属某个单位急需现金而账面存款不足，这时只要总公司在合作银行系统的存款总额高于需用的资金数，即可由该单位当地开户行先垫支，此笔款项银行不收短期拆借利息，等该单位资金调度到位后偿还这笔款项。

5.7 企业内部资金结算中心的运作方法

资金结算中心应考虑合作银行结算网络的实际功能和运作情况，在运作中应不断地根据实际情况进行改进和完善。

1. 账户开设规定

账户的设立是公司与银行合作建立并运行资金结算中心的基础。为便于资金结算中心更好地运用银行结算网络，总公司财务部将有计划地规定各分公司统一在所在地合作银行开立结算账户，在并不影响与其他银行合作关系的前提下，按计划撤销其他银行账户或逐步缩减其他行的信贷、结算等业务量。

对于开设账户，应注意：各个分公司在银行应开立一个收入户和一个支出户，作为收支两条线。

收入户资金来源于产品销售回款、借贷款项（包括公司拨款与银行贷款）及其他

业务收入款项，其款项的支出仅限于公司调度款项及支出拨款。对于该户应根据各单位实际情况，确定一存款限度，在与银行达成充分协议与授权的基础上，超过限额的资金由银行自动划至总公司在银行开立的账户上，低于限额的由公司总部根据该分公司生产经营需要决定是否给予补充资金，该资金划拨功能在银行结算网络发达且信息充分共享的条件下是完全可以达到的。目前青岛啤酒与青岛双星都是这样操作的，且运行不错。

支出户资金仅来源于收入，其支出包括采购、工资、税金等所有分公司的支出项。

2. 资金调拨程序及控制

为防企业银行系统被盗用，同时也阻止计算机病毒的侵入，企业银行系统的登录采用银行提供的密码保护系统，同时企业资金调拨须坚持专人密码操作、权限设定原则，即对于每一笔资金的划拨应在数量上设定权限，专人必须有其专用密码，同时对资金的调拨权限作出规定，如结算中心资金管理人员和业务主任共同确认50万元以下资金的调拨权限，业务主任和财务经理共同确认50万元~200万元资金的调拨权限，200万元以上须由公司主管副总亲自或授权运用其特定密码完成该笔资金调拨业务，同时对于每一笔业务的操作人员按其权限设定承担责任。

3. 资金结算中心的日常管理

除密码专用及权限设定等内容外，资金结算中心应结合总部与各分公司资金借贷流向情况及会计报表情况，于月末结账后10日内确定公司总部每月利息分摊数额，完成利息分摊工作。各单位应针对其在合作银行开立的收入户和支出户分别登记银行存款日记账，并每天与银行核对，做到业务发生次日必须结清，月末编制银行对账单并调整账务，并每月与结算中心核对账目。

运用资金结算网络的远程查询功能，对于各分公司的支出户开支情况予以监督，了解其月度资金收支计划的执行情况，并将之纳入月度资金收支计划的考核，严格兑现相应奖罚，由此简化公司资金管理程序，极大地提高了公司资金管理的效率。

4. 结算中心单据的传递及资金调拨指令

结算中心将单独制作资金收、付单据，发生资金收付业务时，进行账务处理并填制资金收支单据，其程序应与银行相仿。单据在每月财务会议上发放或由往来人员携带，并发放对账单，结算中心根据资金收支计划调度、调拨资金时，以“资金调度令”为准，用电话和传真通知有关分公司。

5. 组织机构设置及分工职责

资金结算中心行政上隶属于公司财务部资金科，负责全公司资金管理业务及结算中心的日常管理；业务人员可设三人：资金管理员、记账员及银行出纳员。

资金管理员的职能依据其设定权限进行公司日常资金管理，包括公司资金收支情况的了解及月度资金计划编制、考核；权限内资金调拨及超权限资金调拨的建议等，负责根据总部与各分公司往来计收（付）内部转贷款利息。

记账员负责对结算中心资金收付的账务处理，同时监管相应银行单据及结算中心内部单据的审核工作，并负责与会计科账务的接口和与开户分公司核对科目。

出纳员负责结算中心内部单据及各种银行单据的处理、银行业务的办理、现金的存取等，同时财务部会计科的出纳岗位不再负责银行业务，其所用款项全部通过结算中心银行出纳获得，仅负责日常现金收支业务。

5.8 现金管理的目标和内容

现金管理的目标，是在保证企业生产经营所需现金的同时，节约使用资金，并从暂时闲置的现金中获得最多的利息收入。企业的库存现金没有收益，银行存款的利息率也远远低于企业的资金利润率。现金结余过多，会降低企业的收益；但现金太少，又可能会出现现金短缺，影响生产经营活动。现金管理应力求做到既保证企业交易所需资金，降低风险，又不使企业有过多的闲置现金，以增加收益。

现金管理的内容包括：

（1）编制现金收支计划，以便合理地估计未来的现金需求；

（2）对日常的现金收支进行控制，力求加速收款，延缓付款；

（3）用特定的方法确定理想的现金余额，当企业实际的现金余额与最佳的现金余额不一致时，采用短期融资策略或采用归还借款和投资于有价证券等策略来达到理想状况。现金管理的内容如下图所示。

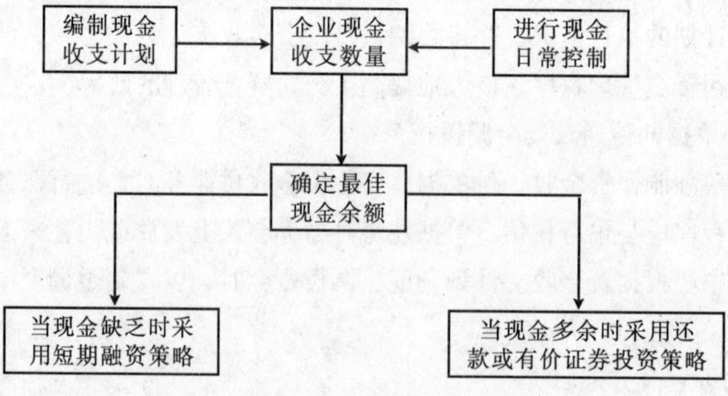

图 5-2　现金管理的目标和内容

5.9 现金收入与支出管理

现金收入包括营业现金收入和其他现金收入两部分。

（1）营业现金收入主要指产品销售收入，其数字可从销售计划中取得。销售计划是编制企业其他计划的基础，一般应最先编制。财务人员根据销售计划资料编制现金计划时，应注意以下两点：①必须把现销和赊销分开，并单独分析赊销的收款时间和金额；②必须考虑企业收账中可能出现的有关因素，如现金折扣、销货退回、坏账损失等。

（2）其他现金收入通常有设备租赁收入、证券投资的利息收入、股利收入等。

现金支出主要包括营业现金支出和其他现金支出：

（1）营业现金支出主要有材料采购支出、工资支出和其他支出。

在确定材料采购支出时，必须注意以下几点：

①要确定材料采购付款的金额、时间与销售收入的关系。材料采购的现金支出与销售量存在一定联系，但在不同企业、不同条件下这种关系并不相同，财务人员必须认真分析两者关系的规律性，以合理确定采购资金支出的数量和时间。

②要分清现购和赊购，并单独分析赊购的付款时间和金额。

③设法预测外界的影响，如价格变动、材料供应紧张程度等。

④估计采购商品物资中可能发生的退货、可能享受的折扣等，以合理确定现金的支出数额。

直接人工的工资有可能随销售量和生产量的增长而增长，但在计时工资制下，工资的变动相对稳定；如果采用计件工资制，工资的数量将随生产同比例地变化。

另外，对费用和管理费用也必须做合理的预测和估计。

（2）其他现金支出，主要包括固定资产投资支出、偿还债务的本金和利息支出、所得税支出、股利支出或上缴利润等。

固定资产投资支出一般都要事先规划，可从有关规划中获得这方面数据。债务的本金和利息的支付情况可从有关筹资计划中获得。所得税的数量应以当年预计的利润为基础进行估算。股利支出或上缴利润数额可根据企业利润分配政策进行测算。

5.10 现金收支计划表

现金收支计划是预计未来一定时期企业现金的收支状况，并进行现金平衡的计划，是企业财务管理的一个重要工具。

现金收支计划的编制方法很多，不同的方法采用不同的计划表格形式。现以现金全额收支法为例，列出现金收支计划的基本格式，如下表所示。

表 5－5　　现金收支计划　　单位：万元

序号	现金收支项目	上月实际	本月计划
1	（一）现金收入		
2	（1）营业现金收入		
3	现金销售和当月应收账款收回		
4	以前月份应收账款收回		
5	营业现金收入合计		
6	（2）其他现金收入		
7	固定资产变价收入		
8	利息收入		
9	租金收入		
10	股利收入		
11	其他现金收入合计		
12	（3）现金收入合计（3）＝（1）＋（2）		
13	（二）现金支出		
14	（4）营业现金支出		
15	物资采购支出		
16	当月支付的采购物资支出		
17	本月付款的以前月份采购物资支出		
18	工资支出		
19	营业费用支出		
20	管理费用支出		
21	财务费用支出		
22	营业现金支出合计		
23	（5）其他现金支出		
24	厂房、设备投资支出		
25	税款支出		
26	利息支出		
27	归还债务		
28	股利支出		
29	证券投资		
30	其他现金支出合计		
31	（6）现金支出合计（6）＝（4）＋（5）		
32	（三）净现金流量		
33	（7）现金收入减现金支出（7）＝（3）－（6）		
34	（四）现金余缺		
35	（8）期初现金余额		
36	（9）净现金流量		

续表

序号	现金收支项目	上月实际	本月计划
37	(10)期末现金余额(10) = (8) + (9) = (8) + (3) - (6)		
38	(11) 最佳现金余额		
39	(12) 现金多余或短缺 (12) = (10) - (11)		

5.11 现金收支日报表

表 5－6 现金收支日报表

<table>
<tr><td colspan="3">现金库存明细</td><td colspan="2">前日余额</td><td colspan="2">本日收入额</td><td colspan="2">本日支出额</td><td>本日余额</td></tr>
<tr><td>类 别</td><td>数 量</td><td>金 额</td><td colspan="2"></td><td colspan="2"></td><td colspan="2"></td><td></td></tr>
<tr><td>100 元</td><td></td><td></td><td colspan="2" rowspan="2"></td><td colspan="2" rowspan="2"></td><td colspan="2" rowspan="2"></td><td rowspan="2"></td></tr>
<tr><td>50 元</td><td></td><td></td></tr>
<tr><td>20 元</td><td></td><td></td><td colspan="3" rowspan="2">相关传票数量</td><td colspan="2" rowspan="2">现金收入 张</td><td colspan="2" rowspan="2">现金支付 张</td></tr>
<tr><td>10 元</td><td></td><td></td></tr>
<tr><td>5 元</td><td></td><td></td><td rowspan="5">假钞明细</td><td colspan="2">来 源</td><td colspan="2">事 由</td><td colspan="2">金 额</td></tr>
<tr><td>2 元</td><td></td><td></td><td colspan="2"></td><td colspan="2"></td><td colspan="2"></td></tr>
<tr><td>1 元</td><td></td><td></td><td colspan="2"></td><td colspan="2"></td><td colspan="2"></td></tr>
<tr><td></td><td></td><td></td><td colspan="2"></td><td colspan="2"></td><td colspan="2"></td></tr>
<tr><td></td><td></td><td></td><td colspan="2"></td><td colspan="2"></td><td colspan="2"></td></tr>
<tr><td></td><td></td><td></td><td rowspan="4">备注</td><td colspan="6" rowspan="4"></td></tr>
<tr><td>小计</td><td></td><td></td></tr>
<tr><td>假 钞</td><td></td><td></td></tr>
<tr><td>合 计</td><td></td><td></td></tr>
</table>

总经理　　　　经理　　　　科长　　　　复核　　　　制表

现金是一个企业重要的流动资产，它的流动性强，使用方便。因此，现金备受企业家的青睐，现金收支日报表详细地说明了现金的日常使用情况，令你对本企业现金的流动情况一目了然，本表还可供管理人员、财务人员使用。

5.12 现金收支月报表

表 5－7　　现金收支月报表

日期		收入金额			支出金额							结存
月	日	销货	其他	合计	资本收入	原物资	工资	管理费用	制造费用	其他	合计	

现金收支月报表能将现金收支情况每月作一个总结，这样有利于从总体上把握现金收支情况，让企业管理人合理安排和使用现金。

5.13 出纳岗位职责

第一条 本处理程序包括现金及银行存款收入与支出等作业。

第二条 为便于零星支付起见，可设零用金，采用定额制，其额度由总经理核定，其零用金由出纳经管。

第三条 零用款项的支付，由零用金保管员凭支付证明单付款，此项支付证明单是否符合规定，零用金保管员应负责审核。

第四条 零用金的拨补应由零用金保管员填“零用金补充申请单”两份，一份自存，一份会同所有支出凭证并呈会计部门请款。

第五条 除零用金外，本公司一切支付，由会计部门根据原始凭证编制支出传票，呈主管及总经理核定后支付。

第六条 本公司出纳根据会计部门编制经总经理核准的支出传票，办理现金、票据的支付、登记及转移。

第七条 除零用金外，所有支出凭证应由会计部门严格审核其内容与金额是否与实际相符，领款人的印鉴是否与预留印鉴相符，如有疑问应查明后方能支付。

第八条 凡一次支付未超过 1 000 元者直接用零用金支付外，其余一律用划线支票支付。

第九条 出纳人员支付各项货款及费用，应将本支票或现金交付受款人或厂商，本公司人员不得代领，如因特殊原因必须由本公司人员代领的，须经总经理核准。

第十条 本公司一切支付，应以处理妥善的传票或凭证为依据，任何要求先行支付后补手续者均应予拒绝。

第十一条 支付款项应在传票上加盖领款人印鉴，付讫后加盖付讫日期及经手人戳记。

第十二条 本公司支付款项的付款程序，悉依照下列步骤办理。

（1）原始凭证的审核。

①内购、工程发包款

应根据统一发票、普通凭证，以及收到货物、器材的验收单并附请购单经有关单位签章证明及核准，方可送交会计部门开具传票。

②预付、暂付款项

应根据合同或核准文件，由总办单位填具请款单，注明合同文件字号，呈报核准后送交会计部门开具传票。

③一般费用

应根据发票、收据或内部凭证，经有关主管签章证明及核准，方可送交会计部门开具传票。

（2）会计凭证的核准。

①会计部门应根据原始凭证开具传票；

②会计部门开具传票时，应先审核原始凭证是否符合税务法令及公司规定的手续；

③传票经主管及总经理核准后，送交会计部门转出纳办理支付事宜。

第十三条 有关船务运费及外汇结汇款、栈租，及各项费用等支出款，应填具“请款单”，并附许可证复印件，送交会计部门以“预付”或“暂付”方式制票转出纳办理支付。

前款项可由经办人员直接向出纳签收，必须于支付后 7 日内向会计部门办理冲转手续。

第十四条 本公司各项支出的付款日期如下：

（1）国内采购货品的付款。

每月 25 日付款一次（星期日及例假日顺延），但以原始凭证经核准后于付款日前 5 日送达会计部门者为限。

（2）一般费用的付款。

经常发生的费用，仍以前项期限办理，内部员工费用每天支付的，以原始凭证齐全并经核准者为限。

（3）薪金的付款。

①职员每月 10 日；

②作业员分 10 日、25 日两次。

因特殊情况需提前支付者，得由经办部门交主管转呈总经理批准后，再予支付。

第十五条 会计部门支付款项倘有扣缴情况时，应将代扣款项于次月 10 日前，填具政府规定的缴款书向国库缴纳代扣款项，并将一份复印件附于传票后，凡有扣缴税款及免扣缴应申报情况者，会计部门应于次年 1 月底前填具政府规定的凭单向稽征机关申报，并将正、副本交各纳税义务人。

第十六条 薪金的支付，应由人事部门根据考勤表编制“薪金表”，于付款期限前一日送交会计部门。

第十七条 业务部门收到货款后，应将其中所收货款解缴出纳，出纳应将解缴凭证送交会计部门，并据以编制传票。

第十八条 为便于办理薪资扣缴申报，本公司员工应于每年度开始 1 个月内，及新进人员报到时，填报“薪金所得受领人抚养亲属申报表”，由会计部门收执，作为所得税扣缴申报的依据，会计部门应将每一员工薪金实际领取金额及扣缴情况填载于“各类收入扣缴资料登记表”上，作为日后扣缴申报之用。

第十九条 凡依法应扣缴的所得税款及依法贴用印花税票，若因主办人员的疏忽发生漏扣、漏报、漏贴或短扣、短报、短贴等情况以致遭受处罚者，发生劳工保险费的滞缴情况，其滞纳金及罚金应由主办人员及其直属主管负责赔偿。

5.14 现金收入控制流程

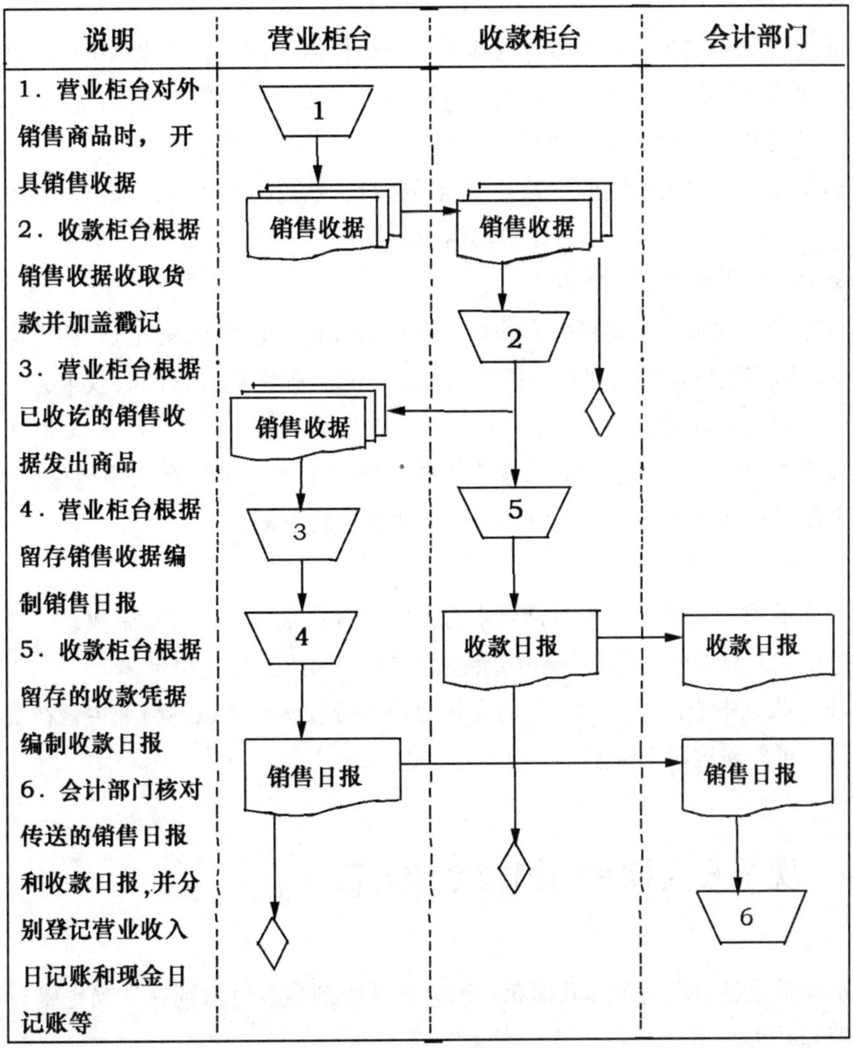

图 5－3　现金收入控制流程图

5.15 现金收入控制的集中银行方法

集中银行，是指通过设立多个策略性的收款中心来代替通常在公司总部设立的单一收款中心，以加速账款回收的一种方法。其目的是缩短从顾客寄出账款到现金收入企业账户这一过程的时间。

具体做法是：

（1）企业以服务地区和各销售区的账单数量为依据，设立若干收款中心，并指定一个收款中心（通常是设在公司总部所在地的收账中心）的账户为集中银行。

（2）公司通知客户将货款送到最近的收款中心而不必送到公司总部。

（3）收款中心将每天收到的货款存到当地银行，然后再把多余的现金从地方银行汇入集中银行——公司开立的主要存款账户的商业银行。

设立集中银行主要有以下优点：

（1）账单和货款邮寄时间可大大缩短。账单由收款中心寄给该地区顾客，与由总部寄发账单相比，顾客能较早收到账单。顾客付款时，货款邮寄到最近的收款中心，通常也比直接邮往总公司所需时间短。

（2）支票兑现的时间可缩短。收款中心收到顾客汇来的支票存入该地区的地方银行，而支票的付款银行通常也在该地区内，因而支票兑现较方便。

但集中银行也有如下缺点：

（1）每个收款中心的地方银行都要求有一定的补偿余额，而补偿余额是一种闲置的不能使用的资金。开设的中心越多，补偿余额也越多，闲置的资金也越多。

（2）设立收款中心需要一定的人力和物力，花费较多。所以，财务主管在决定采用集中银行时，不可忽略这两个缺陷。

5.16 现金收入控制的锁箱系统方法

锁箱系统是通过承租多个邮政信箱，以缩短从收到顾客付款到存入当地银行的时间的一种现金管理办法。

采用锁箱系统的具体做法是：

①在业务比较集中的地区租用当地加锁的专用邮政信箱；

②通知顾客把付款邮寄到指定的信箱；

③授权公司邮政信箱所在地的开户行，每天数次收取邮政信箱的汇款并存入公司账

户，然后将扣除补偿余额以后的现金及一切附带资料定期送往公司总部。这就免除了公司办理收账、货款存入银行的一切手续。

采用锁箱系统的优点是大大地缩短了公司办理收款、存款手续的时间，即公司从收到支票完全存入银行之间的时间差距消除了。这种方法的主要缺点是需要支付额外的费用。由于银行提供多项服务，因此要求有相应的报酬。这种费用支出一般来说与存入支票张数成一定比例。所以，如果平均汇款数额较小，采用锁箱系统并不一定有利。

企业是否采用锁箱系统方法，要看节约资金带来的收益与额外支出的费用哪个更小。如果增加的费用支出比收益小，则可采用该系统；反之，就不宜采用。

5.17 备用金设置及控制流程

企业可以建立定额备用金制度。

备用金控制业务流程如下图所示：

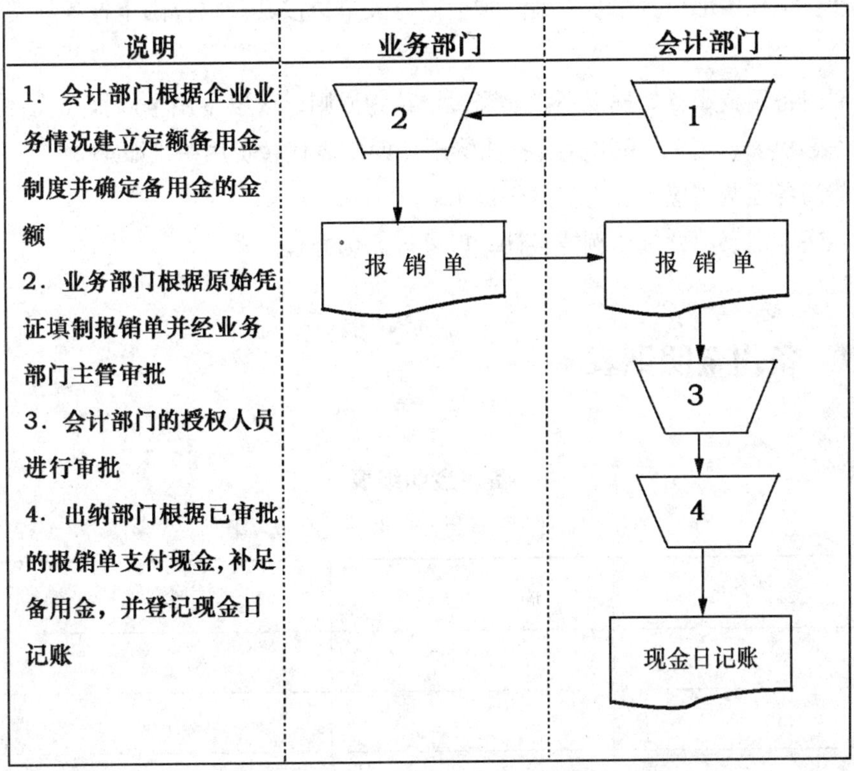

图5-4 备用金设置及控制流程图

5.18 备用金管理办法

①本公司各部门零用周转金的划拨采取定额式，各部门划拨壹仟元，以供日常零星开支之用。

②各部门的备用金限用于购置消耗性文具用品及事务性临时开支，其余购置器具修缮或金额较大的开支，均应先行呈准后始得办理。

③各部门应于每周六抄报本周诸项费用开支，限次周星期一送会计科审理，次周星期三由会计科按各单位核准金额划拨，但开支申请金额较少者，合并至下周统一划拨。

④各部门按周抄报该部门费用时，应按次序编号填制备用金报表，一式两份，一份自行留底存查，一份送会计科凭以核对。

⑤各部门申请核拨时，应将发票或收据贴于原始凭证粘贴页上，在粘贴页右下端应有部门主管、申请人签章证明。

⑥索取发票或收据时，应注意本公司抬头、厂家及负责人签章品名、金额、数量等。

⑦会计科审核各部门备用金申请，须会同有关单位按其授权范围审核各项费用，并通知单位。

⑧各部门备用金账务处理以不设立账簿记载为原则，仅以备用金周报表代替。备用金（现金）报表代替现金簿，备用金（各项费用）明细表代替费用明细账。

⑨各部门各项费用应于发生当月份报销。

⑩本办法未定事项，按惯例或会计一般处理原则办理。

5.19 备用金明细表

表 5－8　　　　备用金明细表

年　月　日至　年　月　日

日期		会计科目	摘　要	金　额
月	日			

续表

日期		会计科目	摘要	金额

主管　　　　　　　　　　　　　　　　制表

有备才能无患，每个企业都应留一些备用金。怎样管理备用金？备用金明细表将为你解决这一问题。

5.20　支票签发控制流程

支票签发的控制流程如下图所示：

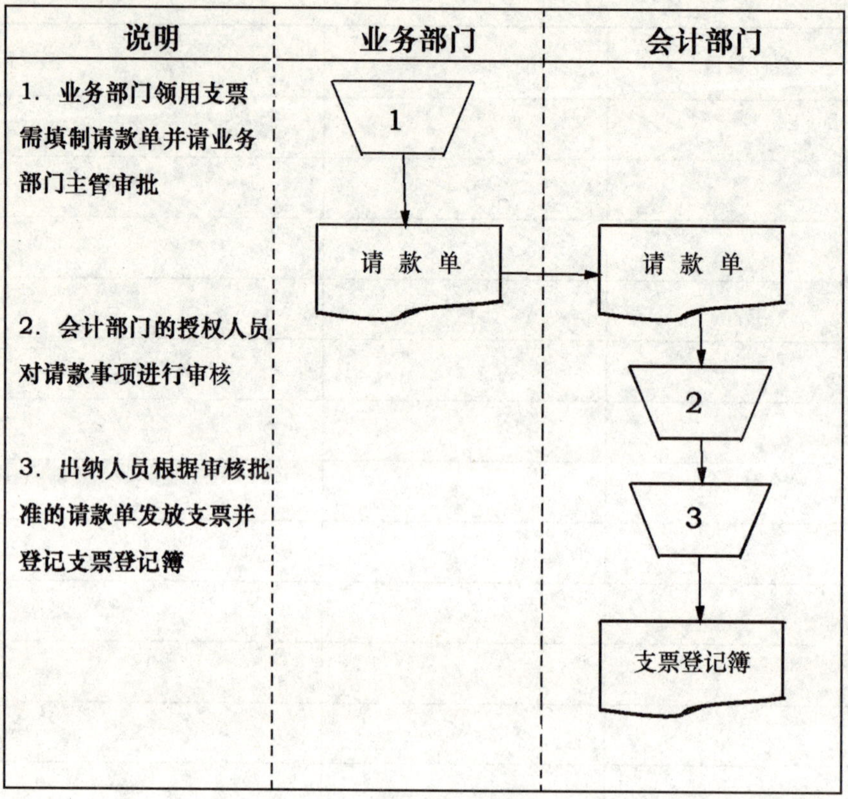

图5-5　支票签发控制流程图

5.21　支票管理制度

支票是企业会计管理工作的重要工具，使用不当容易导致不良后果。企业对支票管理必须作出明确规定，严加控制。

①支票由出纳员或总经理指定专人保管。支票使用时须有“支票领用单”，经总经理批准签字，然后将支票按批准金额装订，加盖印章，填写日期、用途，登记号码，领用人在支票领用簿上签字备查。

②支票付款后要留下支票存根，支票领用人须在“支票领用单”及登记簿上签字，发票须由经手人签字、会计核对（购置物品由保管员签收）、总经理审批，填写金额要正确。出纳员根据支票存根及发票统一编制记账凭证，按规定登记银行存款日记账。

③对于报销时短缺的金额，财务人员要及时催办。凡一周内收入款项累计超过10000元或现金收入超过5 000元，会计或出纳人员应书面报告总经理。凡与公司业务无关款项，不分金额大小由承办人报告总经理。

④凡 1 000 元以上的款项进入银行账户两日内，会计或出纳人员应报告总经理。

⑤公司财务人员支付（包括公私借用）每一笔款项，不论金额大小均须总经理签字。总经理外出应由财务人员设法通知，同意后可先付款后补签。

5.22 现金盘点制度

企业应定期组织库存现金的盘点，通常包括对已收到但未存入银行的现金、零用金等的盘点。盘点库存现金的步骤是：

①在进行现金盘点前，应由出纳员将现金集中起来存入保险柜。必要时可以加封，然后由出纳员按已办妥现金收付手续的收付款凭证逐笔登账，如企业现金存放部门有两处或两处以上者，应同时进行盘点。

②由出纳员根据现金日记账结出现金余额。

③盘点保险柜的现金实存数，同时编制“库存现金盘点报告表”（格式参见下表），分币种面值列示盘点金额。

④资产负债表日后进行盘点时，应调整至资产负债表日的金额。

⑤盘点金额与现金日记账余额进行核对，如有差异，应查明原因，并作出记录或适当调整。

若有冲抵库存现金的借条、未提现支票、未作报销的原始凭证，应在“库存现金盘点报告表（见下表）”中注明或作出必要的调整。

表 5－9 **库存现金盘点报告表**

年 月 日

<table>
<tr><td>面 值</td><td colspan="3">数 量</td><td colspan="3">金 额</td><td>盘点异常及建议事项</td></tr>
<tr><td rowspan="2"></td><td colspan="3" rowspan="2"></td><td colspan="3" rowspan="2"></td><td></td></tr>
<tr><td>盘点结果及要点报告</td></tr>
<tr><td colspan="5">小 计</td><td></td><td></td><td rowspan="4"></td></tr>
<tr><td colspan="5">其他项目：未核销费用</td><td></td><td></td></tr>
<tr><td colspan="5">员工借支</td><td></td><td></td></tr>
<tr><td colspan="5">总 计</td><td></td><td></td></tr>
<tr><td colspan="5">账面数</td><td></td><td></td><td rowspan="8">左列款项及票据于 年 月 日 时盘点时本人在场，并如数归还无误。

保管人：
盘点人：</td></tr>
<tr><td colspan="5">盘盈（盘亏）</td><td></td><td></td></tr>
<tr><td colspan="2">项 目</td><td>张数</td><td colspan="2">盘点数</td><td>盘盈（亏）</td><td></td></tr>
<tr><td colspan="2">应收票据：代收</td><td></td><td colspan="2"></td><td></td><td></td></tr>
<tr><td colspan="2">库存</td><td></td><td colspan="2"></td><td></td><td></td></tr>
<tr><td colspan="2">应收保证票据</td><td></td><td colspan="2"></td><td></td><td></td></tr>
<tr><td colspan="2">合 计</td><td></td><td colspan="2"></td><td></td><td></td></tr>
</table>

核准 复核 盘点人

你知道你的企业现在究竟有多少库存现金吗？库存现金有没有出现异常？这些问题均能通过库存现金盘点报告表来解决。

5.23 银行存款管理制度

按照国家《支付结算办法》的规定，企业应在银行开立账户，办理存款、取款和转账等结算。企业在银行开立人民币存款账户，必须遵守中国人民银行《银行账户管理办法》的各项规定。

1. 银行存款开户的有关规定

银行存款账户分为基本存款账户、一般存款账户、临时存款账户和专用存款账户。

基本存款账户是企业办理日常结算和现金收付的账户。企业的工资、奖金等现金的支取，只能通过基本存款账户办理。

一般存款账户是企业在基本存款账户以外的银行设立的银行存款收支结算账户，与企业不在同一地点的附属非独立核算单位，可以通过本账户办理转账结算和现金缴存，但不能办理现金支取。

临时存款账户是企业因临时经营活动需要开立的账户，企业可以通过本账户办理转账结算和根据国家现金管理的规定办理现金收付。

专用存款账户是企业因特定用途需要开立的账户。

一个企业只能选择一家银行的一个营业机构开立一个基本存款账户，不得在多家银行机构开立基本存款账户；不得在同一家银行的几个分支机构开立一般存款账户。

2. 银行结算纪律

企业通过银行办理支付结算时，应当认真执行国家各项管理办法和结算制度。

中国人民银行1997年9月19日颁布的《支付结算办法》规定：单位和个人办理支付结算，不准签发没有资金保证的票据或远期支票套取银行信用；不准签发、取得和转让没有真实交易和债权债务的票据套取银行和他人资金；不准无理拒绝付款，任意占用他人资金；不准违反规定开立和使用账户。

5.24 银行存款余额核对方法

企业每月至少应将银行存款日记账与银行对账单核对一次，以检查银行存款收付及结存情况。企业进行账单核对时，往往出现银行存款日记账余额与银行对账单同日余额不符的情况。究其原因主要有三：一是计算错误，二是记账错漏，三是未达账项。

计算错误是企业或银行对银行存款结存额的计算发生运算错误；记账错漏是指企业或银行对存款的收入、支出的错记或漏记；未达账项是指银行和企业对同一笔款项的收付业务，因记账时间不同，而发生的一方已经入账，另一方尚未入账的款项。未达账项有 4 种：

①企业已经收款入账，银行尚未收款入账的款项。

②企业已经付款入账，银行尚未付款入账的款项。

③银行已经收款入账，企业尚未收款入账的款项。

④银行已经付款入账，企业尚未付款入账的款项。

银行存款日记账余额与银行对账单余额不符，必须查明原因。在会计实务中，银行存款调节后余额平衡关系是做出这一判断的主要依据。如果调节后余额一致，表明账户内结存额计算无误。如果调节后余额仍不一致，表明账户内结存额计算一定有误，应立即查明错误所在。在编制银行存款余额调节表时，一般将所有未核对一致的项目均视为未达账项，但对于出现的各种未达账项，应进行认真审核，确属未达账项的，应督促有关人员办理结算手续或记账手续；属于记账错漏的，应予以及时更正。

银行存款余额调节表编制方法是：在双方现有余额基础上，各自加上对方已收、本方未收账项，减去对方已付、本方未付账项，计算调节双方应有余额。银行存款余额调节公式如下：

$$\text{银行存款日记账余额}+\text{银行已收企业未收账项}-\text{银行已付企业未付账项}=\text{银行对账单余额}+\text{企业已收银行未收账项}-\text{企业已付银行未付账项}$$

5.25 银行存款余额调节表

表 5－10

银行存款余额调节表

年　　月　　日

银行对账单余额　　　　　　　　　　　　（　　年　　月　　日）

加：企业已收，银行尚未入账金额

其中：1. ________ 元

2. ________ 元

减：企业已付，银行尚未入账金额

其中：1. ________ 元

2. ________ 元

调整后银行对账单余额

企业银行存款日记账余额　　　　　　　　　　　　　　　　　　　　　　　（　　年　　月　　日）

加：银行已收，企业尚未入账金额

其中：1. ________ 元

2. ________ 元

减：银行已付，企业尚未入账金额

其中：1. ________ 元

2. ________ 元

调整后企业银行存款日记账余额

经办会计人员：（签字）　　　　　　　　　　　　　　　　　　　　会计主管：（签字）

5.26 银行存款结存表

表 5-11　　　　　　　　　　银行存款结存表

银行账户	昨日结存	收　　入	支　　出	本日结存	备　　注

主管　　　　　　制表

你在银行里究竟有多少钱？通过银行存款结存表，就能随时了解到你的存款结存，从而帮助你做出各项决策。

5.27 现金与银行存款逐日登记表

表5-12 现金与银行存款逐日登记表

月份： 年 月

日 期	现 金			银 行 存 款			银 行 存 款		
1									
2									
3									
4									
5									
6									
7									
8									
9									
10									
11									
12									
13									
14									
15									
16									
17									
18									
19									
20									
21									
22									
23									
24									

续表

日　期	现　　金			银 行 存 款			银 行 存 款		
25									
26									
27									
28									
29									
30									
31									
合计									

每一个企业家和财务人员都关心现金和银行存款的情况，本表详细记录了现金和银行存款的收支、增减状况，并对二者加以比较，给你提供有用的信息。

5.28　现金预算制度

现金预算是良好现金流量管理的一个非常重要的部分。现金预算要做好以下几个方面：

①确保在需要现金时有可供使用的现金。

②在正常时期识别出现金短缺，以采用适当的补救措施。

③发现多余现金，在必要时将它们转移投资到可以赚取满意回报的地方。

现金预算是用预定数字编制的，它记录该月将要流进或流出的现金。为了做到这一点，应将供应者或客户允许的信贷期限考虑在内。例如本月出售了商品或本期应收到股息等本身并不真正要紧，要紧的是什么时候能真正从销售或股利中收到这笔现金。因而，非现金科目就不包括在现金预算内。

现金预算仅涉及该期现金的实际流入和流出，即现金的实际物理运动。然而，交易与损益账户涉及那些未包括在现金预算中的科目，因此也要予以特别关注。

5.29　现金预算编制方法

营业预算一般是以收入和支出来表示。为了供财务计划之用必须将其转换为以现金收入和现金支出来表示。这样转换后得到的预算便是现金预算。财务经理便可根据这个预算来做计划以保证公司在未来一年内能适时的得到需要的现金。

制定现金预算的办法有两种：

①以预算的资产负债表和利润表作基础，调整其金额以表示钱将从哪里来，用到哪里去。此手续与财务会计中所论述现金流量值的调整其实是一样的，只是使用的资料是预测值而不是过去的资料。

②分析所有包含现金流动的计划，以预计每笔钱的来源及用处。要点简述如下：

预测应收账款的收取以一项延迟因素配合销售额的预算来计算。这项因素可以简单到只假设每月的销售，将于下月收款；也可以采用复杂的方式。可以假设每月销售额中有60% 款项是当月收取，但减掉 5% 的折扣；也可以假设有 39.5% 款项在次月收取，但有 0.5% 是永远无法收到了。

原材料采购的时间和金额的估计可由原材料采购预算中得到。有时假设所有的采购都在收到货品当月付款；其实更常用的应像上述收款假设一样来假设每月采购的付款方式。这里延迟的因素是从收到货品到付款的这段时间长度。

其他营业费用一般是由费用预算直接支出，因为现金支出的时间常和发生费用的时间一致。折旧以及其他无须在当月发生现金支出的费用项目不计在内。非现金项目（折旧以外）包括保险费、税金、利息费用三项，因为这些费用不在预算中发生当月支付。坏账费用也予除外，因为它并不代表一项现金支出。资本以支出项目表示，其金额来自资本预算。

表 5－13 **现金预算表**

项目	第一季度	第二季度	第三季度	第四季度
期初现金余额				
经营现金流入				
经营现金流出				
销售环节税金现金流量				
现金余缺				
资金筹措与运用				
取得借款				
归还借款				
借款利息				
出售证券				
购买证券				
期末现金余额				

第 6 章　存货会计管理制度与表格设计

6.1 存货的性质和分类

1. 存货的性质

存货是指企业在生产经营过程中为销售或为生产消耗而持有，处于生产经营过程中的各种资产，包括企业为产品生产和商品销售而持有的原材料、燃料、包装物、低值易耗品、在产品、产成品、商品等。存货通常在一年或超过一年的一个营业周期内被消耗或经出售转换为现金、银行存款或应收账款等，具有明显的流动性，属于流动资产。在大多数企业中，存货在流动资产中占有很大比重，是流动资产的重要组成部分。

随着企业生产经营过程的进行，有的存货被耗用后形成了在产品成本、产成品成本等；有的存货被销售后形成产品或商品的销售成本；有的存货以营业费用的形式被耗用；有的存货仍以原有形态存在。因此，存货会计管理的质量高低，所生成的会计信息是否真实、可靠，不仅影响到资产的价值是否准确，同时也影响到损益的确定是否正确。

2. 存货的分类

存货的构成内容很多，不同存货的具体特点和管理要求各不相同。为了有效地组织各项存货的会计管理，应对存货进行科学分类。一般来说，存货可以按照三种标准分类。

下图给出了存货分类的具体构成。

- 企业存货
  - 按经济用途分类
    - 销售用存货
    - 生产用存货
    - 其他存货
  - 按存放地点分类
    - 库存存货
    - 在途存货
    - 委托加工存货
    - 委托代销存货
  - 按来源分类
    - 外购存货
    - 自制存货
    - 委托外单位加工存货

图 6-1　存货分类的具体构成

6.2 存货会计管理与控制的目标

进行存货业务控制，首先应明确存货业务控制应达到的目标。根据存货业务的特点以及经营管理对存货业务的要求，存货业务控制应保证达到以下一些目标：

1. 保证存货购入经济合理

购入的存货应当符合生产制造和可供销售的要求。不合理地购入存货，势必造成存货的积压，其结果不仅会增加存货保管的工作量，而且容易出现存货变质、损失和被盗的可能。同时，过多的存货分散存放必将给存货的保管带来困难。

2. 保证存货资产安全完整

由于存货种类数量繁多、流动性强、存放地点分散，容易发生损坏、变质、短缺和被盗等情况。因此，保证存货的安全就成为存货控制的重要目标。存货业务控制中应对各种存货合理地分类，便于各类存货集中存放和专人保管。同时，每个存放地点要做好详细的记录，防止存货被遗忘。此外，存货流转各环节应受到相关的牵制，建立相应的存货盘存制度，保证存货资产的安全与完整。

3. 保证合理确定存货价值

存货价值是否合理地确定，直接影响当期资产的合理表述和当期净收益的正确计算。因此，企业应建立和执行对存货的计价方法，保证存货价值得到合理的确定。

4. 保证销售成本列示合理

销售成本是利润表的重要组成部分。销售成本直接关系到企业净收益的计算是否恰当，以及能否正确反映企业的经营成果。因此，企业应正确计算本期存货购入、制造及库存成本，保证销售成本在利润表中得到公允的列示。

6.3 存货范围确定的标准

列为存货项目的资产，都是为了进行正常生产经营而储存，不是为了此种目的而储存的资产，都不能列为企业的存货。如特种储备的资产以及按有关部门的指令专项储备的资产，只能列为其他资产；为购置和建造固定资产而储备的资产，只能列为有关的长期资产等。

企业应以所有权的归属而不以物品的存放地点为依据，来确定企业存货的范围。即在盘存日期，法定所有权归属企业的一切存货，无论其存放于何处，都应作为企业的存货。

依所有权的归属确定存货范围时，应特别注意以下四点：

（1）凡是开出销售发票售出，所有权已经转移的物品，即使暂时存放于本企业仓库，也不能将其作为本企业的存货，如已开票售出的待运商品等。

（2）凡是未转移所有权的发出物品，即使未存放于本企业，也应将其作为本企业的存货，如委托其他单位代销的存货、未出售的外出展销存货等。

（3）凡是所有权已经归属于本企业的购入物品，即使未存入本企业仓库，也应作为本企业的存货，如已经购入而尚未收到的运输途中的货品等。

（4）凡是不属于本企业所有权的接受物品，即使存放于本企业仓库，也不能作为本企业的存货，如受托代销的存货、受托加工的存货等。

根据《企业会计制度》的规定，企业的存货包括下各项：

（1）库存待售的存货。

（2）库存待消耗的存货。

（3）生产经营过程中使用以及处在加工过程中的存货。

（4）购入的正在运输途中的存货和结算凭证已到但尚未办理入库手续的存货。

（5）委托其他单位加工、代销的存货。

企业的存货不包括以下各项：

（1）库存的依照合同开出发票账单，但客户尚未提取的存货。

（2）库存的受其他单位委托代销、代加工的存货。

（3）约定未来购入的存货。

6.4 存货汇总表

表6－1 存货汇总表

项目	行次	年末余额		
		本年计划	本年实际	上年实际
1. 库存材料	1			
（1）原材料	2			
①原料及主要材料	3			
②辅助材料	4			
③外购半成品	5			
④修理用备件	6			
⑤燃料	7			
（2）包装物	8			
（3）低值易耗品	9			
2. 在途材料	10			
3. 委托加工材料	11			
4. 在产品	12			
5. 自制半成品	13			
6. 产成品	14			
7. 分期收款发出商品	15			
合计	16			
附注				
1. 各项存货年平均余额	17			
（1）每百元销售收入占用的存货资金	18			
（2）存货周转天数	19			

续表

<table>
<tr><th rowspan="2">项目</th><th rowspan="2">行次</th><th colspan="3">年末余额</th></tr>
<tr><th>本年计划</th><th>本年实际</th><th>上年实际</th></tr>
<tr><td>2. 存货
（1）账面实际成本
（2）可变现净值
（3）可能发生的损失</td><td>20</td><td>账面实际成本</td><td>可变现净值</td><td>可能发生
的损失</td></tr>
<tr><td>（1）已提取变现损失准备的存货
（2）可变现净值低于成本的其他存货
（3）待处理存货短缺及毁损</td><td>21
22
23</td><td></td><td></td><td></td></tr>
</table>

企业存货汇总表是对企业内存货的汇总反映，其表中数据可来自存货分类账。本表集中反映年末金额以及相关的财务信息，以便于企业领导对存货情况有一个宏观的、全面的、基本的掌握。该表是企业存货管理表格中的基本表格。

6.5 存货管理 ABC 法与 CVA 管理法设计

6.5.1 ABC 库存管理法

ABC 库存管理法又称重点管理法。它是一种从名目众多、错综复杂的客观事物或经济现象中，通过分析，找出主次，分类排队，并根据其不同情况分别加以管理的方法。它是“关键是少数和次要是多数”的规律在管理中的应用。

方法是对库存物次进行研究，按照销售量、销售额、订货提前期、缺货成本把存货分成 A、B、C 三类，并采用不同的管理方法。运用 ABC 法控制存货资金，一般分如下几个步骤：

第一步：计算每一种存货在一定时间内（一般为一年）的资金占有额；

第二步：计算每一种存货资金占用额占全部资金占用额的百分比，并按大小顺序排列，编成表格；

第三步：根据事先测定好的标准，把最重要的存货划为 A 类，把一般存货划为 B 类，把不重要的存货划为 C 类，并画图表示出来；

第四步：对 A 类存货进行重点规划和控制，对 B 类存货进行次重点管理，对 C 类存货只进行一般管理。

下图是典型的存货 ABC 类划分图。

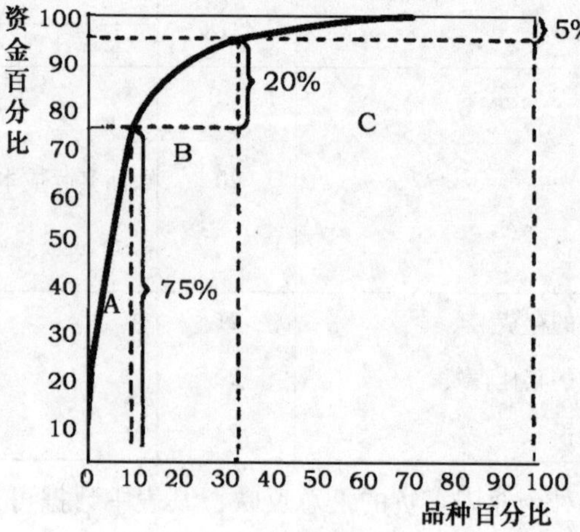

图 6－2　存货 ABC 类划分图

把存货划分成 A、B、C 三大类，目的是对存货占用资金进行有效的管理。A 类存货种类虽少，但占用的资金多，应集中主要力量管理，对其经济批量进行认真规划，对收入、发出要进行严格控制；C 类存货虽然种类繁多，但占用的资金不多，不必耗费大量人力、物力、财力去管，这类存货的经济批量可凭经验确定，不必花费大量时间和精力去进行规划和控制；B 类存货介于 A 类和 C 类之间，也应给予相当的重视，但不必像 A 类那样进行非常严格的控制。

表 6－2　　存货的 ABC 分类法

存货类型	特点	管理方法
A	种类少 价值高 储存成本高	进行重点管理加强防范
B	介于 A 和 C 类之间	进行次重点管理
C	种类众多 价值低廉 储存成本低	只进行一般管理

6.5.2　库存管理法举例

例 1

生产超快 4 兆芯片的硅芯片有限公司每年持有 12 种存货品种。下面所示的是其库存品种、它们的年需求量、单位成本、年度占用货币量以及每种库存品种占全部库存品种的ABC分级（见表6-3）。

表6-3　　存货的ABC管理法

ABC计算						
库存品种代码	存货数目的百分比	年度数量（件）	单位成本	年度货币占用量	年度货币量百分比	级别
#10286						A
#11526						A
#12760						B
#10867						B
#10500						B
#12572						C
#14075						C
#01036						C
#01307						C
#10572						C
#13625						C
#01326						C

6.5.3　CVA管理法

CVA管理法，又叫关键因素分析法，比起ABC管理法有更强的目的性。在使用中，注意不要确定太多的高优先级物资，因为太多的高优先级物资，结果是哪种物资都得不到重视。在实际应用中，可以把CVA管理法和ABC管理法结合使用，效果更好。

表6-4　　存货的CVA管理法

存货	特点	管理措施
最高优先级	经营中的关键物资	不允许缺货
较高优先级	经营活动小的基础性物资	允许偶尔缺货
中等优先级	比较重要的物资	允许合理范围内缺货
较低优先级	需要但可替代的物资	允许缺货

6.6 企业存货管理的流程与控制要点

企业存货主要由物资管理部门，比如物资科或仓库部门负责。同时，还涉及采购、计划、生产、销售及会计等部门。存货业务的控制主要有：一是存货收入，即组织各种购入材料的验收、产成品、半成品入库、委托加工材料的收回及受托代销商品的入库。二是存货存储。即进行各种存货的存放、日常整理和保管等工作。三是存货发出，即组织材料领用、销售商品的发出等活动。四是存货盘点，即存货管理部门定期或不定期地对存货进行盘点，保证存货账实相符。

各种存货尽管来源与用途不同，会计业务处理方法也不一致，但其控制的基本程序与方法大致相同。由于材料存货品种繁多、数额较大，经常流动，若疏于管理极易发生丢失、侵吞等问题；此外，由于产成品存货可以立即变现，同样容易出现盗窃及核算失真的问题。

下图显示了企业存货管理的流程。

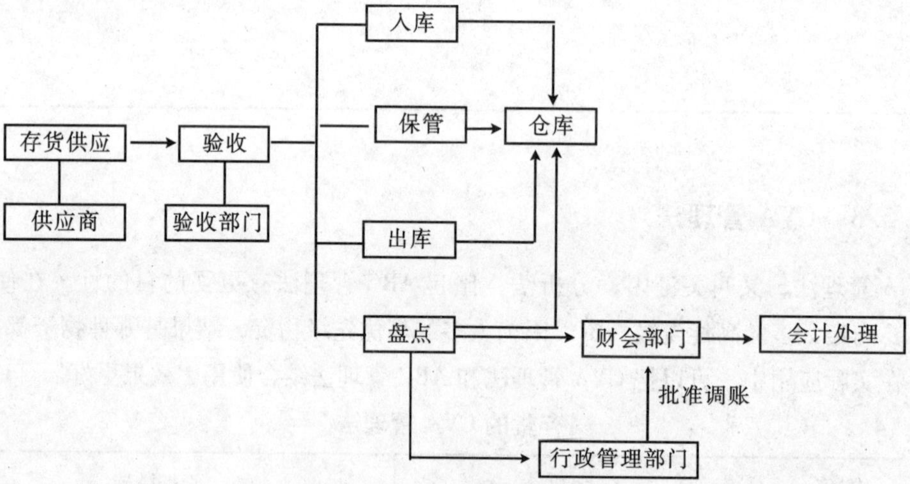

图 6－3　企业存货管理流程图

6.7 存货管理制度

第一条　为加强公司存货管理，规范存货的采购、耗用、销售与核算等，特根据国家有关规定，结合公司经营需要，制定本制度。

第二条 本制度是公司经营管理制度的重要组成部分，适用于公司各个部门。

第三条 存货的范围。

存货范围确认，应以公司对存货是否具有法定所有权为依据。在盘存日，凡法定所有权属于公司的一切物品，不论其存放于何处或处于何种状态，都应作为公司的存货。

第四条 存货的分类。

存货划分为原材料、包装物、在制品、产成品等。

第五条 存货的入库。

(1) 购进原材料等存货，入库前必须办理验收入库手续。

①核对实物规格、型号、生产单位是否与合同一致；

②观察包装完好程度，并清点实物数量；

③完成实物品质检查；

④完成上述工作后填制“入库单”一式三份。

(2) 验收中发现溢余时填制“溢余货物单”。

(3) 验收中发现毁损短缺时填制“毁损短缺货物处理单”。

(4) 按实收数量入库，并记录实物账卡。

第六条 存货的出库。

(1) 根据提货单、调拨单、领料单等发出存货之前，必须填制“出库单”，出库单是报告仓库已按发货指令将存货发出，并办妥交接签字手续的程序性凭据。凡未办理出库单手续者，一律不得发货；

(2) 出库单以仓库为主体，按出库顺序编号，并按下列程序运作：

①本单一式四份，加复写纸一次套写；

②填完出库单全部内容，空白行应盖“以下空白”章；

③发货并经清点完毕，应盖“存货已全部发出”章。

(3) 仓库内所有存货，没有调拨指令，均不准出库，禁止以白条抵库。

第七条 仓储要求。

(1) 库房设施必须符合防火、防盗、防潮、防尘标准，货架应达到安全要求；

(2) 仓库物资必须严格按照规定存放，每种存货应挂卡片，标明品名、规格、型号、产地、单位等，条件允许还应标明现存数量；

(3) 仓库保管员应履行以下基本职责：

①严格禁止无关人员进入仓库；因业务工作需要进入仓库的有关人员，保管人员必须亲自陪同；

②定期检查消防器材，更新、补充消防物料；

③保持库房清洁卫生，库容整齐、美观；

④注意门锁安全，昂贵商品应设内库存放；

⑤经常核对账、卡、物，发现异常情况，及时上报处理。

第八条 存货账务。

（1）存货明细账是记录实物的收入、发出、结存情况的重要账册，必须按品种、规格登记，妥善保管，年终装订成册，至少保存五年；

（2）记账应有合法依据，凭证必须完整无缺，并遵守以下记账规则：

①根据入库单记收入，出库单记发出，有关指令资料作为其附件，按顺序编号，作为记账索引号，按月装订成册，以便日后查询；

②账面不准撕毁，遇有改错，可以划红线加盖私章订正。账面记录，严禁挖、补、刮、擦和用涂改液；

③账面记录采用“永续盘存制”，每次发生增减变动，及时计算结存余额；

④启用账簿，应在账簿封面载明公司名称、年度，在启用页内载明账簿名称、启用日期，由记账人员签名或盖章，并加盖公章。调换记账人员时，应注明交接日期，并由移交人、交接人签名或盖章。

（3）毁损处理：

①存货在库保管期间，由于各种原因发生存货毁损、变质、霉烂造成损失时，必须严肃、认真、及时地填制“毁损报告单”，上报审批；

②毁损报告单经上级审查批准后，方可作减少账务记录；财会方可作有关账务处理。

第九条 存货盘点。

（1）每月终了，仓库保管员应进行月终盘点，并完成下列程序：

①盘点前，必须将截止到当月最后一天的收入、发出记入账册并结出结存额；

②实地清点实物，核对卡片；

③编制月终“存货盘点表”。

（2）计财部收到“存货盘点表”，认为有必要时，可到仓库进行抽样核对，复核盘点表；盘盈、盘亏时，按审批意见做相关账务处理；

（3）每年终了，根据公司盘点指令，组织人员全面清点，编制“存货盘点表”，并由公司计财部派人员（或聘请注册会计师）参加监盘。

第十条 本制度由财务部制定，解释权、修改权归财务部。

第十一条 本制度自×年×月×日起实施。

6.8 产成品库存管理制度

（1）车间生产出完工产成品之后，应及时转入工厂或公司库房。

（2）产成品入库时，由车间人员填制一式三联产成品入库单。填好产成品品种、规格、数量等内容后，由产成品保管员根据产成品入库单填写的内容，与产成品实物逐项核对相符后，办理入库手续，在入库单上签字。保管员将入库单其中一联留存备查，车间人员留存一联，另一联于每月15日及25日送交财务部。

（3）产成品入库后，应按品种及规格码放整齐，填制标签，注明产成品名称及规格。

（4）对因各种因素退库的产成品，退库人员须有有关部门的批准手续，库管员视同正常入库产品办理入库手续，并在月底汇总退库产品的数量、品种及退库原因，报财务部。

（5）产成品库房管理员应对产成品负有保管责任，负责产成品的安全、完整，改善库房条件，保证产成品的质量。

（6）公司库房产成品账定期与财务账核对，分产品品种，逐项核对是否相符，如果不符，须查找原因。

6.9 存货入账价值确定的标准

《企业会计制度》规定："各种存货应当按取得时的实际成本记账。"这表明企业在持续经营的前提下，存货入账价值应采用历史成本计价。

实际工作中，存货历史成本的构成主要有如下四个方面：

1. 购货价格

购货价格是存货价值的主要组成部分。一般而言，所有购入的存货，均应根据发票金额确认购货价格，但在某些情况下，可能会出现发票价格与实际付款不一致的问题，如在发生购货折扣的情况下，购货价格指已扣除商业折扣但包括现金折扣的金额，供货者允许扣除的现金折扣，不抵减有关项目的成本。在允许扣除折扣的期限内取得的现金折扣，作为理财收益，冲减当期财务费用。

2. 购货费用

企业购入的各种货物，其成本不仅包括它们的购价，还包括在购入、保管这些物品过程中需要支付的其他一些费用，包括购入存货发生的包装费、运杂费、运输及存储过程中的保险费等。购货费用就是指企业购入存货在入库以前所需要支付的各种费用。

3. 税金

在商品交易中，交易者要交纳流转税，对于交纳的流转税是否包括在价格中，目前我国采用了两种方法：一是采用价内税，即价格内包含了流转税，如消费税、资源税、城市维护建设税等；另一种采用价外税，如增值税。除此以外，从国外进口货物要交价外税等。所以，企业购入货物负担的税金，哪些构成采购成本，哪些不构成采购成本，是正确核算企业存货成本的一个重要方面。

4. 制造费用

制造费用是指企业为生产产品或提供劳务而发生的各项固定或变动的间接费用。包括工资、职工福利费、折旧费、修理费、办公费、水电费、机物料消耗、劳保费用等等。这些费用也应构成企业的在产品、产成品等存货的入账价值。

6.10 存货历史成本构成规定

1. 购入的存货

购入的存货，按买价加运输费、装卸费、保险费、包装费、仓储费等费用、运输途中的合理损耗、入库前的挑选整理费用和按规定应计入成本的税金以及其他费用作为实际成本。

2. 自制的存货

自制的存货，按制造过程中的各项实际支出作为实际成本。

3. 委托加工存货

委托外单位加工完成的存货，以实际耗用的原材料或者半成品以及加工费、运输费、装卸费和保险费等费用以及按规定应计入成本的税金作为实际成本。

4. 投资者投入的存货

投资者投入的存货，按照投资各方确认的价值作为实际成本。

5. 接受捐赠的存货

捐赠方提供了有关凭据（如发票、报关单、有关协议）的，按凭据上标明的金额加上应支付的相关税费，作为实际成本。

捐赠方没有提供有关凭据，按如下顺序确定其实际成本：

（1）同类或类似存货存在活跃市场的，按同类或类似存货的市场价格估计的金额，加上应支付的相关税费，作为实际成本；

（2）同类或类似存货不存在活跃市场的，按该接受捐赠的存货的预计未来现金流量现值，作为实际成本。

6. 盘盈的存货

盘盈的存货，按照相同或同类存货的市场价格作为实际成本。

6.11 存货入库验收制度

第一条 所有商品，不论购入、销货退回、旧货送回或试用、展览收回等，均应经仓管单位检验后始得入库。

第二条 仓管单位将每项进库的商品，限于次日以前详加验收后，列记商品型号入账，凭以控制每件商品的性能。

第三条 商品的验收，应依有关的订购单、提单、验收单等所列的品名、型号或规格办理验收。如发觉型号、规格不符或外箱破损等情形时，应即通知进货或采购单位处理。

第四条 因试用、展览、更换、销货退回、调货等而重新入库的商品，于交回时应保持领用时的状况，若有损坏，应由仓库部会同服务部鉴定维修费用后，由领货人照价赔偿，若附件遗失或不全时，则应由领货人依据商品价格赔偿。

第五条 进货单位收货时，如发觉附件短少、数量不符或商品破损、性能变质时，最迟应于收货次日通知发货单位，否则概以收货合格论。

第六条 各单位不得于销货退回时未经仓库保管单位签字认可而自行于销货报告上作销货退回处理。

6.12 存货验收人员岗位职责

收货人员由仓库主任选拔，经分管仓库经理同意后任用。收货人员的岗位责任是：

（1）收货人员在仓库主任的领导下，负责商品、材料物资入库储存的验收工作，并向仓库主任负责，报告工作。验收时必须做到：

①凭证验收，查明来源；

②根据凭证所列内容和样品、合同副本，正确验明来货的品名、牌名、规格、型号、质量、款式、尺码、数量，不发生错验、错收；

③经验收无误后签证，交收货人员入库，并做好验收记录备查；

④如经验收发现来货的品名、牌名、规格、型号、质量、款式、尺码、色泽、数量与来货凭证、样品或合同副本所列内容不符，或过了保质期、掺杂掺假、假冒伪劣的，须拒收，并报告仓库主管处理，以尽职责；

⑤严格遵守规章制度和纪律，不玩忽职守，不接受来货单位与人员的请吃送礼和贿赂。

（2）收货人员在仓库主任的领导下负责收货工作，并对仓库主任负责，报告工作。收货时必须做到：

①根据来货凭证逐一查对来货后，将凭证与来货交保管员按照指定的仓位堆放保管，并做好收货记录备查；

②严格遵守规章制度和纪律，不擅离岗位，不玩忽职守，不接受来货单位和人员的请吃送礼与贿赂，不徇私舞弊；

③收货时，如发现错误，应及时通知验收人员纠正，并报告仓库主管，以尽职责。

6.13 材料验收日报表

表 6－5 材料验收日报表

年　月　日

受理号码	订购号码	交货厂商	品 名	规 格	数 量	合格品		不合格品		摘 要
						数量	受领者	数量	处置	

作为材料购进管理的必要环节，材料验收无疑是材料入库的最后一道关口，通过材料验收环节，企业可查出各种不合格材料，保证了材料的质量，保障了商品生产的顺畅进行，避免企业发生不必要的财产损失。对材料验收结果，验收人员应及时反映在材料验收日报表上。

6.14 产成品入库单

表6-6 产成品入库单

交库单位 年 月 日 编 号

产品编号	产品名称	规格	单位	交付数量	检验结果		实收数量	单价	金额
					合 格	不合格			
备 注									

第 联

记账 检验 仓库 经手

企业生产过程完工之后的产成品应及时由生产车间转移至企业仓库存储、保管。产成品入库单就是企业完工产品由仓库接收时开出的入库凭证，主要内容包括生产部门交付至仓库的完工产品的编号、名称、规格、交付的数量、仓库验收人员验收的情况，以及产成品的单价和总金额。此外，凭据上还应注明仓库单位和接收单位。

6.15 存货发出计价方法

企业的各项存货，由于种种原因（如购进时间、批量、地点等）形成不同的购进单价。因此，在存货发出时计价有不同的选择。常用的方法有先进先出法、后进先出法、加权平均法和个别计价法等。

1. 先进先出法

先进先出法，是以先购进的存货先发出为假定前提。日常发出材料等存货的实际成本，要按库存存货中最先购进的那批存货的实际成本计价。如果发出的存货属于最先购入的两批或三批，且单价不同，就要用两个或三个不同的单价计价。这种计价方法的特点是使存货的账面结存价值接近于近期市场价格。

2. 加权平均法

采用这种方法，发出存货的单价是以本期收入数和期初结存数进行加权平均计算的。即以本期收入存货的实际成本与期初结存存货的实际成本之和，除以本期收入存货数量与期初结存存货数量之和，求得存货平均单价。

采用这种方法，只有期末才能根据上述数字计算存货的平均单价，并对发出存货进行计价，进而计算存货结存的金额。

3. 个别计价法

个别计价法，采用这种方法，是以某批存货收入时的实际单位成本作为该批存货发出的实际成本，即发出某批存货要根据该批存货购入时的实际单位成本计算。采用这种方法，要求确认发出存货和期末结存存货的购进批别。为此，必须按购进批别设置存货明细账，对其进行详细记录。

4. 移动平均法

采用这种方法，发生存货的单价是以本次进货的成本加原有库存的成本加原有库存的成本，除以本次进货数量加原有存货数量计算出来的。

这种方法能使管理当局及时了解存货的结存情况，但工作量较大，对收发货业务较频繁的企业并不适用。

6.16 存货出库控制制度

第一条 仓管单位应在下列6种情况下出货：

一、交货。

二、交客户试用。

三、示范表演。

四、本公司同仁的职前或在职训练使用。

五、展示中心陈列。

六、本公司各单位因业务需要而借用。

第二条 除上述各项出货外，总公司仓库部需随时视实际情形的需要对分公司出货。

第三条 各项出货除仓库部对分公司的出货应凭分公司填具的“商品（供应品）订货单”出货外，其余各项出货应由出货人出示业经其单位主管亲笔签准的“商品（供应品）领货单”及“商品（附件）领货记录卡”向保管员出货。

第四条 仓库部于接到分公司的订货单时，应即于当日发货，如缺货而须调拨供应时，亦应于当日回复预定供货的日期。

第五条 仓库部库存充足时，应依据过去的销售资料及各分公司市场需要预测公司全部库存量，随时注意分公司库存情形，将库存商品依比例分配给各分公司。

第六条 任何出货，仓管人员均应于出货当日将有关的资料入账，以利存货的控制。

第七条 各单位人员向仓库单位领货时应在仓库的柜台行事，不得随意自行进入仓库内部，各仓管人员应拒绝任何人擅自入内。

第八条 出货人于商品领出时，应同时要求仓管人员详细检查商品的性能、品质及附件是否优良或齐全，否则概以出货完整论。

第九条 商品领出后，严禁出货人擅自将所领出的商品移转给其他同仁或其他单位或任意更换商品给客户。

第十条 库存商品出货后（除陈列展示外），一律限于当天还仓或开发票提货，如当天未能交货而必须交给客户试用者，则应依本办法的“试用”规定办理。

6.17 配货、发货人员岗位职责

仓库发货主要有验证配货、查验发货、凭签证出库等 3 个环节。配货、发货人员由仓库主任选拔，经分管仓库经理同意后任用。配货、发货人员的岗位责任是：

（1）配货人员在仓库主任的领导下，负责仓库发货的验证配货工作。配货时必须做到：

①凭证验配，查明发货凭证的签发单位和人员，查明取货单位和取货人的身份，查明去路和用途以及取货方式，并与合同副本核对，查验无误后，根据发货凭证所列内容配货；

②配货后签证，交发货人员核对后发货，并做好配货记录备查；

③经查验，凭证的签发部门和人员不合规定，或被查凭证属于非正式凭证，或货物用途不明，或取货单位与人员身份不明，或取货品名、数量、方式、日期与合同副本不符的，应拒绝配货，并报告仓库主管处理，以尽职责；

④严守规章制度、岗位和纪律，不玩忽职守，不接受取货单位和人员的请吃送礼与贿赂。

（2）发货人员在仓库主任领导下，负责仓库发货工作。发货时必须做到：

①凭配货人员查验签证的发货凭证发货；

②根据查验签证后的发货凭证所列内容，逐一核对配货的品名、牌名、规格、型号、款式、尺码、数量，核对无误后签证发货，并做好发货记录，取得收货单位和人员的签证

和回执；

③发货时，经核对发现错误，须通知配货人员进行纠正，未经配货人员纠正的不予发货，并报告仓库主管处理，以尽职责；

④发货后将发货凭证和收货单位签证的回执，交保管员记入存货明细卡备查；

⑤发货人员必须严格遵守规章制度和纪律，不玩忽职守，不接受收货单位和人员以及签发发货凭证人员的请吃送礼与贿赂，如有发生，及时报告领导处理。

6.18 存货出库单

表6－7 出库单

年 月 日

品名	提货单位	发票号	数量	单价	金额	备注

库管员 主管

企业存货保管部门必须严格管理与控制存货的出库，事无巨细，任何一笔存货从仓库发出，都必须按照规定填列出库单。出库单应当列明发出存货（原材料、产成品等）的品名、提货单位或领用单位、售货发票或领用凭单的号码、发出存货的数量、单价与金额。另外，出库单必须有库管员与主管人员的签名，以明确责任，加强监督。

6.19 存货明细账

存货明细账主要是指库存商品明细账和原材料明细账，现以工业企业为例说明原材料明细账的格式。

表 6－8 原材料明细账

品名： 计量单位：件

年		凭证		摘要	收入			发出			结存		
月	日	字	号		数量	单价	金额	数量	单价	金额	数量	单价	金额

采用永续盘存制的存货盘存制度，可以在账簿中反映存货的收入、发出和结存情况，

并从数量和金额两方面进行管理控制；账簿上的结存数量，可以通过盘点加以核对。如果账簿上的结存数量与实存数量不符，可以及时查明原因。但是这种盘存制度要求每一品种的存货都要开设一个明细账，使存货的明细分类核算工作量较大。

采用实地盘存制的存货盘存制度，平时只记录购进成本，不记录发出的数量、金额，可以简化存货的核算工作。但这种盘存制度不能从账面上随时反映存货的收入、发出和结存情况，只能通过定期盘点，计算、结转发出存货的成本。由于倒挤发出存货的成本，使结转的成本中可能包含有非正常耗用的成本。

6.20 存货期末计价方法

企业期末存货的价值通常是以历史成本确定的，但是，除了历史成本以外，还有其他计价方法，“成本与可变现净值孰低法”是较为广泛采用的一种。我国《企业会计制度》规定采用后者。

“成本与可变现净值孰低法”，是指对期末存货按照成本与可变现净值两者之中较低者计价的方法。即当成本低于可变现净值时，存货按成本计价；当可变现净值低于成本时，存货按可变现净值计价。

这里所讲的“成本”是指存货的历史成本，即按前面所介绍的以历史成本为基础的存货计价方法（如先进先出法等）计算的期末存货价值。

“可变现净值”是指企业在正常生产经营过程中，以估计售价减去估计完工成本以及销售所必需的估计费用后的价值。在预计可变现净值时，还应当考虑持有存货的其他因素，例如，有合同约定的存货，通常按合同作价为计算基础，如果企业持有存货的数量多于销售合同订购数量，存货超出部分的可变现净值应以一般销售价格为计算基础。

当存在以下一项或若干项情况时，应将存货账面余额全部转入当期损益：

（1）已霉烂变质的存货；

（2）已过期且无转让价值的存货；

（3）生产中已不再需要，并且已无转让价值的存货；

（4）其他足以证明已无使用价值和转让价值的存货。

当存在下列情况之一时，应计提存货跌价准备：

（1）市价持续下跌，并且在可预见的未来无回升的希望；

（2）企业使用该项原材料生产的产品的成本大于产品的销售价格；

（3）企业因产品更新换代，原有库存原材料已不适应新产品的需要，而该原材料的市场价格又低于其账面成本；

（4）因企业所提供的商品或劳务过时或消费者偏好改变而使市场的需求发生变化，导致市价逐渐下跌；

（5）其他足以证明该项存货实质上已经发生减值的情形。

6.21 存货盘点业务管理流程

执行	流程	作业说明及表单
销售部门	提出盘点计划 ↓	盘点计划
仓管	初盘及盘点前的准备 ↓	
账务/仓管/外租库库管	实物盘点 ↓	
销售部/各仓库	上报《盘点报告》 ↓	
仓管	上报存货调整申请 ↓	
销售经理	批准调整存货 ↓	盘点报告
仓管	存货调整 ↓	
财务部	存货账务调整	

图 6－4　盘点业务管理流程图

6.22 存货盘点报告表

表 6－9　　　　　　　　　　存货盘点报告表

盘点区号　　　　　　　　　　盘点日期　年　　月　　日

组别

<table>
<tr><td colspan="2" rowspan="4">□原料
□在制品
□废料
□成品</td><td colspan="2">编号</td></tr>
<tr><td colspan="2">品名</td></tr>
<tr><td colspan="2">规格</td></tr>
<tr><td colspan="2">单位</td></tr>
<tr><td colspan="4">盘点时本物位置：</td></tr>
<tr><td colspan="2">盘点数量：</td><td colspan="2">更正：</td></tr>
<tr><td colspan="2">存货状况
□良料
□废料
□其他</td><td colspan="2">备注</td></tr>
<tr><td>复 核 员</td><td colspan="2">记 录 员</td><td>盘 点 员</td></tr>
<tr><td></td><td colspan="2"></td><td></td></tr>
<tr><td></td><td colspan="2"></td><td></td></tr>
<tr><td></td><td colspan="2"></td><td></td></tr>
<tr><td></td><td colspan="2"></td><td></td></tr>
</table>

第一联：会计科
第二联：主管物资科
第三联：贴于物资存放位置

注：本单应事先编号，以利控制

为了保护企业存货的安全完整，做到账实相符，企业必须对存货进行定期或不定期清查。存货清查常采用实地盘点的方法，将存货的种类、数量、规格以及存货的变动情况一一进行记录，据以编制“存货盘点报告表”按规定程序，并报请有关部门批准。

6.23 存货实存账存对比表

表 6－10　　　　　　　　**存货实存账存对比表**

单位名称：　　　　　　　＿＿＿＿年＿＿＿＿月＿＿＿＿日

编号	类别及名称	计量单位	单价	实存		账存		对比结果				备注
				数量	金额	数量	金额	盘盈		盘亏		
								数量	金额	数量	金额	

会计人员签章＿＿＿＿　　稽核人签章＿＿＿＿

在存货盘点中，企业着重盘点各种存货的实际库存数，并与账面结存数相核对。对于账实不符的存货，要核实盘盈、盘亏和毁损的数量，查明造成盘亏毁损的原因。以上各情况可反映在实存账存对比表中。

6.24 存货账存实存调节表

表 6－11

存货账存实存调节表

年 月 日 页次：

盘点单编号	存货编号	品名/规格	单位	库存数量				单价	金额	账面数量	差异			备注
				盘点	加	减	调整后				数量	单价	金额	

第一联：会计科

第二联：主管物资科自存

在经过对存货的实物盘点后，企业应对存货账存数与实存数不符的原因进行分析，可求进一步改善对存货的管理，同时，企业应对存货账册进行调整。在调整前，企业可填列存货账存实存调节表进行整理总结，做好辅助工作。

6.25 存货盘盈与盘亏处理方法

企业进行存货清查盘点，应当编制“存货盘存报告单”，并将其作为存货清查的原始凭证。经过存货盘存记录的实存数与存货的账面记录核对，若账面存货小于实际存货，为存货的盘盈；反之，为存货的盘亏。对于盘盈、盘亏的存货要记入“待处理财产损溢”科目，查明原因进行处理。

1. 存货盘盈

发生盘盈的存货，经查明是由于收发计量或核算上的误差等原因造成的，应及时办理存货入账的手续，调整存货账的实存数，按盘盈存货的计划成本或估计成本记入“待处理财产损溢——待处理流动资产损溢”科目。经有关部门批准后，再冲减管理费用。

2. 存货盘亏和毁损

发生盘亏和毁损的存货，在报经批准以前，应按其成本（计划成本或实际成本）转入“待处理财产损溢——待处理流动资产损溢”科目。报经批准以后，再根据造成盘亏和毁损的原因，分别以下情况进行处理：

（1）属于自然损耗产生的定额内损耗，经批准后转作管理费用；

（2）属于计量收发差错和管理不善等原因造成的存货短缺或毁损，应先扣除残料价值、可以收回的保险赔偿和过失人的赔偿，然后将净损失记入管理费用；

（3）属于自然灾害或意外事故造成的存货毁损，应先扣除残料价值和可以收回的保险赔偿，然后将净损失转作营业外支出。

6.26 存货仓储管理制度

存货仓储管理的原则是反映存货储存的基本要求，是控制存货收、发、存业务和存货资金管理的基本准则与方式。存货仓储管理主要有以下 3 个基本原则：

1. 实行存货限量管理，节约资金使用

为了合理使用资金，防止盲目购进、超储积压、脱销脱供等情形的发生，保证商品销售和产品生产的正常进行，必须对存货储存实行控制管理，制定各种商品、材料物资的最高和最低存量，以控制存货的储存量与存货资金的使用。各种存货的最高存量（限量）与最低存量（限量），须由销售、生产、财务部门根据销售与生产的计划和实际需要，以及资金供应状况共同制定，由仓库和商场各个柜组执行。会计部门要监督检查限额的执行情况。存货的限量管理原则要求仓库保管员和商场各柜组组长经常检查各种存货的存量情况，如发现有高于最高存量，或低于最低存量的情况，须立即报告仓库主任会同销售、生产和采购部门处理。

2. 实行凭证查验收货，核准发货、出库，控制存货的收与发

这个原则要求凡仓库收货，必须由专人负责，根据进货凭证逐一验明品名、数量、规格、型号、尺码、款式、牌名、质量、生产期、保质期、产地或生产厂家后，由收货人员收货入库；凡仓库发货，必须由专人负责审核销售、生产部门签发的销售发货凭证或生产领用单，审核无误后核准签发，由配货人员配货，并由发货人员核对无误后签证发货；门卫人员须查验发货人员签证的发货凭证，确认无误后放行出库。

3. 实行专人负责存货保管，设明细账卡登记收发货，核对实存量

这个原则要求存货必须专人保管，并设存货明细账卡，逐笔登记收发货，结出存量，并清点核对实物，做到账、卡、实物相符，以保证存货的安全和完整。

6.27 存货仓储管理流程

保管员收到验收部门送交的存货和验收单后，应填制入库通知单，并据以登记存货实物收发存明细账簿，入库通知单应事先连续编号，并由交接各方签字后留存。发出存货后，应根据领料单及时登记存货收发存明细账簿，并填制存货出库单或者将一式多联的领料单及时送交会计部门。

存货的领用必须经过适当的授权，生产部门根据生产计划编制领料单，经授权人员签字后，仓储保管部门经检查手续齐备后，办理领用存货。

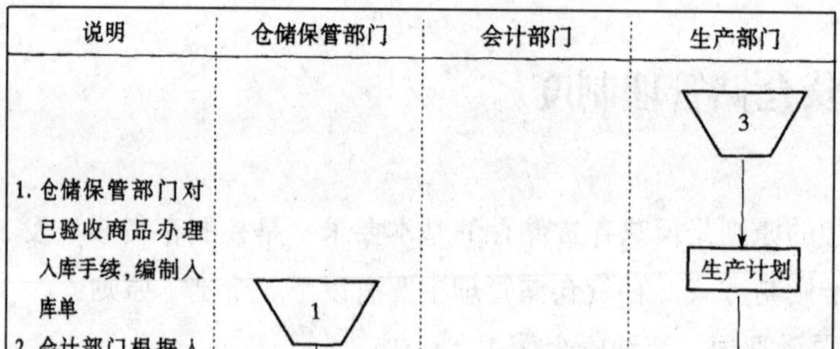

图6－5 存货的储存保管控制流程图

6.28 存货保管制度

①凡入库储存的商品、材料物资，应指定专人负责保管，并建立保管员岗位责任制度。

②入库储存的商品、材料物资应按指定的仓位（地点）分类分品种堆放，并标明品名、规格、型号、款式、尺码、数量、质量（等级）、产地、生产厂家、保质期、生产期，要求堆放整齐，便于清查、取货。

③所有入库存储的商品、材料物资，应另行指定专人保管，按品种登记明细卡，并将收、发数量登记后结出余额，随时与实存数量进行核对，做到卡实相符。如有不符，应查明原因，及时纠正处理。

④保管人员应随时检查存储的存货有无发生过期变质、残损、超储积压、短缺、包装破损。如有发现，保管员应及时报告仓库主管人员，会同有关部门进行处理。

⑤所有货物存储，必须定期清点。会计部门负责监督检查库存状况，并将存货明细账户余额与仓库明细卡余额进行核对，核对其实存数量，做到账、卡、实物三相符，以控制存货的存量。如有不符，应查明原因进行处理。

⑥企业将存货存放在外单位的，应取得证明，单独由会计部门设账控制。对于在途商品、材料物资，应由采购部门和人员将进货凭证交会计部门入账控制。对于存放在销售部门或生产车间的商品、材料物资，应由销售部门和生产部门负责保管，并由会计部门设账控制。

⑦保管员应定期或随时检查各种存货储存的防水、防火、防盗安全设施。检查时，发现属于易燃、易爆危险存货，应立即采取措施，存放到安全场所，予以隔离。如发现安全设施损坏或失效，应及时报告仓库主管人员处理。

6.29 存货报废工作管理流程

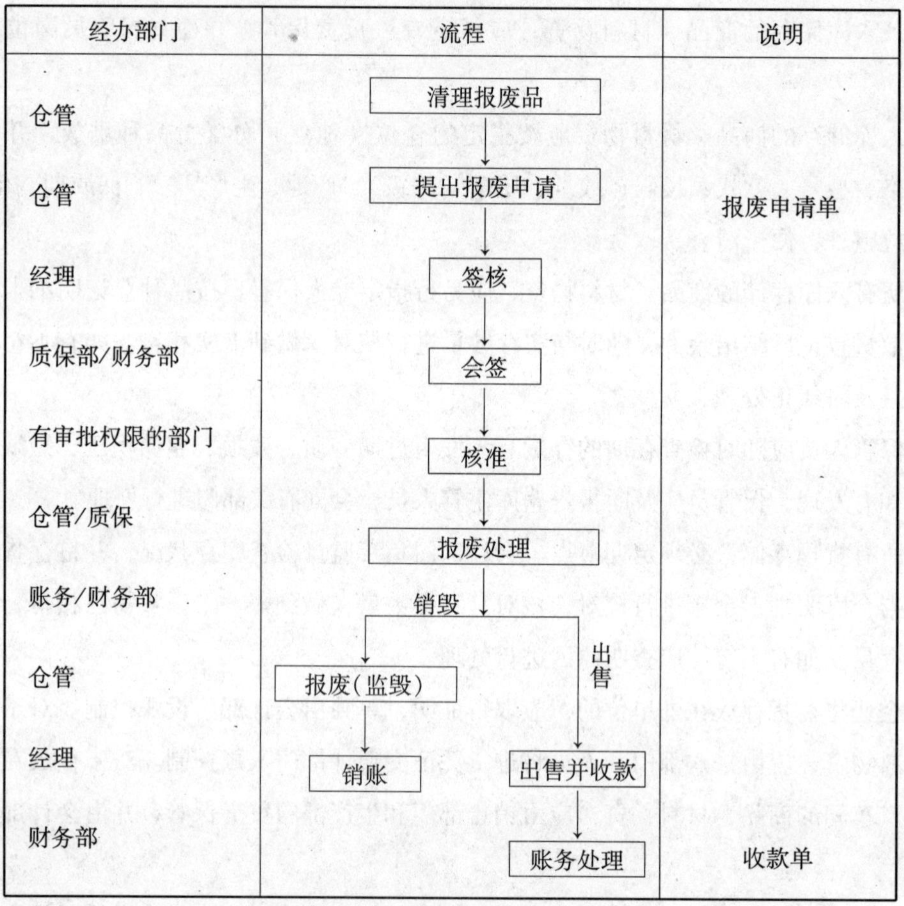

图6-6 盘点作业流程图

每月盘点后，对于需报废的产品，由仓管及时上报报废申请单，说明产品报废原因及数量，交经理审核，质保部、财务部会签，最后逐级核准。

报废申请单核准后，交财务部及时进行账务处理，并会同财务部共同销账，以确保双方库存数量的一致性。同时，仓管应对报废品及时进行处理，报废必须拍照，相关人员监毁。

报废品如能销售，由仓管负责填写收款单，经营销经理核准，销售款交出纳签收，做相应账务处理，同时收款单及时交财务部。

6.30 存货报废申请单

表6－12　　　　　　　　　　　**存货报废申请单**

填表日期：　　年　月　日

<table>
<tr><td>申请单位</td><td colspan="3"></td><td>明细表页数</td><td></td></tr>
<tr><td>申报数量合计</td><td></td><td>报废数量合计</td><td></td><td>过保质期存货数量合计</td><td></td></tr>
<tr><td>报废原因</td><td colspan="5"></td></tr>
<tr><td rowspan="3">相关部门会签</td><td colspan="5">分检标准
质检部门：</td></tr>
<tr><td colspan="5">财务部门：</td></tr>
<tr><td colspan="5">营销部门：</td></tr>
<tr><td>核准</td><td></td><td>审核</td><td></td><td>申报</td><td></td></tr>
</table>

填表说明：此表一式两份，库管、财务各执一份。

6.31 存货管理报告制度

存货储存管理报告是沟通存货购、销、存状况及存货结构信息，控制存货变动的一种方式，也是存货储存内部控制制度的组成部分。

1. 仓库管理报告

仓库管理报告有各类存货主要品种的收、发、存日报、旬报、月报，存货超储、呆滞积压和脱供报告，过保质期存货和存货质量变化报告，存货损耗和短缺损失报告，仓储人员重大责任事故报告，存货安全状况报告，仓储人员工作情况报告等。此类报告由保管员和仓库主管人员编写，由保管员编写的须经仓库主管人员签证后上报。

2. 存货会计报告

会计的存货管理报告有存货结构变动情况报告，霉烂、变质、残损、不适销、不适用等的不良存货处理报告，计提存货跌价准备报告，盘盈盘亏处理报告，存货总金额和各类存货金额的实存额报告，不实存货报告等。此类报告由会计部门会计人员编写，经会计主管人员签证后上报。

3. 存货统计报告

存货统计报告有大类和主要品种的存货采购量统计报告，存货大类和主要品种存量、销售量和价格变动情况报告等。此类报告由统计人员负责编报。

存货储存管理报告制度的要点是：

（1）规定报告种类和编报内容、日期。

（2）规定各类报告的编报人员和传递程序，各类存货储存报告内容必须真实、正确，责任必须写明。

（3）报告的编写人必须对报告的内容负责，并提出合理化建议。

上述要点用条文形式予以确定下来，就可形成存货储存管理报告制度。

6.32 存货月报表

表 6－13　　存货月报表

类别________

存货名称	期初存货		本期进货		本期出库		本期结存	
	数量	金额	数量	金额	数量	金额	数量	金额

续表

存货名称	期初存货		本期进货		本期出库		本期结存	
	数量	金额	数量	金额	数量	金额	数量	金额
合计								

审核　　　　　　　　　　　　　　　　　　　　　　　　　　填表

存货月报表是存货管理报告表的一种，主要用于对各个月份企业存货的期初余额、本期购进、本期发出、本期结存等情况进行概括记录与报告，以帮助企业管理层对存货管理作出评价与决策。

第7章　长期资产会计管理制度与表格设计

7.1 固定资产会计管理目标

固定资产业务主要由固定资产管理部门负责，同时还涉及固定资产使用及会计等部门。根据固定资产业务的特点以及经营管理对固定资产业务的要求，固定资产业务控制应保证达到以下一些目标：

1. 保证固定资产业务会计核算资料准确可靠

企业应严格按照固定资产有关管理规定进行核算，准确计算固定资产取得、报废的成本及相应的折旧，保证固定资产会计核算资料准确可靠。

2. 保证固定资产实物的安全

应安排专门部门与人员使用、保管固定资产，同时，由使用和保管固定资产人员以外的人定期根据账面记录和其他有关记录来盘查核对，保证固定资产账实相符。

3. 保证固定资产取得合理

固定资产的特殊性质要求企业在取得固定资产之前，应充分考虑企业生产经营的长远规划、所需要固定资产的技术先进性、资本支出对企业经营资产的影响、资本支出后企业增长的利润率等因素，保证取得的固定资产在使用期限内得到有效的利用。

4. 保证固定资产计价正确

应做到使固定资产账面反映的金额符合取得这些资产和正式投入使用前所支付的一切必要和合理的支出，合理区分资本支出和收益支出，保证固定资产计价正确。

5. 保证固定资产折旧计算准确。

为防止固定资产折旧的确定受到人为因素的影响，应选择合理的折旧方法，防止用折旧等来调整各期的费用。

7.2 固定资产会计管理制度

为保证固定资产业务控制目标的实现，固定资产业务应设立以下一些控制制度：

1. 职务分离控制

固定资产业务需要加以分离的不相容职务主要有：

（1）资产使用者与资产采购、企业内部建筑或建设部门人员的职务相分离。

（2）资产请购或建造审批与请购或建造提出人员的职务相分离。

（3）资本预算的复核审批与资本预算编制人员的职务相分离。

（4）固定资产验收与采购或承建、款项支付人员的职务相分离。

（5）资产使用或保管与资产记录人员的职务相分离。

（6）资产盘查应保证由使用、保管固定资产及进行账务记录人员之外的人来进行。

（7）资产报废审批与资产报废通知单编制人员的职务相分离等。

2. 固定资产取得控制

从外部采购的设备，除了应该按照前述订货控制和验收控制的方法与程序进行外，还需要由工程等方面的人员参与，以保证对采购的设备作出正确的检验。对于自制或自建的设备，由项目审批人签发工作通知单，生产或建造部门按照工作通知单进行制造或施工。

3. 固定资产记录控制

固定资产应分类设置各种账户，分别记录，每类资产账户应附有单独的卡片或表单，记录每项资产的简要说明、存放地点、购入或建造的日期、相应的凭单或工作单号码、资产的价值、规定的计量单位、折旧、损耗或摊销的方法等。

4. 固定资产维修保养控制

对于维修、保养发生的费用应当全部列入当期，或者分期列入各期的成本费用中，不得予以资本化。同时，应防止必须资本化的费用作为维修、保养费用来列支。此外，会计部门应逐月编制维修、保养费用表，以便分析维修、保养费用各个期间是否存在重大的波动情况，加强对固定资产维修、保养费用的控制。

5. 固定资产折旧控制

企业应事先制订一种符合公认会计原则的折旧处理会计办法，对适用于各类资产折旧方法及各类资产的平均残值等事先用文字形式加以规定，防止同类资产采用多种折旧方法而导致账务处理的复杂化。同时，也可以使折旧业务会计处理前后期间保持一致。折旧办法一经选定，不得随意变更。遇有特定情况确需改变时，应在年度终止前提出变更申请报告加以说明，并报主管部门审批同意。同时，还应在会计报表上说明变更方法的理由。

6. 固定资产盘查控制

固定资产同存货比较，遗失或被盗的可能性较小，但由于固定资产存续期间较长，使得其物质实体同账面记录不一致，或者物质实体已处于不正常使用的状态，或者被遗忘的可能性较大。因此，企业应组织有关人员定期盘查固定资产的实存情况。发现问题及时查明原因，经过有关的批准程序后予以处理。

7. 固定资产报废控制

固定资产的报废应当经过相应的批准手续。会计部门收到经过批准的报废工作通知单后，应审查报废工作通知单是否经过执行部门主管的签字认可，并及时注销设备的账面记录。

7.3 固定资产分级分口管理方法

为了提高固定资产的使用效率，保护固定资产的安全完整，必须做好固定资产的日常管理工作。

企业固定资产种类复杂，数量较大，固定资产的使用涉及到企业各部门、各单位的广大职工，为此，应建立各职能部门、各级单位在固定资产管理方面的责任制，实行固定资产的分级分口管理。

实行固定资产的分级分口管理，就是在企业财务部门的统一协调下，按固定资产的类别，由厂部各职能部门负责归口管理，按各类固定资产的使用地点，由各级使用单位负责具体管理，并进一步落实到班组和个人。

固定资产实行归口管理的一般做法是：全厂的生产设备归生产部门管理，动力设备由动力部门管理，运输工具由运输部门管理，房屋、家具用具归总务部门管理，各种科研开发设备由技术部门管理。各归口管理的部门要对所分管的固定资产负责，保证固定资产的安全完整。

固定资产分级管理的一般做法是：按照固定资产的使用地点，将各类固定资产分别交由企业内部各级单位管理，有些资产的管理责任还要具体落实到个人。这样，便可做到层层负责，物物有人管，使固定资产的安全保管和有效利用得到可靠保证。

7.4 固定资产管理办法

总　则

第一条　为加强固定资产管理，保证固定资产的完整性，提高固定资产利用率，根据《企业财务通则》和《施工房地产开发企业财务制度》的规定，结合××集团实际情况，特制定《固定资产管理办法》(以下简称“办法”)。

第二条　“办法”适用范围：××集团所属建筑安装企业和房地产开发企业。其他企业依照本“办法”制定实施细则。

第三条　固定资产是企业重要的财产物资，是企业从事生产经营不可缺少的物质资料，企业对于固定资产安全、完整必须负完全责任。企业需要对固定资产增加、保管、使用、调查、清理以及变动情况与占用情况进行正确、及时的核算和监督，借以管好、用好固定资产，挖掘潜力，不断提高使用效能。

固定资产管理的主要任务是：

（1）认真贯彻执行固定资产的政策规定，建立健全固定资产保管、使用、核算岗位责任制，制定固定资产管理细则。

（2）准确、及时反映企业固定资产增减、变动、保管、使用等情况，及时向企业决策者提供决策信息资料。

（3）正确计算固定资产折旧，准确反映固定资产在企业生产经营过程中的价值转移状况。

（4）正确预提固定资产大修理费用，保证固定资产大修理费用和企业生产经营费用的均衡。

（5）编制固定资产投资计划，进行固定资产投资可行性研究分析，保证固定资产投资的效益实现。

（6）正确考核、分析固定资产的利用情况，提高固定资产的完好率和利用率，发挥固定资产的使用价值。

（7）定期对固定资产进行清理、盘点、检验，防止固定资产损失、流失，保证固定资产安全完整。

固定资产确认标准

第四条 为确定企业固定资产与流动资产的界限，加强企业财产管理，特规定固定资产确认应具备以下条件：

（1）使用期限在一年以上的非货币性资产，包括：房屋及建筑物、机器、机械、运输设备以及其他与生产经营有关的设备、器具、工具等。

第五条 不具备“第四条”条件规定的，为低值易耗品。

固定资产分类和计价

第六条 为便于对固定资产的核算和管理，固定资产按其经济用途和使用情况分为以下 6 类：

1. 生产用固定资产。指施工生产单位和为生产服务的行政管理部门使用的各种固定资产，包括：

（1）房屋。指施工生产单位和行政管理部门使用的房屋，如厂房、办公楼、工人休息室等。与房屋不可分割的各种附属设备，如水、暖、卫、通风、电梯等设备，其价值均应包括在房屋价值之内；

（2）建筑物。指除房屋以外的其他建筑物。如水塔、蓄水池、储油罐、企业的道路、围墙、停车场、铁路等；

（3）施工机械。指施工用的各种机械；

（4）运输设备。指运载货物的各种运输工具；

（5）生产设备。指加工、维修用的各种机器设备；

（6）仪器及试验设备。指对材料、工艺、产品进行研究试验用的各类仪器设备；

（7）其他生产用的固定资产。指不属于以上各类生产用固定资产，如消防用具、办公用具以及行政管理用的汽车、电话总机等。

2. 非生产用固定资产。指非生产单位使用的各种固定资产，如职工宿舍、招待所、医院学校、幼儿园、托儿所、俱乐部、食堂、浴室等单位使用的房屋、设备、器具等。

3. 出租固定资产。指出租给外单位使用的多余、闲置的固定资产。

4. 未使用固定资产。指尚未使用的新增固定资产，调入待安装的固定资产，进行改建、扩建的固定资产以及长期停止使用的固定资产。

5. 不需用固定资产。指本企业目前和今后都不需要，准备处理的固定资产。

6. 融资租赁固定资产。指企业以融资租赁方式租入的固定资产。

第七条 固定资产的计价。固定资产的计价是以货币为计量单位，计算固定资产价值。固定资产计价方法如下：

（1）购入的固定资产，按照实际支付的买价加上支付的运杂费、包装费、保险费、安装成本和缴纳的税金等计价。

（2）自行建造的固定资产，按照建造过程中实际发生的全部支出计价。包括材料费、人工费、机械使用费、其他建造费用和缴纳的耕地占用税。

（3）投资者投入的固定资产，按照评估确认价值（指投入的国有资产）或者合同、协议约定的价值（指投入的非国有资产）计价。

（4）融资租入的固定资产，按照租赁协议或者合同确定的价款，加运输费、保险费、安装调试费等计价。

（5）接受捐赠的固定资产，按照发票账单所列金额加上企业负担的运输费、保险费、安装调试费等计价。无发票账单的，按同类设备的市价计价。

（6）在原有固定资产的基础上进行改建、扩建的固定资产，按照固定资产原价，加上改扩建发生的支出，减去改扩建过程中发生的固定资产变价收入后的余额计价。

（7）盘盈的固定资产，按照同类固定资产的重置完全价值计价。

第八条 为取得固定资产而发生的借款利息支出和有关费用，以及外币借款的折合差额，在固定资产尚未交付使用或已投入使用，但尚未办理竣工决算前发生的，应计入固定资产价值。在此以后发生的应当计入当期损益。

第九条 已投入使用尚未办理移交手续的固定资产，可先按估计价值计价，待确定实际价值后，再进行调整。

第十条 固定资产的价值变动，具有下列情况之一者，可以调整固定资产的原始价值：

（1）根据国家规定对固定资产价值重新估价。

（2）增加补充设备或改良装置。

（3）拆除部分固定资产。

（4）根据实际价值调整原来的暂估价值。

（5）发现固定资产原始价值有错误时，应对固定资产账面原始价值进行调整。

固定资产折旧与修理

第十一条 固定资产折旧是把固定资产成本扣除净残值，按照一定规律，在估计的使用年限内进行分摊的过程。固定资产折旧实行分类折旧率。

第十二条 固定资产分类折旧率，按照集团总公司现行规定执行。采用加速折旧方法的，应当执行集团总公司规定的折旧年限。

第十三条 按照固定资产取得渠道和使用情况，除下列固定资产外，其他应按规定的使用年限或折旧率计提固定资产折旧。

（1）按规定单独估价作为固定资产入账的土地。

（2）以经营租赁方式租入的固定资产。

（3）已提足折旧，仍继续使用的固定资产。

（4）按照规定提取维修费的固定资产。

（5）破产、关停企业的固定资产。

第十四条 固定资产增减折旧的处置。月份内开始使用的固定资产，当月不提折旧，从下月起计提折旧；月份内减少或停用的固定资产，当月仍计提折旧，从下月起停止计提折旧。

第十五条 提前报废的固定资产，其净损失计入营业外支出，不得补提折旧。

第十六条 固定资产折旧按月计提，按照规定的折旧额计入当期成本、费用，不得冲减资本金。

第十七条 固定资产修理分为大修理和经常修理两类，固定资产大修理是指：固定资产局部更新。其特点：修理范围大、项目多、时间间隔长、修理费用数额较大。固定资产经常修理是指：固定资产局部检修、个别零件更换、排除故障和清洗等，修理费用数额较小。

第十八条 固定资产经常修理发生的费用，直接计入当期成本、费用；固定资产大修理所需费用，采用预提方法，按照固定资产折旧额预提大修理费，其中：属于运输设备的按其折旧额的100%预提，其他固定资产按其折旧额的50%预提，计入当期成本、费用。固定资产大修理预提费用年末有余额的应还原当年成本、费用。

第十九条 固定资产预提大修理费用，按月预提计入当期成本、费用。

第二十条 固定资产的增加按照“第七条”的固定资产计价方法，根据固定资产取得渠道，增加固定资产价值。

第二十一条 购建完成增加的固定资产，须经单位财务部门、归口管理部门和使用单位共同验收，由归口管理部门填写《新建、购置、自制固定资产验收记录》，按“平均年限法”计提折旧。采用加速折旧方法的，需经财政部门批准。

固定资产增加与有偿转让

第二十二条 固定资产的增加按照“第七条”的固定资产计价原则，根据固定资产取得渠道，确定增加固定资产价值。

第二十二条 购建完成增加的固定资产，须经单位财务部门、归口管理部门和使用单位共同验收，由归口管理部门填写《新建、购置、自制固定资产验收记录》，并附技术资料、图纸、竣工决算资料等。自行建造的固定资产除上述规定附有的文件资料外，须由施工单位编制固定资产移交清册。

第二十四条 集团内部所属单位固定资产转让，实行有偿转让。固定资产在集团内部企业之间，属于核心层企业与紧密层企业之间转出或转入的，固定资产单位价值在5万元以上的，由核心层企业报集团总公司归口管理部门批准；属于紧密层企业与紧密层企业之间转出或转入的固定资产单位价值在100万元以上的，由转入方报集团总公司归口管理部门批准。

第二十五条 企业之间的固定资产转让，不实行无偿转让。企业成建制划转的固定资产，另行规定。

固定资产的投资管理

第二十六条 固定资产投资实行计划管理，各单位在充分发挥和挖掘现有固定资产效能基础上，确定固定资产可行性投资计划。

第二十七条 企业编制固定资产投资计划，先由固定资产归口管理部门提出计划草案，由财务部门汇总，经企业研究确定后，上报集团总公司归口管理部门审批。

第二十八条 企业编制固定资产投资计划额的原则是：

（1）企业编制固定资产计划投资额，按照企业当年固定资产原值的12%以下，确定下年度固定资产计划投资额。

（2）新建企业，根据企业生产经营的实际需要，确定固定资产投资计划。

（3）用住房基金建造职工宿舍的投资计划另行编制。

第二十九条 企业生产性基本建设投资额在500万元以上的，须报集团总公司审批；企业非生产性基本建设投资额在10万元以上的，须报集团总公司审批。

第三十条 紧密层企业购置生产设备、机器机械、运输设备等固定资产，单位价值在100万元以上的，须报集团总公司审批；核心层企业购置生产设备、机器机械、运输设备等固定资产，单位价值在5万元以上的，须经集团总公司批准。

第三十一条 企业购置属于国家专项控制商品的固定资产（含摩托车），由购置单位向财务部门提出申请，财务部门填写《专项商品申请单》（购置摩托车的须向市控办提交正式书面申请），上报集团总公司审查同意后，报市控办审批，购买单位收到市控办的批准证明后，方可购买。

第三十二条 固定资产投资可行性分析。企业进行固定资产投资，必须进行固定资产管理的职责分工可行性分析。可行性分析的目的在于论证投资项目的生产技术可行性和经济的效益性，减少投资决策失误的风险性，保证投资效益目标的实现。可行性分析的基本内容是：

（1）进入市场对所投资项目或购置设备进行调查，预测投资项目或购置设备的未来发展潜力。

（2）选择先进的生产工艺，按现代化生产流程方案选择设备。

（3）按照工程进度，提出工程建设进度表，计算划分年度投资概算。

（4）进行经济评价和投资效果分析，估算生产成本和经营收入，预测资金需要量和盈利水平，计算投资方案的经济效果。

第三十三条 固定资产的管理应在企业经理（厂长）的统一领导下，实行分级归口管理与群众管理相结合的办法。按照固定资产分类，归口到有关部门，负责管、用、养、修。归口管理部门按照系统对口，落实到项目经理部或分公司、承包队、个人等，同岗位责任制结合起来。

第三十四条 固定资产归口管理分工原则：

（1）设备管理部门负责施工机械、运输设备、生产设备及锅炉的管理。

（2）行政管理部门负责房屋和建筑物、办公管理用具、炊事用具、空调设备、农副机具等的管理。

（3）技术管理部门负责试验、计量、测量、计算机、绘图机、晒图机、除尘设备及仪器仪表等的管理。

（4）卫生管理部门负责医疗器械等设备的管理。

（5）保卫部门负责消防器材的管理。

（6）经理办公室负责声像设备、照相器材及传真机、复印打字机等的管理。

（7）工会负责文体用品的管理。

（8）材料管理部门负责属于固定资产管理范围的施工器材的管理。

第三十五条 固定资产归口管理部门的职责：

（1）编制固定资产投资计划，对投资项目和设备购置的工艺、技术性能等进行可行性研究分析；参加固定资产的清查，办理固定资产报废清理，对固定资产的盘盈、盘亏、毁损、报废提出意见；制定固定资产的优化配置计划，充分发挥固定资产的使用效益。

（2）根据固定资产的配备情况，归口管理部门设置专职或兼职固定资产管理人员。负责固定资产管理的工作人员要保持相对稳定，建立正常的工作制度，加强业务建设。

（3）固定资产归口管理部门应使用财会部门统一制定的“固定资产卡片”，详细填列固定资产资料，按固定资产类别和使用单位顺序排列，编码保管，并与财务部门的固定资产账簿和使用单位固定资产台账定期进行核对，使三者保持一致。

（4）制定固定资产的管、用、养、修制度，经常检查固定资产的分布情况和固定资产的完好情况，及时掌握固定资产动态信息。

第三十六条 固定资产使用单位的职责：

（1）固定资产使用单位，应指定专人负责管理，做到账物卡相符。

（2）对使用中的固定资产应执行有关部门制定的维修保养制度和有关操作规程，建立健全管理岗位责任制。实行专人管理、专人使用、专人保养，定人、定机、定岗的“三专”和“三定”制度，妥善保管和使用固定资产。

（3）随时掌握使用中的固定资产动态，及时提供固定资产使用情况，经常与固定资产归口管理部门联系，不得擅自转移固定资产。

（4）建立固定资产技术档案、台账，做到统计资料和原始记录齐全，按时、准确地填报各种统计报表和分析资料。

第三十七条 财务部门的职责：

（1）配合固定资产归口管理部门，做好固定资产管理的各项基础工作。

（2）填制统一的固定资产卡片一式三份，一份交归口管理部门，一份交使用单位，一份留作设置账簿的依据。

（3）协助固定资产归口管理部门，编制固定资产投资计划，并进行综合平衡，落实投资资金。

（4）配合固定资产归口管理部门，做好固定资产的增加、调拨和清理报废工作，在企业经理（厂长）的统一领导下，参与固定资产清查盘点工作。

（5）组织固定资产的财务核算工作。

固定资产的清查

第三十八条 企业必须对固定资产进行清查，固定资产清查时间一般应在每年的12月份进行，通过固定资产清查，核对固定资产账面与实存数是否相符，查明账实不符的原因。

第三十九条 在固定资产清查过程中，应组织财务人员和固定资产归口管理部门的有关人员，深入现场逐项清查，做好盘点的原始记录，对于盘盈、盘亏、报废，由企业有关人员签署意见，报集团总公司财务部门和归口管理部门审批后，按规定处理。

第四十条 企业固定资产清查出现的盘盈、盘亏、毁损、报废，属于生产经营期间发生的，按下列规定处理：

（1）盘盈的固定资产，按同类固定资产重置完全价值，减去估计累计折旧后的净值，计入营业外收入。

（2）盘亏、毁损、报废的固定资产，按其原值，减去累计折旧、过失人赔偿、保险公司赔偿和残值后的净值，计入营业外支出。

第四十一条 企业在筹建期间发生的固定资产盘盈、盘亏、毁损、报废的净损益，以及非常原因造成的固定资产净损失，计入开办费，按规定进行摊销。

第四十二条 本办法以总公司（××）××财字第××号文件下发。

表 7－1 **固定资产增加单表**

管理部门：________ 财务编号：________

使用部门：________

年 月 日 会计科目：________

中文名称		取得日期		资产成本记录		
外文名称		数量		设备内台	数量	取得成本
规格型号		取得金额				
厂牌		耐用年限				
存放地点		月折旧额				
附属设备						
备注						

会计		管理部门		厂（处）长		科长		经办	

本表一式三联：①管理部门 ②会计部门 ③使用部门

填单注意事项：

①以费用支出的固定资产其会计科目除一级科目外，应加填二级科目。

②附属设备栏：应详细逐件填列（如马达、仪表等）。

③资产成本记录簿：填写成本科目（如内购、外购、关税、运杂费、基础工程等项）。

7.5 固定资产登记卡

表 7－2 **固定资产登记卡**

总账科目：____________ 本卡编号：____________

明细科目：____________ 财产编号：____________

中文名称		抵押权设定、解除及保险记录	抵押物				
英文名称			设定日期				
规格型号			解除日期				
厂牌号码			险 别				
购置日期			承保公司				
购置金额			保单号码				
存放地点			投保日期				
耐用年限			费 率				
附属设备			保 险 费				
			备 注				

移 动 情 形											
年	月	日	使用部门	用途	保管员	年	月	日	使用部门	用途	保管员

固定资产是指使用期限较长，单位价值较高，并且在使用过程中保持原有实物形态的资产。固定资产登记卡是为了管理者使用方便，对每一台固定资产的自然情况、使用情况等进行登记所设立的管理卡。

7.6 固定资产判断标准与分类方法

固定资产是指使用期限较长，单位价值较高，并且在使用过程中保持原有实物形态的资产。

企业使用期限超过一年的房屋、建筑物、机器、机械、运输工具以及其他与生产、经营有关的设备、器具、工具等资产均应作为固定资产；

企业的固定资产种类繁多，规格不一，为加强管理，便于组织会计核算，有必要对其进行科学、合理的分类。根据不同的管理需要和不同的分类标准，可以对固定资产进行不同的分类。

现行制度对固定资产是按其经济用途和使用情况进行综合分类的。采用这一分类方法，可把企业的固定资产分为以下6大类：

（1）生产经营用固定资产。

（2）非生产经营用固定资产。

（3）租出固定资产。指在经营性租赁方式下出租给外单位使用的固定资产。

（4）不需用固定资产。

（5）未使用固定资产。

（6）融资租入固定资产。指企业以融资租赁方式租入的固定资产，在租赁期内，应视同自有固定资产进行管理。

由于企业的经营性质不同，经营规模各异，对固定资产的分类不可能完全一致，企业可以根据各自的具体情况和经营管理、会计核算的需要进行必要的分类。

7.7 固定资产目录

表7-3 固定资产目录

设备名称	编号	放置地点	单位	取得时间			价格		耐用年限	本期折旧	累计折旧
				年	月	日	取得	改良增值			

续表

设备名称	编号	放置地点	单位	取得时间			价格		耐用年限	本期折旧	累计折旧
				年	月	日	取得	改良增值			

主管会计　　　　　　　　　　　　　　　　　　　　　　　　　　　　　　制表

该表是一份反映企业独立拥有的所支配的资产状况的原始记录。该表登记了企业各种资产的名称、数量、价格、折旧情况等因素，有利于企业管理者了解设备配置，以便及时淘汰旧设备，使用新设备。

7.8 固定资产购置会计管理流程

为保证固定资产购置业务控制目标的实现，固定资产购置业务处理流程中应设置以下一些控制点，并采取相应的控制措施，其业务流程如下图所示：

审批→签约→验收→承付→移交→审核→稽核→记账→对账

图 7－1　固定资产购置业务流程

1. 审批

企业主管人员检查固定资产购置计划是否符合国家有关规定，资金来源渠道是否合理、有无保障，计划购置的固定资产是否能够满足生产发展的需要；企业主管人员也可以通过授权固定资产购置经办人及规定购置权限等进行控制。

2. 签约

采购人员在授权范围内，按照采购通知书的要求与供货单位签订供货合同，明确规定采购固定资产的型号、性能、质量要求、价格、结算方式及到货期限等。

3. 验收

设备管理部门按照供货合同检查到达设备的数量、外观等指标，检查无误后填制验收单；质检部门检查设备质量，并签转验收单。

4. 承付

设备管理部门核对托收承付单与验收单、质检报告等票据，确认无误后签署承付意见书。会计部门核对承付意见书、验收单及质检报告，确认手续完备后承付货款，同时注销固定资产购置托收承付事项。

5. 移交

设备验收合格后，设备管理部门将购入的固定资产移交使用部门投入使用。同时，设备管理部门开具固定资产转置凭证，详细填明交接固定资产的名称、规格、技术特征、价值、附属物以及预计使用年限等资料，由设备管理部门与使用部门在转置凭证上签章，在企业内部办理交接手续。对需要进行安装调试的固定资产，由使用部门对安装完毕的固定资产进行检查。

6. 审核

会计部门主管人员根据固定资产购置计划、验收单等文件，对由供应部门填制的付款通知书进行审查。主要检查该项购置业务是否属于计划范围之内、是否得到适当的授权或批准，手续是否完备、资金来源渠道是否合法、支付价款是否合理，审核无误后通知出纳付款。

7. 稽核

记账前，稽核人员审核托收承付单位及所附票据、验收单、质检报告及交接凭证基本内容的完整性，处理手续的完备性，经济内容的合规合法性；审核记账凭证基本内容的完整性，处理手续的完备性，所反映固定资产购置业务内容和金额与托收凭证及所附票据记载内容的一致性，并签字盖章以示稽核。

8. 记账

对于固定资产购置，主管会计根据托收承付单及所附票据、验收单、质检报告和交接凭证，登记固定资产明细账，登记完毕，核对固定资产明细账发生额与托收承付单或付款凭证的合计金额，并签字盖章以示登记；固定资产总账会计根据付款凭证登记固定资产总账，登记完毕，核对其发生额与付款凭证的合计金额，并签字盖章以示登记。

9. 对账

在稽核人员监督下，固定资产主管会计与设备管理部门定期核对固定资产明细账结存数与固定资产保管账、卡及固定资产实存数量，并相互取得对方签证以示核对；固定资产主管会计与固定资产使用部门定期核对固定资产明细账结存数与固定资产保管账、卡及固定资产实存数量，并相互取得对方签证以示核对；固定资产主管会计与固定资产总账会计定期核对固定资产明细账与固定资产总账发生额与余额，并相互取得对方签证以示核对。

7.9 固定资产计价基础

固定资产的计价主要有以下三种方法：

1. 按历史成本计价

历史成本亦称原始购置成本或原始价值，是指企业购建某项固定资产达到可使用状态前所发生的一切合理、必要的支出。企业新购建固定资产的计价、确定计提折旧的依据等均采用这种计价方法。其主要优点是具有客观性和可验证性，也就是说，按这种计价方法确定的价值，均是实际发生并有真实凭据的支出。正是由于这种计价方法具有客观性和可验证性的特点，它成为固定资产的基本计价标准，在我国会计实务中，固定资产的计价均采用历史成本。

2. 按重置完全价值计价

重置完全价值也称为现时重置成本，它是指在当时的生产技术条件下，重新购建同样的固定资产所需要的全部支出。按现时重置成本计价，虽然可以比较真实地反映固定资产的现时价值，但也带来了一系列的其他问题，会计实务操作也比较复杂，因此，这种方法仅在确定清查财产中盘盈固定资产的价值时使用，或在对报表进行补充、附注说明时采用。对于投资者投入的固定资产、企业接受捐赠的固定资产也采用重置完全价值计价。

3. 按净值计价

固定资产净值也称为折余价值，是指固定资产原始价值或重置完全价值减去已提折旧后的净额。它可以反映企业实际占用在固定资产上的资金数额和固定资产的新旧程度。这种计价方法主要用于计算盘盈、盘亏、毁损固定资产的溢余或损失等。

7.10 固定资产扩充（报废）计划表

表 7－4　　固定资产扩充（报废）计划表

增减项目	理由	估计金额及支付月份	审核意见

在每一个会计年度中，企业应对固定资产的扩充或报废制定计划，填写固定资产扩充（报废）计划表。该表中应填写需要增加或减少的固定资产、增减的理由以及由此所带来的金额的增减数。

7.11 固定资产使用会计管理流程

为保证固定资产使用业务控制目标的实现，固定资产使用业务处理流程中应设置以下一些控制点，并采取相应的控制措施，其业务流程如下：

核对→保管→审核→稽核→清查→批准→调整

图7-2　固定资产使用业务流程

1. 核对

会计部门会同设备管理部门定期核对固定资产明细账的结存数与固定资产保管账、卡及固定资产实存数量；核对固定资产明细账与固定资产总账的发生额与余额，并签字盖章以示核对。

2. 保管

固定资产使用部门落实固定资产管理使用责任，实行设备定号、保管定人及管理定户，加强对固定资产的保管。

3. 审核

编制记账凭证前，固定资产主管会计审核原始凭证基本内容的完整性，审核处理手续的完备性和经济内容的合法性，计算内容的正确性，并签字盖章以示审核。

4. 稽核

记账前，稽核人员审核固定资产折旧计算表、固定资产盘盈盘亏处理单等原始凭证基本内容的完整性，审核处理手续的完备性和经济内容的合法性。

5. 清查

会计部门会同设备管理部门定期清查盘点固定资产，核对盘点结果与固定资产账、卡是否相符，并填制固定资产盘点表。

6. 批准

企业主管负责人员审核设备管理部门提出的固定资产盘盈盘亏处理意见，批准已发生的固定资产盘盈盘亏处理业务，并签字盖章以示审批。

7. 调整

会计部门根据批准后的盘盈盘亏业务处理单，调整固定资产明细账与固定资产总账。

7.12　固定资产退出会计管理流程

为保证固定资产退出业务控制目标的实现，固定资产退出业务处理流程中应设置以下一些控制点，并采取相应的控制措施，其业务流程如下：

鉴定→审批→审核→注销

图7-3　固定资产退出业务流程

1. 鉴定

对不再使用的固定资产，由设备使用部门填制固定资产报废通知单，设备管理部门组织有关部门和人员对使用部门申请退出的固定资产进行经济技术鉴定，确定固定资产退出的理由是否充分。

2. 审批

固定资产报废通知单应由不同级别的管理人员审批。金额较大的固定资产，比如主要生产线、建筑物等需要经过企业负责人批准；金额较低的固定资产相应经过部门经理或其他被授权人批准。

3. 审核

会计部门收到执行完毕的报废通知单后，具体审查报废通知单批准手续是否齐全、批准权限是否适当、批准文件是否连续编号、退出凭证有关内容与已经批准的退出呈批单是否一致，有无擅自调出、变卖、出售固定资产等情况。核查无误后，据此编制记账凭证。

4. 注销

会计部门根据经过审核后编制的记账凭证，及时注销有关固定资产明细记录和分类记录；设备管理部门同时注销固定资产明细记录。

7.13 固定资产让售比价单

表 7－5　　　　　　固定资产让售比价单

管理部门：________

<table>
<tr><td rowspan="3">名称</td><td colspan="2"></td><td rowspan="3">厂牌规格</td><td colspan="2"></td><td>使用部门</td><td></td></tr>
<tr><td colspan="2"></td><td colspan="2"></td><td>附属设备</td><td></td></tr>
<tr><td colspan="2"></td><td colspan="2"></td><td>购置日期</td><td></td></tr>
<tr><td rowspan="2">单位</td><td colspan="2"></td><td rowspan="2">数量</td><td colspan="2"></td><td>耐用年限</td><td></td></tr>
<tr><td colspan="2"></td><td colspan="2"></td><td>已使用年限</td><td></td></tr>
<tr><td rowspan="4">比价记录</td><td rowspan="2">厂商单位</td><td></td><td colspan="2"></td><td></td><td>原　价</td><td></td></tr>
<tr><td></td><td colspan="2"></td><td></td><td>已提折旧</td><td></td></tr>
<tr><td rowspan="2">总价</td><td></td><td colspan="2"></td><td></td><td>净值</td><td></td></tr>
<tr><td></td><td colspan="2"></td><td></td><td>备注</td><td></td></tr>
<tr><td>总经理</td><td colspan="2"></td><td>经理</td><td></td><td>管理部门</td><td></td><td>经办人</td></tr>
</table>

本单一式三联：(1) 管理部门　(2) 会计　(3) 使用部门

企业因调整经营方针或因考虑技术进步等因素，可以将不需要用的固定资产出售给其他企业。为了反映固定资产的出售情况，企业设置了固定资产让售比价单，比价单上载明该固定资产的名称、使用年限、原价、已提折旧等等。

7.14 固定资产减损单

表7－6　　　　　　　　　　　　固定资产减损单

管理部门：＿＿＿＿＿＿＿＿

使用部门：＿＿＿＿＿＿＿＿　　　　　　年　　月　　日

<table>
<tr><td rowspan="2">名称</td><td>中文</td><td colspan="3"></td><td>规格</td><td colspan="4"></td><td colspan="2">耐用年限</td><td></td></tr>
<tr><td>英文</td><td colspan="3"></td><td>厂牌</td><td colspan="4"></td><td colspan="2">已使用年数</td><td></td></tr>
<tr><td>购置日期</td><td colspan="2"></td><td>数量</td><td></td><td>取得价值</td><td></td><td>已提折旧</td><td colspan="2"></td><td colspan="2">账面残值</td><td></td></tr>
<tr><td rowspan="3">减损原因</td><td colspan="9" rowspan="3"></td><td colspan="2">估计废品价值</td><td></td></tr>
<tr><td colspan="2">处理费用</td><td></td></tr>
<tr><td colspan="2">实际损失额</td><td></td></tr>
<tr><td rowspan="3">拟处理办法</td><td colspan="9" rowspan="3"></td><td colspan="2">抵押银行</td><td></td></tr>
<tr><td colspan="2">保险单号码</td><td></td></tr>
<tr><td colspan="2">月折旧额</td><td></td></tr>
<tr><td>总经理</td><td colspan="4"></td><td>经理</td><td colspan="3"></td><td colspan="2">管理部门</td><td colspan="2"></td></tr>
</table>

本单一式三联：(1) 管理部门　(2) 会计　(3) 使用部门

固定资产因使用期满不能继续使用而报废，或因管理不善造成提前报废，或因意外事故造成毁损的，要按规定程序办理报废手续，转入清理。填写固定资产减损单，要详细载明减损的该固定资产的名称、使用年限、账面残值、减损原因等。

7.15 固定资产折旧范围规定

固定资产的折旧，按下列规定处理：

1. 应当提取折旧的固定资产

(1) 房屋、建筑物；

(2) 在用的机器设备、运输车辆、器具、工具；

(3) 季节性停用和大修理停用的机器设备;

(4) 以经营租赁方式租出的固定资产;

(5) 以融资租赁方式租入的固定资产;

(6) 未使用、不需用的固定资产;

(7) 财政部规定的其他应当计提折旧的固定资产。

2. 不得提取折旧的固定资产

(1) 按规定单独估价作为固定资产入账的土地;

(2) 已提足折旧继续使用的固定资产;

(3) 财政部规定的其他不得计提折旧的固定资产。

除以上几种情况外,企业应对所有的固定资产计提折旧。

3. 提取折旧的依据和方法

(1) 企业的固定资产,应当从投入使用月份的次月起计提折旧;停止使用的固定资产,应当从停止使用月份的次月起,停止计提折旧。

(2) 固定资产在计算折旧前,应当估计残值,从固定资产原价中减除,残值比例在原价的5%以内,由企业自行确定;由于情况特殊,需调整残值比例的,应报主管税务机关备案。

(3) 固定资产的折旧方法和折旧年限,按财政部制定的分行业财务制度的规定执行。

7.16 固定资产折旧方法

会计上计算折旧的方法很多,有直线法、工作量法、加速折旧法等。由于固定资产折旧方法的选用直接影响到企业成本、费用的计算,也影响到企业的收入和纳税,从而影响到国家的财政收入,因此,对固定资产折旧方法的选用,应当科学合理。

关于计算折旧的方法,这里重点介绍以下4种:

1. 平均年限法

平均年限法又称直线法,是将固定资产的折旧均衡地分摊到各期的一种方法。采用这种方法计算的每期折旧额均是等额的。计算公式如下:

$$年折旧率 = \frac{1 - 预计净残值率}{预计使用年限} \times 100\%$$

$$月折旧率 = 年折旧率 \div 12$$

$$月折旧额 = 固定资产原价 \times 月折旧率$$

上述年折旧率和月折旧率是按个别固定资产单独计算的,称为个别折旧率,即某项固定资产在一定期间的折旧额与该项固定资产原价的比率。此外,还有分类折旧率。

分类折旧率是指固定资产分类折旧额与该类固定资产原价的比率。采用这种方法,应先把性质、结构和使用年限接近的固定资产归为一类，再按类计算平均折旧率，用该类折旧率对该类固定资产计提折旧。如将房屋建筑物划分为一类，将机械设备划分为一类等。分类折旧率的计算公式如下：

$$\text{某类固定资产年分类折旧率} = \frac{\text{该类固定资产年折旧额之和}}{\text{该类固定资产原价之和}} \times 100\%$$

采用分类折旧率计算固定资产折旧，其优点是计算方法简单，但准确性不如个别折旧率。

2. 工作量法

工作量法是根据实际工作量计提折旧额的一种方法，其基本计算公式为：

$$\text{每一工作量折旧额} = \frac{\text{固定资产原价} \times (1 - \text{残值率})}{\text{预计总工作量}}$$

某项固定资产月折旧额 = 该项固定资产当月工作量 × 每一工作量折旧额

3. 加速折旧法

加速折旧法也称为快速折旧法或递减折旧法，其特点是在固定资产有效使用年限的前期多提折旧，后期则少提折旧，从而相对加快折旧的速度，以使固定资产成本在有效使用年限中加快得到补偿。

加速折旧的计提方法有多种，常用的有以下两种：

（1）双倍余额递减法。

双倍余额递减法是在前几年不考虑固定资产残值最后两年才考虑其残值的情况下，根据每期期初固定资产账面余额和双倍直线折旧法计算固定资产折旧的一种方法。计算公式为：

$$\text{年折旧率} = \frac{2}{\text{预计的折旧年限}} \times 100\%$$

月折旧率 = 年折旧率 ÷ 12

月折旧额 = 固定资产账面净值 × 月折旧率

（2）年数总和法。

年数总和法又称合计年限法，是将固定资产的原值减去净残值后的净额乘以一个按年递减的分数计算每年的折旧额，这个分数的分子代表固定资产尚可使用的年数，分母代表使用年数的逐年数字总和。计算公式如下：

$$\text{年折旧率} = \frac{\text{尚可使用年数}}{\text{预计使用年限的年数总和}} \times 100\%$$

月折旧率 = 年折旧率 ÷ 12

月折旧额 = （固定资产原值 - 预计净残值） × 月折旧率

7.17 固定资产折旧计算表

表 7－7　　固定资产折旧计算表

使用部门	固定资产项目	上月折旧额	上月增加固定资产		上月减少固定资产		本月折旧额	分配费用
			原价	折旧额	原价	折旧额		
A车间	厂房 机器设备 小计							制造费用
B车间	厂房 机器设备 小计							
C车间	厂房 机器设备 小计							
厂部管理部门	房屋建筑 运输工具 小计							管理费用
合计								

企业各月计算提取折旧时，可以在上月计提折旧的基础上，对上月固定资产的增减情况进行调整后计算当月应计提的折旧额。

当月固定资产应计提的折旧额＝上月固定资产计提的折旧额＋上月增加固定资产应计提的折旧额－上月减少固定资产应计提的折旧额。

7.18 固定资产期末减值准备的会计管理

固定资产发生损坏、技术陈旧或其他经济原因，导致其可收回金额低于其账面净值，这种情况称之为固定资产价值减值。

企业的固定资产在使用过程中，由于存在有形损耗（如自然磨损等）和无形损耗（如技术陈旧等）以及其他的经济原因，发生资产价值的减值是必然的。对于已经发生的资产价值的减值如果不予以确认，必将导致虚夸资产的价值，这既不符合真实性的原则，也有悖于稳健性原则。因此，企业应当在期末或者至少在每年年度终了，对固定资产逐项进行检查，如果由于市价持续下跌，或技术陈旧、损坏、长期闲置等原因导致其可收回金额低于账面价值的，应当将可收回金额低于其账面价值的差额作为固定资产减值准备。固定资产减值准备应按单项资产计提。

如果企业的固定资产实质上已经发生了减值，应当计提减值准备。当存在下列情况之一时，应当按照该项固定资产的账面价值全额计提固定资产减值准备：

（1）长期闲置不用，在可预见的未来不会再使用，且已无转让价值的固定资产；

（2）由于技术进步等原因，已不可使用的固定资产；

（3）虽然固定资产尚可使用，但使用后产生大量不合格品的固定资产；

（4）已遭毁损，以至于不再具有使用价值和转让价值的固定资产；

（5）其他实质上已经不能再给企业带来经济利益的固定资产。

已全额计提减值准备的固定资产，不再计提折旧①。

7.19 无形资产会计管理范围

无形资产一般包括专利权、商标权、土地使用权、著作权、特许权、非专利技术和商誉等。

1. 专利权

专利权是指权利人在法定期限内对某一发明创造所拥有的独占权和专有权。专利权的主体是依据专利法被授予专利权的个人或单位，专利权的客体是受专利法保护的专利范围。并不是所有的专利权都能给持有者带来经济利益，有的专利可能没有经济价值或具有很小的经济价值；有的专利会被另外更有经济价值的专利所淘汰等。因此，企业毋需将其所拥有的一切专利权都予以资本化，作为无形资产核算，只有那些能够给企业带来较大经济价值，并且企业为此花费了支出的专利才能作为无形资产核算。

2. 商标权

商标权是指企业专门在某种指定的商品上使用特定的名称、图案、标记的权利。根据我国商标法的规定，经商标局核准注册的商标为注册商标，商标注册人享有商标专用权，受法律保护。商标权的内容包括独占使用权和禁止使用权。商标权的价值在于它能使享有人获得较高的盈利能力。我国商标法规定，商标权的有效期限为 10 年，期满前可继续申请延长注册期。

3. 土地使用权

土地使用权是指国家准许某一企业在一定期间对国有土地享有开发、利用、经营的权利。取得土地使用权有时可能不花费任何代价，如企业所拥有的未入账的土地使用权，这

---

① 固定资产减值损失一经确定，在以后的会计期间不得转回。

时，就不能将其作为无形资产核算。取得土地使用权时花费了支出，则应将其资本化，作为无形资产核算。

4. 著作权

著作权是指著作权人对其著作依法享有的出版、发行等方面的专有权利。著作权可以转让、出售或者赠予。著作权包括发表权、署名权、修改权、保护作品完整权、使用权和获得报酬权等。

5. 特许权

特许权也称为专营权，指在某一地区经营或销售某种特定商品的权利或是一家企业接受另一家企业使用其商标、商号、技术秘密等的权利。前者是由政府机构授权，准许企业使用或在一定地区享有经营某种业务的特权，如水、电、邮电通讯等专营权、烟草专卖权，等等；后者是指企业间依照签订的合同，有限期或无限期使用另一家企业的某些权利，如连锁店的分店等。会计上的特许权主要是指后一种情况。只有支付了费用取得的特许权才能作为无形资产入账。

6. 非专利技术

非专利技术也称专有技术，是指发明人垄断的、不公开的、具有实用价值的先进技术、资料、技能、知识等。非专利技术具有经济性、机密性、动态性等特点。

7. 商誉

商誉是指企业获得超额收益的能力。这种无形价值具体表现在该企业的获利能力超过了一般企业的获利水平。商誉与作为整体的企业有关，因而它不能单独存在，也不能与企业可辨认的各种资产分开出售。商誉可以是自创的，也可以是外购的，但只有外购的才能作为无形资产入账，即只有企业在购买另外一个企业时，才能将商誉作为无形资产进行核算。

7.20 无形资产增加的会计管理

无形资产增加主要有以下几种来源：外部购入、其他单位投入、自行开发形成。外部购入、其他单位投入、自行开发的无形资产，要办理合法的交接手续，并及时入账，这其中最关键的问题是无形资产的计价问题。其中商誉是在长期的生产经营过程中形成的，没有明显的、可以确认的成本支出，一般不单独进行管理，只有在企业合并、改组、变卖时才做为无形资产的增加实施管理。

无形资产应按取得时的实际成本计价，各种来源的无形资产计价原则是：

（1）外部购入的无形资产，按实际支付的价款计价；

（2）投资者投入的无形资产，按评估确认或者合同、协议约定的金额计价；

(3) 自行开发研制的无形资产，按照开发过程中的实际支出计价；

(4) 接受捐赠的，按照发票账单所列金额或者同类无形资产的市价计价。在上述计价中，非专利技术和商誉的计价应当经法定评估机构评估确认。

在对无形资产的增加进行管理时，除正确确定无形资产来源方式外，还要注意以下几个问题：

(1) 无形资产的增加必须结合企业的现有规模、生产条件、技术水平、销售状况统筹安排。

(2) 必须根据有关法律和经济合同，合理取得无形资产。

(3) 在向外界购入无形资产时，必须筹集足够的资金以支付价款。

(4) 在向外界购入无形资产或吸收其他企业投入无形资产时，必须进行可行性研究，杜绝盲目引进。

7.21 无形资产摊销的会计管理

无形资产从开始使用之日起，应在有效使用期限内将原始价值平均摊入管理费用。无形资产的摊销应考虑以下一些问题：

1. 无形资产的有效使用年限

无形资产的使用年限是无形资产摊销中影响摊销额的一个重要因素。无形资产的有效使用年限应按以下原则确定：

(1) 有法律效力的企业合同或者申请书分别规定有法定有效期限和受益期限的，按照法定有效期限与受益年限孰短的原则确定。

(2) 法律没有规定有效期限，企业合同或者申请书中规定有受益年限的，按合同或者申请书中规定的受益年限确定。

(3) 企业合同或者申请书中均未规定法定有效期限或者受益年限的，按不少于10年的期限确定。

2. 无形资产的原始价值

无形资产的原始价值是指最初购置或创建无形资产时所花费的全部货币支出。无形资产的原始价值应按实际成本计价。

3. 无形资产摊销额的计算

在确定了无形资产的有效经济年限和原始价值以后，无形资产可按下列公式计算摊销额：

$$\text{无形资产年摊销额}=\frac{\text{无形资产原始价值}}{\text{有效经济年限}}$$

7.22 无形资产使用的会计管理

无形资产管理的根本目的就是为了提高无形资产的使用效率，因此，无形资产使用的管理是无形资产日常管理中的重要内容。

1. 要挖掘潜力，提高无形资产的利用率

企业在管理无形资产时，应与管理固定资产一样，积极挖掘资产的潜力，不断提高无形资产的利用率，以取得最佳效果。提高无形资产的利用率可通过以下两种方式进行：

（1）积极开拓市场，努力扩大企业的产销数量，组织满负荷运动，使无形资产得到充分利用；

（2）组织无形资产的对外出售或转让。企业应将暂时不用的多余无形资产出售或向其他企业投资，以提高无形资产的利用率，增加企业收益。企业将无形资产移交给其他单位时，应根据无形资产的取得成本和它所能创造的价值，合理确定转让价值，并本着认真负责的精神，将有关资料如实转移给对方，并要做相应的技术指导，以确保无形资产发挥作用。

2. 要实行无形资产的分级分口管理

同有形资产的日常管理相类似，企业无形资产的日常管理也应在财会部门实施综合性和指导性管理的基础上，由企业内部各有关部门按分级分口管理原则实行责任管理。例如，专利权、专有技术应归口技术部门管理，专营权、场地使用权、租赁权应归生产、销售部门管理，商标权应由销售部门管理，开办费、商誉应实行全厂综合管理。各个归口管理的部门，又应按照经济责任制的原则，实行分级管理，以便明确经济责任，提高无形资产的利用效果。

7.23 无形资产期末减值准备的会计管理

企业应当定期或者至少在每年年度终了检查各项无形资产预计给企业带来未来经济利益的能力，对预计可收回金额低于其账面价值的，应当计提减值准备。

当存在下列一项或若干项情况时，应当将该项无形资产的账面价值全部转入当期损益：

（1）某项无形资产已被其他新技术等所替代，并且该项无形资产已无使用价值和转让价值；

（2）某项无形资产已超过法律保护期限，并且已不能为企业带来经济利益；

（3）其他足以证明某项无形资产已经丧失了使用价值和转让价值的情形。

当存在下列一项或若干项情况时，应当计提无形资产减值准备：

（1）某项无形资产已被其他新技术所替代，使其为企业创造经济利益的能力受到重大不利影响；

（2）某项无形资产的市价在当期大幅度下跌，并在剩余摊销年限内不会恢复；

（3）某项无形资产已超过法律保护期限，但仍然具有部分使用价值；

（4）其他足以证明某项无形资产实质上已经发生了减值的情形。

期末，企业所持有的无形资产的账面价值高于其可收回金额的，应按其差额，借记“营业外支出——计提的无形资产减值准备”科目，贷记“无形资产减值准备”科目；如已计提减值准备的无形资产价值又得以恢复，应在已计提减值准备的范围内转回，借记“无形资产减值准备”科目，贷记“营业外支出——计提的无形资产减值准备”科目。

第 8 章　采购与应付款会计管理制度与表格设计

8.1 采购业务流程

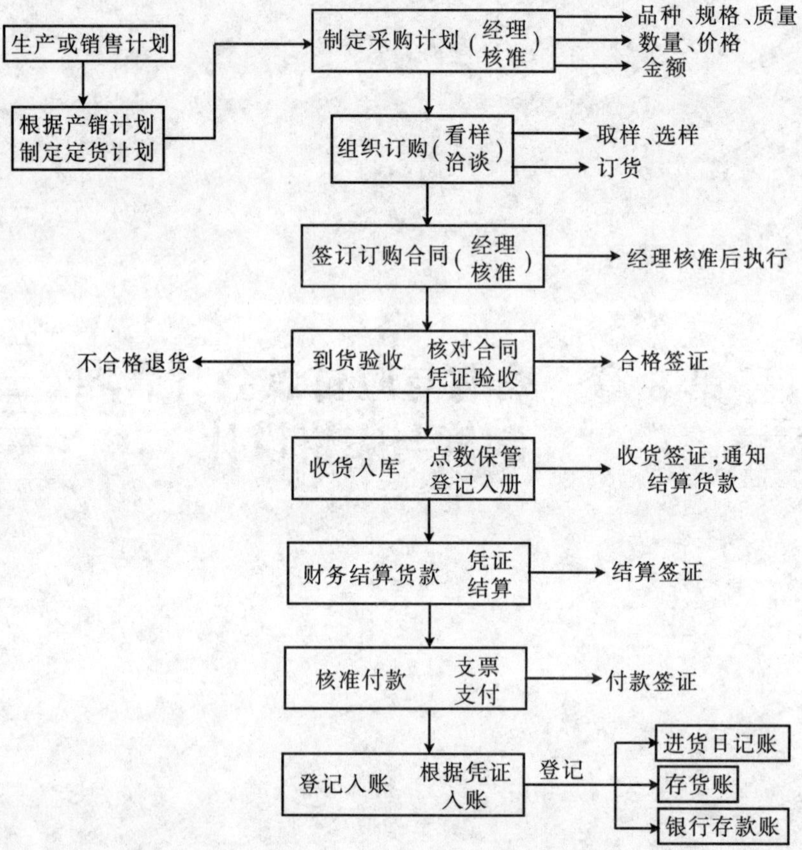

图8-1 采购业务流程图

8.2 采购业务会计管理目标与要点一览表

表 8－1　　采购业务会计管理目标与要点一览表

会计管理目标	会计管理要点
所记录的购货都已收到物品或已接受劳务，并符合购货方的最大利益	①请购单、订货单、验收单和卖方发票一应俱全，并附在付款凭单后 ②购货按正确的级别批准 ③注销凭证以防止重复使用 ④对卖方发票、验收单、订货单和请购单作内部核查
已发生的购货业务均已记录	①订货单均经事先编号并已登记入账 ②验收单均经事先编号并已登记入账 ③卖方发票均经事先编号并已登记入账
所记录的购货业务估价正确	①计算金额的内部核查 ②采购价格和折扣的批准
购货业务的分类正确	①采用适当的会计科目表 ②分类的内部核查
购货业务按正确的日期记录	①要求收到商品或接受劳务立即记录购货业务 ②及时进行内部核查
购货业务被正确记入应付账款和存货等明细账中，并被准确汇总	应付账款明细账内容的内部核查

8.3 采购业务会计管理制度

1. 对采购环节的各项业务建立职责分工，实行职务分离控制

在采购业务中，需要进行职务分离的有：

（1）采购申请必须由生产或销售部门提出，由采购部门采购。

（2）货物的采购人不能同时担任货物的验收工作。

（3）付款审批人和付款执行人不能同时办理寻求供应商和谈判价格业务。

（4）货物的采购、储存和使用人不能担任账务的记录工作。

（5）付款审核人应同付款执行人职务相分离。

（6）记录应付账款的人不能同时担任付款职务。

2. 建立采购申请审批制度

企业各部门应根据生产进度计划和用料计划编制请购单，申请进货，请购单是用料部门通知采购部门进货的一种业务凭证，该凭证经用料部门负责人签字后送交采购部门。采购部门审核后批准请购单，据此编制采购计划。

3. 建立订货控制制度

企业除小额零星杂项物品之外，大宗进货均应采用订货制度。订货是整个进货过程的核心，通过订货过程的控制，就可以控制企业整个进货过程。订货控制常采用的方法有：

（1）慎重选择供货单位，必要时派人到供货单位调查其设备状况、技术水平和产品质量。

（2）审核供货单位的供货条件，其中包括价格、运费、运货能力以及维修服务能力等。

（3）调查了解各供货单位的信誉和财务状况。

对于零星物料用品的购买，通常不必采用定货单程序，而是采用市场采购的方式，但在发票上必须有购货人、收货人和部门负责人签字。

4. 建立后续检查制度

采购人员在必要时可到供货单位查看产品的生产进度和检查质量，以保证供货单位按条件发货。同时，采购人员还应掌握本企业的生产进度，以确保供货单位的交货能够满足本企业的生产需要。

5. 建立严格的货款支付制度

这主要包括以下几个方面的内容：

（1）发票价格、运输费、税款等必须与合同复核无误。

（2）除了向不能转账的集体企业和个人购买货物以及不足转账起点金额的可以支付现金外，货款一般须通过银行办理转账，不得违反结算纪律，擅自支付现金或填开现金支票。

（3）控制储备定额，以保证生产需要、节约资金使用为原则，严防超储积压。确保购入的货物是生产经营所需的，并且每次采购都在预定的水平之中。

（4）应付账款的明细分类账和总分类账应经常核对，确保账账相符。

8.4 采购控制表

表8－2 采购控制表

年　月　日

厂商	品名	本月			上月			说明
		单价	数量	金额	单价	数量	金额	

核准：　复核　制表

实践表明，提高效益的有效途径是降低原材料和商品的成本，而降低成本的有效途径之一，就是控制产品采购成本。这一控制可通过采购控制表来反映，本表同时反映本月与上月产品或材料的采购价格，便于企业对采购成本加强控制。

8.5 采购主管岗位职责

①负责公司办公、生产和工程原材料、辅助材料、物资、设备的采购、管理工作，组

织编制年度、季度、月度的采购供应计划，并努力在批准后按该计划执行。

②负责按公司规定签订和督促履行采购合同，办好各种验收交接手续，并确保正常生产秩序。

③负责加强采购询价工作，并对采购方式加以改进，完成降低综合采购成本和消耗的责任指标。

④负责指导和监督供应物资的仓储管理，严格入库、出库、盘存、报损等相关制度，保证库存物资完好无损，做到账、物、卡三相符，加强仓库安全保卫工作。

⑤负责清理库存，压缩不合理库存量，回收多余剩余材料，盘活存量，减少浪费，加速资金周转。

⑥负责向领导提供生产资料市场的供求状况、价格走向等信息，提出最佳采购建议。

⑦对研发、技术、设备部门的设计选型、改良改造和更新，提出参考意见。

⑧负责指导部门内的采购、物资资料、账册、报表的收集、整理和归档工作，及时编制相关的统计报表，以及负责推行计算机化的采购与物资管理。

⑨负责指导、管理、监督采购部下属人员的业务工作，改善工作质量和服务态度，做好下属人员的绩效考核和奖励惩罚等工作。

⑩完成总经理临时交办的工作。

8.6 采购员岗位职责

①认真贯彻执行公司采购管理规定和实施细则，努力提高自身采购业务水平。

②按时按质完成采购供应计划指标，积极开拓货源市场，货（价）比三家，选择物美价平的物资材料，完成下达的降低采购成本的责任指标。

③负责与客户签订采购合同，督促合同正常如期的履行，并催讨客户欠货，妥善处理退货或索赔款项。

④严把采购质量关，选择样品供领导审核定样，对购进物料均须附有质保书或当场（委托）检验，协助有关部门妥善解决使用过程中出现的问题。

⑤负责办理物料验收、运输入库、清点交接等手续。

⑥收集一线商品供货信息，对公司采购策略、产品原料结构调整改进，对新产品开发提出参考意见。

⑦填写有关采购表格，提交采购分析和总结报告。

⑧做到以公司利益为重，不索取回扣，业务单位送给采购员的钱物要上缴公司；遵守国家法律，杜绝经济犯罪。

⑨完成采购部部长临时交办的其他任务。

8.7 采购管理报告制度

采购管理报告是沟通采购信息、控制采购业务的基本形式，是采购内部控制制度的重要组成部分。采购管理报告按其用途和内容，可分为采购计划执行和完成情况报告，采购合同签订和执行情况报告，采购制度与纪律执行情况报告，市场供求与货源情况报告，供货单位和产地供货情况报告，商品材料价格变动趋势情况报告，重大采购业务专题报告，供货单位违约处理报告，退货报告，购进折扣和折让报告等等。

报告分为定期和不定期两种：

属于定期报告的有采购计划完成情况和业绩报告，采购合同签订和执行情况报告，市场供求、货源情况、价格行情变动情况调查研究报告。此类报告由职能部门负责向采购经理报告。不定期报告一般为专题请示报告。

属于不定期报告的有重大采购业务报告，供货单位违约处理报告，退货报告，购进折扣、折让和回扣报告，采购人员违纪报告。此类报告分别由职能部门经理、采购组长、采购业务人员根据发生的事项逐级上报。

采购管理报告制度的要点是：

①规定报告的编报日期和报告责任人；

②规定报告内容必须真实、完整、实事求是，数据和情况必须准确，不能有任何虚假、隐瞒或夸张扩大；

③规定报告受阅人，不能超越受阅范围；

④规定报告传递程序；

⑤专题请示性情况报告，必须提出报告人的建议和意见，以供领导研究，作出决策。

8.8 采购人员工作纪律

①采购人员采购的商品和原材料必须符合以销定购、以产定购的原则。做到适销、适用，勤进快销、勤进快用，保证满足商品销售和产品生产的需要。

②购进的商品（原材料）要适合时令，质优价低，就近采购，以保证质量，降低采购成本和费用，提高采购效率和效果。不进价高、劣质、滞销、不适用的商品（原材料）和过时商品。

③采购商品（原材料）应做到品种完备，手续齐全，数量正确，不发生错误。

④采购人员与销售部门、生产部门紧密联系，了解和掌握商品销售与供求，顾客需求

和喜好，及时采购，做到需求什么，采购什么，保证满足生产和扩大销售的需要。

⑤采购人员不准接受供货方的请吃送礼、回扣、好处费、茶水费、佣金和红包；不准利用采购职权和企业名义在外为个人做交易牟取私利；不准将购进的商品、材料物资私自转让或倒卖，牟取私利；不准内外勾结，与供货方串通抬高进价或购进伪劣商品（原材料），或以次充好，以少报多进行贪污；不准向供货方索取回扣、佣金和中介费；不准因私人感情采购伪劣商品（原材料）；不准内外勾通，以请吃送礼方式，拉拢贿赂和唆使验收、收货人员，收进供货方掺杂掺假的劣质商品和材料物资，或以少报多，骗取货款。

⑥严禁违反采购规章制度和操作程序。采购人员必须严格遵守采购管理制度，实行核准采购，严禁由采购人员一手包办采购商品（原材料）、验收、付款等事项；严禁采购人员未经批准，擅自决定预付定金，或货未到，未验收入库，即蒙骗或勾通财务部门先行付款。

⑦凡采购人员违反采购管理制度、操作规程和纪律，并造成严重后果的，将追究其经济责任和法律责任。

8.9 存货最佳经济订货批量会计管理制度

按照存货管理的目的，需要通过合理的进货批量和进货时间，使存货的总成本最低，这个批量叫做经济订货量或经济批量。有了经济订货量，可以很容易地找出最适宜的进货时间。

经济订货量基本模型需要设立的假设条件是：

①企业能够及时补充存货，即需要订货时便可立即取得存货。

②能集中到货，而不是陆续入库。

③不允许缺货，即无缺货成本，存货总成本为零，这是因为良好的存货管理本来就不应该出现缺货成本。

④需求量稳定，并且能预测，即年需求量为已知常量。

⑤存货单价不变，不考虑现金折扣，即存货单价为已知常量。

⑥企业现金充足，不会因现金短缺而影响进货。

⑦所需存货市场供应充足，不会因买不到需要的存货而影响其他。

设立了上述假设后，存货总成本的公式可以简化为：

$$TC = F_1 + \frac{D}{Q}K + DU + F_2 + K_c\frac{Q}{2}$$

当 F_1、K、D、U、F_2、K_c 为常量时，TC 的大小取决于 Q。为了求出 TC 的极小值，对其进行求导演算，可得出下列公式：

$$Q = \sqrt{\frac{2KD}{K_c}}$$

这一公式称为经济订货量基本模型，求出每次订货批量，可使 TC 达到最小值。

其中：

F_1—订货的固定成本

D—年需要量

Q—每次进货量

K—订货的变动成本

U—单价

F_2—储存的固定成本

K_c—储存的变动成本

8.10 最佳经济订货量分析表

例如：某企业每年需要 A 物资 10 000 件，每件为 10 元，每次订货费用为 80 元，保管费用率为 10%，通过列表测算法可以测出该企业经济订货批量，如下表所示。

表 8－3　某企业最佳经济订货量分析表

单位：元

年需求量（件）	订货次数	订货批量	订货费用	保管费用	年总费用
①	②	③＝$\frac{①}{②}$	④＝②×每次订货费用	⑤＝$\frac{③}{2}$×单价×保管费用率	⑥＝④＋⑤
10 000	1	10 000	80	5 000	5 080
10 000	2	5 000	160	2 500	2 660
10 000	3	3 334	240	1 667	1 907
10 000	4	2 500	320	1 250	1 570
10 000	5	2 000	400	1 000	1 400
10 000	6	1 667	480	833. 5	1 313. 5
10 000	7	1 429	560	714. 5	1 274. 5
10 000	8	1 250	640	625	1 265
10 000	9	1 111	720	555. 5	1 275. 5
10 000	10	1 000	800	500	1 300
10 000	11	909	880	454. 5	1 334. 5

从上表的测算结果可以看出，该企业经济订货批量为 1 250 件，每年订货 8 次时，存货的总费用最低，为 1 265 元。

8.11 材料库存计划表

表 8-4

月份: 年 月 日

日次	品名及规格	材料编号	生产量		单位用量	用量小计	损耗率%	总用量	库存量		单价	金额	需要日期	请购单号码	需要日期						备注
			数量	单位					库存	数量											

8.12 原材料供应计划表

表 8－5　　　　**原材料供应计划表**

类别　　　　　　　　　　　　　　日期　　　　　　　　　　　　　　页次

原材料编号	规格	原材料名称	各月份需要量												合计	基本存量	进料计划						交货期（天）
			1	2	3	4	5	6	7	8	9	10	11	12			月份	数量	月份	数量	月份	数量	
合计																							

核对　　　　　　　　　　　　　　　　　　　　　　　　　　填写

在存货管理过程中，企业生产部门总是要提前制定下年的原材料供应计划以保证生产之需。该计划主要根据往年各月原材料需要量作为参考依据，同时要考虑下年原材料供应市场产品销售市场上的可能变动情况来制定。企业常运用原材料供应计划表对该计划进行专门记录反映。

8.13 原材料定期采购计划表

表 8－6　　原材料定期采购计划表

年　月　日　　　　页次

原材料名称	规格	每月用量	交货日期	每日用量	基本存量	最高存量	基本存量比率	每次订购数量

原材料采购计划表也是企业存货计划管理表格之一，该表的特点是反映的内容较

为详实，对各种原材料的名称、规格、日需要量、月需要量、基本存量、订货日期、订购次数等情况都做了分析和估计。企业领导阅读该表便可掌握企业原材料采购计划的各项内容。

8.14 原材料采购预算表

表 8－7 **原材料采购预算表**

单位：元

<table>
<tr><th>原材料种类</th><th>项　目</th><th>第一季度</th><th>第二季度</th><th>第三季度</th><th>第四季度</th><th>全年合计</th></tr>
<tr><td>甲原材料</td><td>A 产品耗用
B 产品耗用
甲原材料总耗用量
加：期末原材料存量
减：期初原材料存量
本期采购量
甲原材料单价</td><td></td><td></td><td></td><td></td><td></td></tr>
<tr><td>乙原材料</td><td>…………
乙原材料采购成本
………</td><td></td><td></td><td></td><td></td><td></td></tr>
<tr><td></td><td></td><td></td><td></td><td></td><td></td><td></td></tr>
<tr><td colspan="2">各种原材料采购成本总额</td><td></td><td></td><td></td><td></td><td></td></tr>
<tr><td colspan="2">当期现购原材料成本</td><td></td><td></td><td></td><td></td><td></td></tr>
<tr><td colspan="2">偿付当期所欠原材料款</td><td></td><td></td><td></td><td></td><td></td></tr>
<tr><td colspan="2">当期现金支出</td><td></td><td></td><td></td><td></td><td></td></tr>
</table>

在原材料采购预算中，我们可借助原材料耗用预算中的资料将各种产品消耗某种原材料的数量加总求得该种原材料总耗用量，接下来计算该原材料当期采购量及采购成本。

8.15 请购业务管理流程及购货与付款内部控制流程

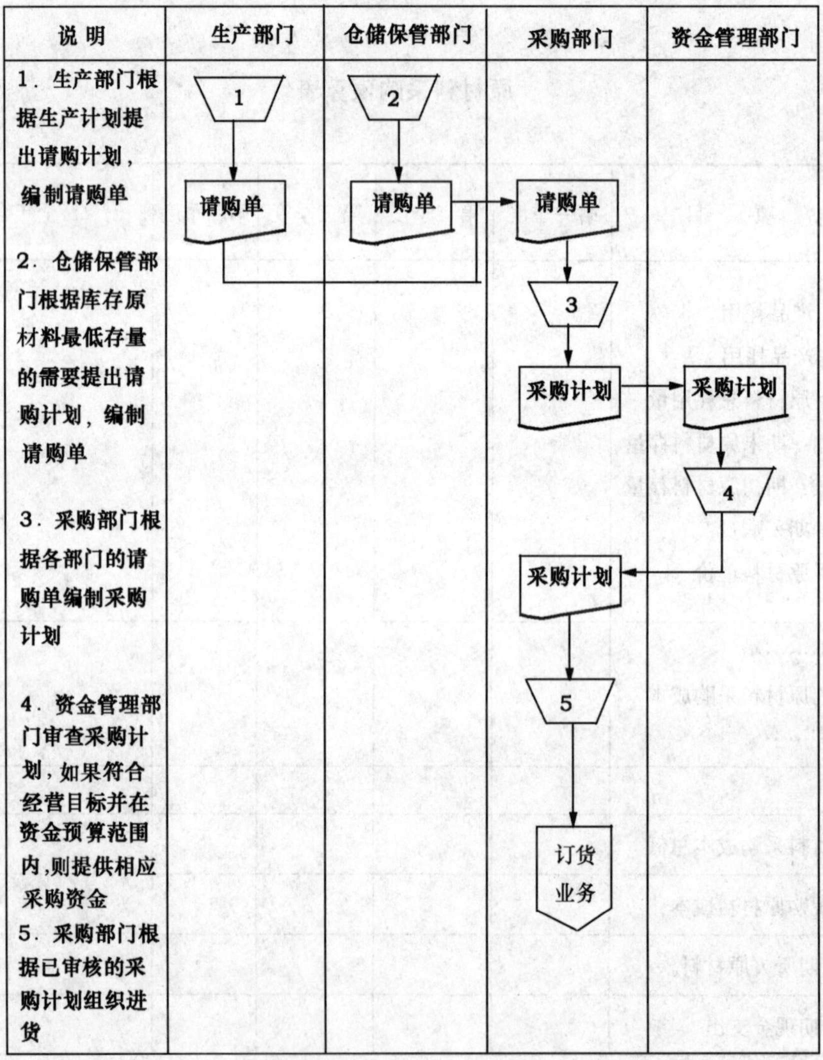

图 8－2 请购业务管理流程图

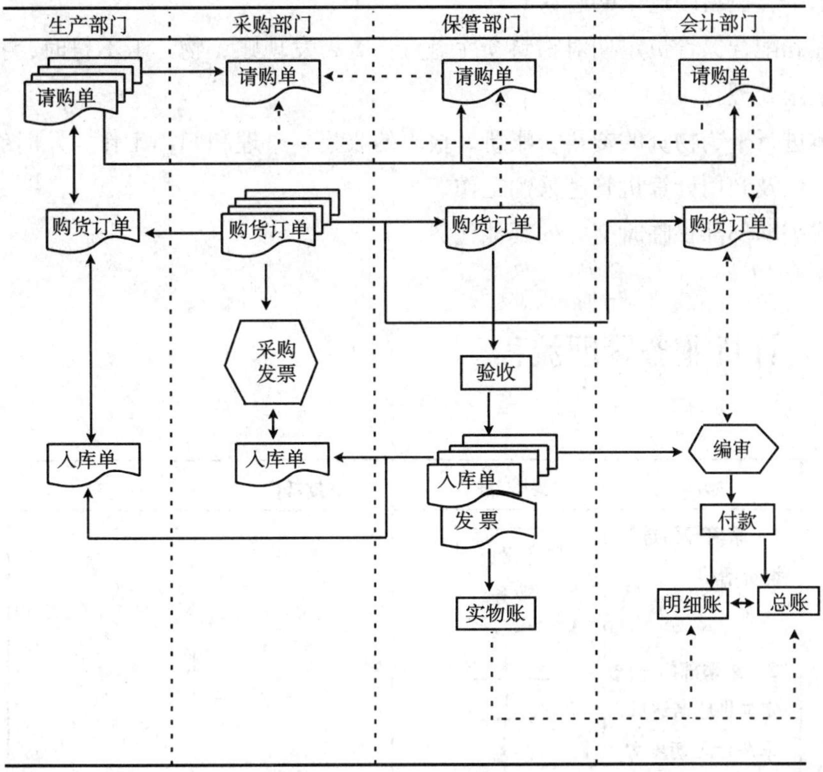

图 8－3　购货与付款内部控制流程图

8.16　物料主管岗位职责

①在部长领导下，根据生产或工程进展，具体编制各种年度、季度、月度的采购供应计划和用款计划，在批准后协助落实执行。

②根据审核批准的每月原材料、辅助材料供应清单和用款计划，与财务部及时协调，确保采购用款。

③定期了解原材料、辅助材料库存情况，以及生产和销售情况；适时提出或修改下期采购计划，避免进料积压或进料短缺的现象。

④负责采购物资原始发票、收料凭证、质检证明及付款结算单据等整理登记入账工作，进行统计和核查，发现问题及时上报。

⑤及时与采购员、保管员核对到达、在途物料的价格、数量、总价，不断清理应付、应退和预付款项目，每月结清进、出、存明细账，做好统计报表。

⑥具体了解、收集生产资料市场的供求状况、价格走向及消耗定额等信息，考察公司

物料损耗水平，提出改进采购建议。

⑦督促和配合保管员定期对物料仓库盘点清查，发现账、物、卡不符时，找出原因予以调账或上报处理。

⑧具体进行采购物资的资料、账册、报表的收集、整理和归档工作，及时编制相关的统计报表，以及利用计算机管理采购工作。

⑨完成采购部部长临时交办的其他任务。

8.17 订货业务管理流程

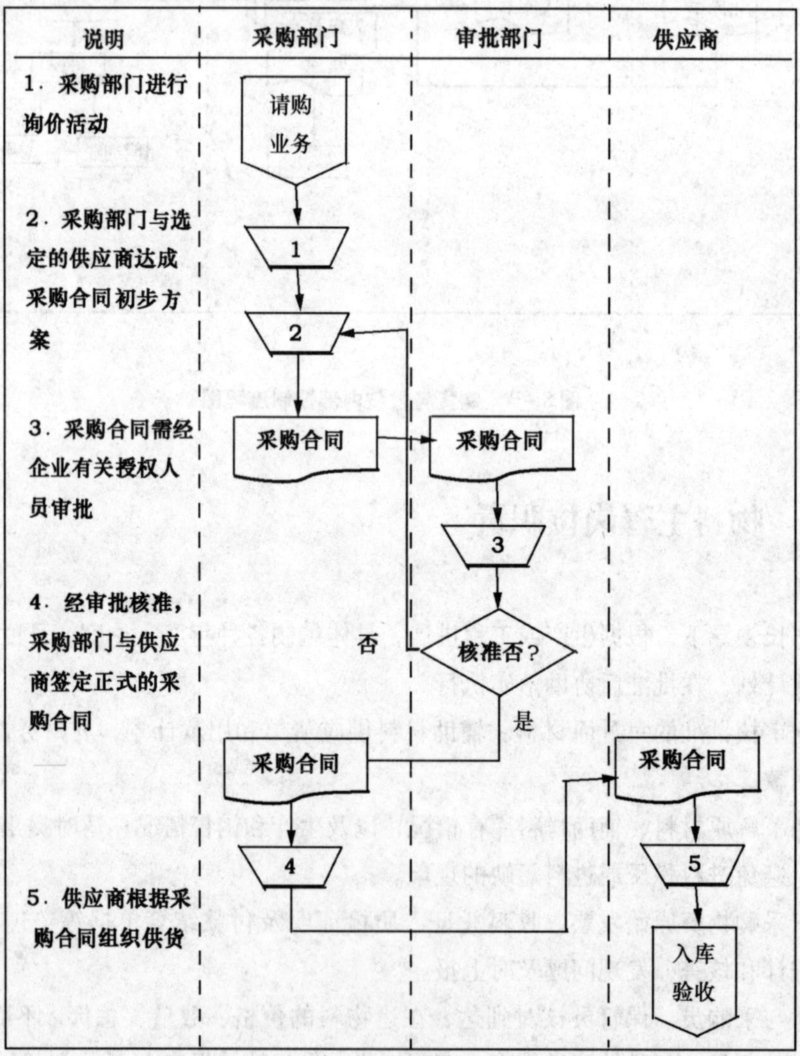

图8－4 订货业务管理流程图

8.18 应付账款管理制度

企业为保证应付账款的及时清偿和合理列示，对应付账款需建立良好的内部控制系统，一般而言，一个良好有效的应付款内部控制系统包括以下几个方面：

1. 明确的职责分工

应付账款与物品和劳务的购买交易密切相关，因此对它的有效控制将取决于存货采购和现金支出的内部控制，并要求采购、验收储存、应付账款记录和现金支出必须由不同的部门或职员独立办理，以便确保应付账款是来自经过核准的采购业务，其金额等于实际验收物品和接受劳务的价值。

2. 设立应付凭单登记制

应付账款分录的主要原始凭证是供应发票或服务账单，为了正确计算应付账款的金额与折扣，应设置应付凭单登记簿，按收到日期和折扣条件分别登记和存放供应商发票。通常情况下，各种应付凭单按折扣到期日顺序存放，逐日调整待支付和付讫发票，并据以登记应付账款账户。

3. 审核相关原始凭证

应付账款分录应根据核准的请购单、供应发票、验收单和付讫现金支票等有关原始凭证登记。因此应付账款部门或职员在做账前必须审核这些原始凭证是否齐全，日期是否吻合，有无核准签单，并且验算它们之间的数量、价格、加总和乘积是否正确无误。只有完成这一程序，才能登记应付账款账。

4. 定期核对应付账款总账和明细账

对应付账款的良好控制还必须同时设置总账和明细账，明细账的设置应分别按债权人单位名称或个人名称登记，每个月末，必须结账并编制应付账款明细试算表，随后与总账余额核对相符。

5. 调节债权人对账报告

由于应付账款是供应方的应收账款，债权人往往按期寄来对账单询证期末余额的正确性。那么，由应付账款部门负责人或内部审计人员及时调节债权人的对账报告，也就构成了对应付账款的一项主要内部控制工作。这时，对数字不符或者有争议的应付账款，必须及时与债权人联系、协调或委托第三者仲裁解决。

6. 定期编制管理报告

定期编制所有流动负债管理报告，促进最高管理层对流动负债的重视，可避免不诚实的职员擅自处理未经核准的账户或票据。内部编制的应付账款报告，应按照前期的余额加上本期增加数减去本期清偿数和折扣数，即可得出期末的余额。

此外，还须确定应付账款余额是否按规定程序反映在资产负债表上。如果预收账款业务不多，可不单独设账核算，而并入应付账款账户中，故应付账款的期末总账余额未必是真实的债务，应结合其所属明细账的期末余额准确核定债务，使其与资产负债表项目金额相符。

8.19 应付票据管理制度

应付票据是指企业根据合同进行延期付款交易而采用商业汇票结算时，签发、承兑的保证货款到期支付的商业汇票。商业汇票可分为带息票据和不带息票据两种。应付带息商业汇票票面注明有利息率，票据到期时企业除应支付本金外，还应按票面利率支付利息。利息数额不大的，可于到期支付时直接计入财务费用。商业汇票签发承兑后，承兑企业有到期无条件支付票款的责任。

按承兑人不同，商业汇票分为银行承兑汇票和商业承兑汇票两种。银行承兑汇票指由承兑申请人向开户银行申请，经银行审查同意承兑的票据，到期时如付款人无力支付，则银行先代为付款，再向企业执行扣款，将尚未扣回的款项转为企业逾期借款，计收罚息。商业承兑汇票由付款人承兑，到期如付款人账上不足支付，则由收付双方自行处理。

应付票据的具体防范措施如下：

（1）票据的签发要由两个或两个以上人员批准。

（2）设置应付票据登记簿。票据登记人员不得兼管票据签发或兼任出纳员。

（3）要有专人控制空白的、作废的、已付讫退回的票据。

（4）要由不从事票据记录的人员负责定期对账。

（5）要有专人复核票据利息核算。

（6）应付票据要依号保存。

（7）签发票据与订货单、验收单、发票要定期核对。

严密的应付票据防范制度可防止货币资金被贪污、挪用。

8.20 付款流程

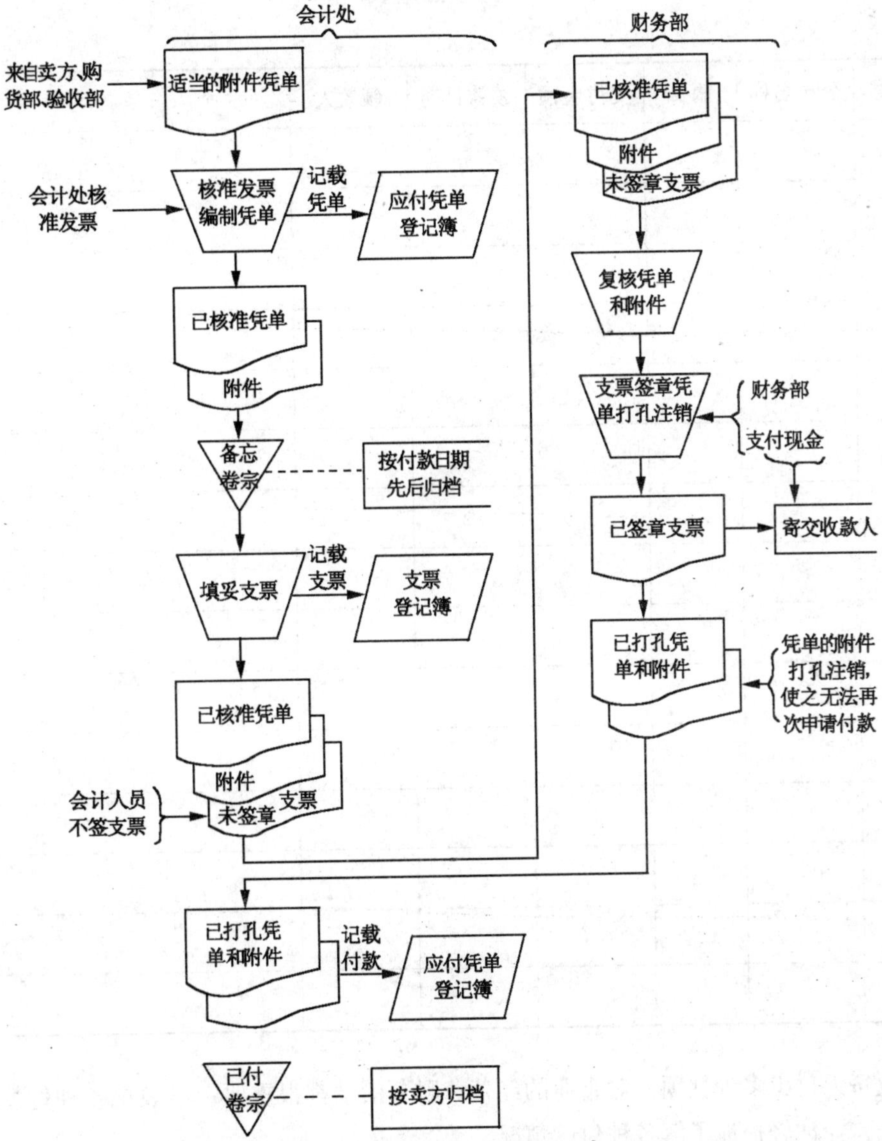

图 8－5　付款流程图

8.21 付款登记表

表8-8 **付款登记表**

付款期： 页次

验收单号	公司名称	摘要	支付金额	领款日期	领款人	备注

企业每天付出多少款项，对企业的经营、财务活动都很重要，本表把各种付款活动都记录下来，让你轻松地了解各种付款情况。

8.22 预付款申请表

表 8－9 预付款申请表

日　　期：________________
申请部门：　　　□采购科　　　　　　　　　　　□总务科

金　　额：________________
说　　明：

冲销日期：________________
经理________主管________申请人________
会计________冲账________

现代经济中，各种预付活动很多，对预付款管理不慎，会给企业带来损失，本表提供了加强预付款管理的一个手段。

8.23 请款单

表 8－10 **请款单**

申请单位： 年 月 日

验收日期	客户名称	付款摘要	金 额	付款条件	凭 证	备 注
	合计				张	

董事长	总经理	出 纳	会 计	经 理	申请单	申请人	

请款单是企业应付账款控制过程中使用的重要的控制单之一。企业内部单位在申请付款时都要预先填写请款单，并呈交财务部及其他相关部门获得批准同意，然后由财务部统一付款。

8.24 商品退货折让会计管理流程

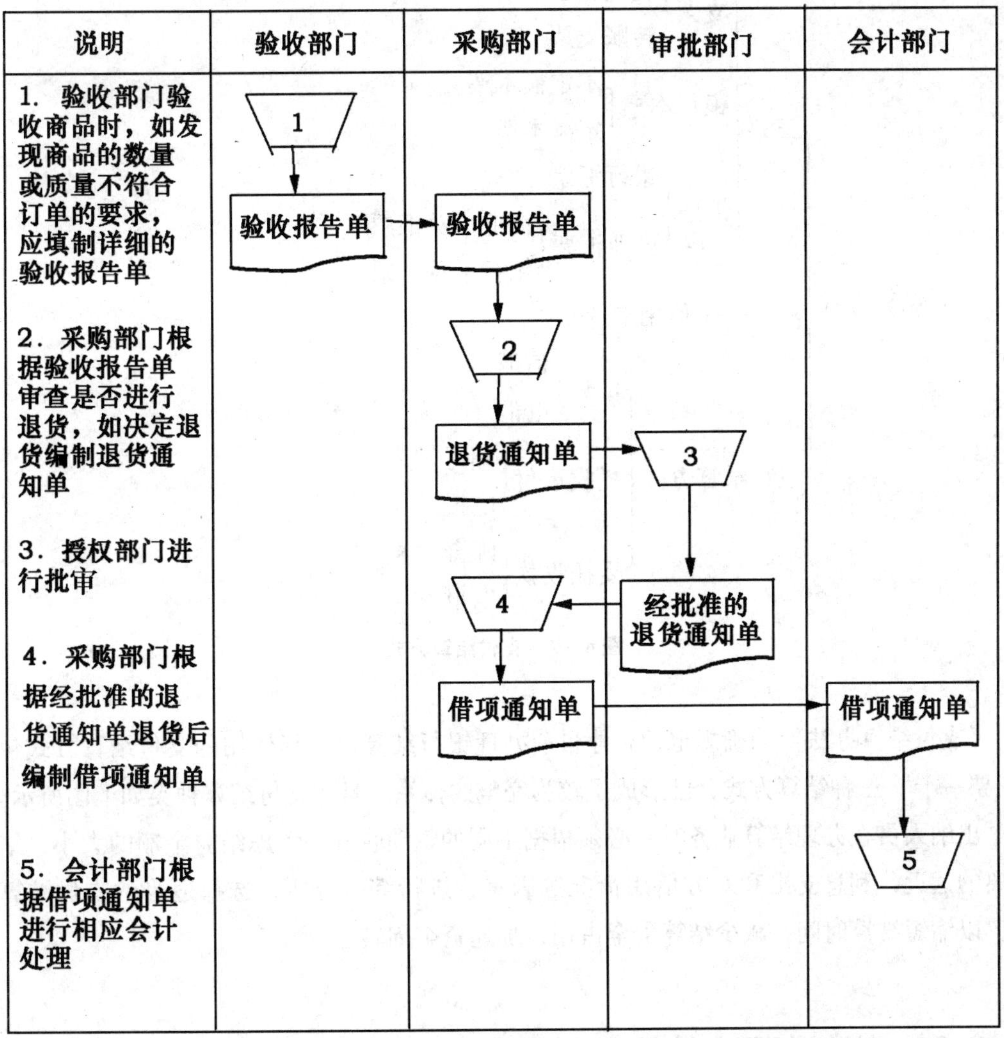

图 8－6 商品退货折让会计管理流程图

8.25 企业支付结算方式

- 支付结算方式
  - 三票
    - 支票
      - 现金支票
      - 转账支票
    - 银行本票
      - 不定额本票
      - 定额本票
    - 汇票
      - 银行汇票
      - 商业汇票
        - 商业承兑汇票
        - 银行承兑汇票
  - 一卡——信用卡
  - 三种结算方式
    - 汇兑
      - 信汇
      - 电汇
    - 托收承付
      - 邮寄
      - 电报
    - 委托收款
      - 邮寄
      - 电报

图 8－7 支付结算方式

《支付结算办法》明确规定，企业目前办理银行结算可选择使用的支付结算方式包括“三票一卡”三种结算方式，已形成了较为完整的体系。具体支付结算种类如上图所示。

出纳人员在办理结算业务时，必须根据不同的款项收支，考虑结算金额的大小，结算距离的远近，利息支出和对方信用情况等因素，进行综合分析，选择适当的支付结算方式，以缩短结算时间，减少结算资金占用，加速资金周转。

8.26 银行汇票会计管理制度

银行汇票是由出票银行签发的，由其在见票时按照实际结算金额无条件支付给收款人或者持票人的一种票据。

企业各种款项结算都可使用银行汇票。这种结算方式，票随人到，人到款到，能够做到一手交钱、一手交货，满足了企业急需用款和及时采购的需要，而且使用灵活，既可转账，也可提现。凭汇票购货，余款可以自动退回，实现钱货两清，能防止不合理的预付货款和尾款拖欠，而且这种汇票保证支付，收款企业能迅速获得款项。因此，银行汇票结算是目前企业到异地使用款项普遍采用的一种结算方式。

银行汇票结算的主要规定：

①银行汇票的出票银行为银行汇票的付款人。

②签发银行汇票必须记载下列事项：表明“银行汇票”的字样；无条件款付的承诺；出票日期；付款人名称；收款人名称；出票日期；出票人签章。欠缺记载上列事项之一的，银行汇票无效。

③银行汇票的提示付款期限自出票日起 1 个月（按次月对日计算，无对日的，月末日为到期日，遇法定休假日顺延）。持票人超过付款期限再提示付款，代理付款人可不予受理。

汇款企业因银行汇票超过付款期或是其他原因而没有使用银行汇票要求退款时，可由出纳员持银行汇票和解讫通知到签发银行办理退款。

8.27 银行承兑汇票

表 8-11　　银行承兑汇票

签发日期　年　月　日　　汇票号码　第　号

<table>
<tr><td rowspan="3">收款人</td><td>全称</td><td colspan="3"></td><td rowspan="3">承兑申请人</td><td>全称</td><td colspan="12"></td></tr>
<tr><td>账号</td><td colspan="3"></td><td>账号</td><td colspan="12"></td></tr>
<tr><td>开户银行</td><td></td><td>行号</td><td></td><td>开户银行</td><td colspan="5"></td><td colspan="3">行号</td><td colspan="4"></td></tr>
<tr><td colspan="2" rowspan="2">汇票金额</td><td colspan="5" rowspan="2">人民币（大写）</td><td>千</td><td>百</td><td>十</td><td>万</td><td>千</td><td>百</td><td>十</td><td>元</td><td>角</td><td colspan="3">分</td></tr>
<tr><td></td><td></td><td></td><td></td><td></td><td></td><td></td><td></td><td></td><td colspan="3"></td></tr>
<tr><td colspan="2">汇票到期日</td><td colspan="4">年　月　日</td><td colspan="13"></td></tr>
<tr><td colspan="5" rowspan="2">本汇票送请你行承兑，并确认《银行结算办法》和承兑协议的各项规定。
此致
承兑银行
承兑申请人盖章
年　月　日</td><td colspan="2">承兑协议编号</td><td colspan="4"></td><td colspan="4">交易合同号码</td><td colspan="4"></td></tr>
<tr><td colspan="6" rowspan="2">汇票签发人盖章
负责　经办</td><td colspan="8" rowspan="2">科目（借）
对方科目（贷）
转账
日期　年　月　日
复核　记账</td></tr>
<tr><td colspan="5">本汇票经本行承兑，到期日由本行付交。
承兑银行盖章
年　月　日</td></tr>
</table>

8.28 银行承兑协议

表 8-12　　银行承兑协议

银行承兑汇票的内容：

收款人全称________　　付款人全称________

开户银行________　　开户银行________

账　　号________　　账　　号________

汇票号码________　　汇票金额（大写）________

签发日期____年____月____日　　到期日期____年____月____日

以上汇票经承兑银行承兑，承兑申请人（下称申请人）愿遵守《银行结算办法》的规定及下列条款：

一、申请人于汇票到期日前将应付票款足额交存承兑银行。

二、承兑手续费按票面金额千分之（　　）计算，在银行承兑时一次付清。

三、承兑汇票如发生任何交易纠纷，均由收付双方自行处理，票款于到期前仍按第一条办理不误。

四、承兑汇票到期日，承兑银行凭票无条件支付票款。如到期日之前申请人不能足额交付票款时，承兑银行对不足支付部分的票款转作承兑申请人逾期贷款，并按照有关规定计收罚息。

五、承兑汇票款付清后，本协议自动失效。

本协议第一、二联分别由承兑银行信贷部门和承兑申请人存执，协议副本由银行会计部门存查。

承兑银行________（盖章）　承兑申请人________（盖章）

订立承兑协议日期____年____月____日

注：本协议共印三联。在“银行承兑协议”之后，第二联加印2，第三联加印“副本”字样。

8.29 商业汇票会计管理制度

商业汇票，是由出票人签发的，要求付款人在指定日期无条件支付确定金额给收款人或持票人的一种票据。商业汇票按承兑人的不同，又分为银行承兑汇票和商业承兑汇票。

银行承兑汇票，是由收款人或承兑申请人签发，并由承兑申请人向开户银行申请，经银行审查同意承兑的商业汇票。商业承兑汇票，是指由收款人签发，经付款人承兑，或由付款人签发并承兑的商业汇票。

使用商业汇票这种结算方式，应注意遵守以下规定：

（1）在银行开立存款账户的企业以及其他组织之间，必须具有真实的交易关系或债权，才能使用商业汇票。

（2）商业承兑汇票的出票人，应为在银行开立账户的企业以及其他组织，并与付款人具有真实的委托付款关系，而且具有支付汇票金额的可靠资金来源。

（3）银行承兑汇票的出票人，必须具备下列 3 个条件：

①在承兑银行开立存款账户的企业及其他组织；

②与承兑银行具有真实的委托付款关系；

③资信状况良好，具有支付汇票金额的可靠资金来源。

④出票人不能签发无标价的商业汇票用以骗取资金。

⑤商业汇票一律记名，并可以背书转让。

⑥商业汇票的付款期限最长不得超过 9 个月。若属于分期付款的，应一次签发若干张不同期限的商业汇票。

⑦商业汇票到期后，一律到银行办理转账结算，银行不支付现金。

⑧商业承兑汇票可以由付款人签发并承兑，也可以由收款人签发再交由付款人承兑。银行承兑汇票，只能由在承兑银行开设存款账户的付款人签发。

8.30 商业承兑汇票

表 8－13 **商业承兑汇票**

签发日期　年　月　日　　第　号

<table>
<tr><td rowspan="3">收款人</td><td>全称</td><td colspan="3"></td><td rowspan="3">付款人</td><td>全称</td><td colspan="3"></td></tr>
<tr><td>账号</td><td colspan="3"></td><td>账号</td><td colspan="3"></td></tr>
<tr><td>开户银行</td><td></td><td>行号</td><td></td><td>开户银行</td><td></td><td>行号</td><td></td></tr>
<tr><td colspan="2" rowspan="2">汇票金额</td><td colspan="4" rowspan="2">人民币（大写）</td><td colspan="4">千 百 十 万 千 百 十 元 角 分</td></tr>
<tr><td colspan="4"></td></tr>
<tr><td colspan="2">汇票到期日</td><td colspan="4">年　月　日</td><td colspan="2">交易合同号码</td><td colspan="2"></td></tr>
<tr><td colspan="5">本汇票已经本单位承兑，到期日无条件支付票款，此致
（收款人）
（付款人盖章）
负责人　经办人　年　月　日</td><td colspan="5">（汇票签发人盖章）
负责人　经办人</td></tr>
</table>

此联收款人开户行随结算凭证寄付款人开户行作付出传票附件

8.31 银行本票会计管理制度

银行本票是由银行签发的，并承诺自己在见票时无条件支付确定金额给收款人或者持票人的一种票据。

银行本票结算是指利用银行本票来办理款项往来结算和支取现金的一种结算方式。

同其他支付结算方式相比，银行本票结算具有如下特点：

（1）使用灵活、方便。

（2）保证兑付，信誉很高。

（3）见票即付，方便流通。

银行本票结算的有关规定如下：

（1）银行本票只能用于同城结算。

（2）银行本票按其金额是否固定可分为不定额本票和定额本票两种。定额本票的票面金额分为 1 000 元、5 000 元、10 000 元和 50 000 元。

（3）银行本票一律记名，不准涂改，但允许背书转让。需支取现金的应填“现金”字样。

（4）本票的提示付款期限自出票日起最长不超过 2 个月，不分月大月小，统一按次月对日计算。逾期本票，兑付银行有权不予受理，但可以在签发银行办理退款。

（5）银行本票见票即付，不予挂失。但遗失的不定额本票在付款期满后 1 个月确未被冒领的，可以办理退款手续。

（6）银行本票的出票人，应为经中国人民银行当地分支行批准可办理银行本票业务的银行机构。签发银行本票必须记载下列内容：

①“银行本票”的字样；

②无条件支付的承诺；

③确定的金额；

④收款人名称；

⑤出票日期；

⑥出票人签章。

欠缺上列内容之一的，银行本票均无效。

（7）不允许签发隔日银行本票及远期本票。

8.32 本票利息计算单

表 8-14

本票利息计算单

填单单位： 年 月 日 字第 号

开出本票核准单编号	字第 号
开出本票凭证编号	支出凭证
本票受款人	
开出本票原因	
票面金额	
起息日	年 月 日
止息日	年 月 日
计算日数	共 天
利率	
应付利息	
应扣利息所得税	
备注	

上列利息请核制会计凭证

此致 会计主管（盖章） 会计处

经办人（盖章）

8.33 支票会计管理制度

支票是由出票人签发的，委托办理支票存款业务的银行在见票时无条件支付确定金额给收款人或者持票人的一种票据。

支票结算基本规定如下：

（1）支票一律记名。

（2）支票可以背书转让。

（3）支票提示付款期为10天，但中国人民银行另有规定的除外。超过提示付款期限提示后付款的，持票人开户银行可不予受理，付款人可不予付款。

（4）支票出票人签发支票的金额不能超过付款时在付款处实有的存款金额，不允许签发空头支票。

（5）出票人签发的空头支票，签章与预留银行印鉴不符的支票，使用密码错误的支票，银行均应予以退票，并按票面金额处以5%但不低于1000元的罚款；持票人有权要求出票人赔偿支票金额20%的赔偿金。对屡次签发空头支票的，银行会停止其签发支票。

（6）持票人可以委托开户银行收款或直接向付款人提示付款。但用于支取现金的支票，只能向付款人提示付款。持票人委托银行收款的支票，应做背书，银行可通过票据交换系统收妥后入账。

（7）签发支票应使用墨汁或碳素墨水填写。中国人民银行另有规定的除外。

支票大小写金额和收款人不能涂改。其他内容若有更改，必须由签发人加盖预留银行印鉴以资证明。

（8）出票人在付款人处存款足以支付支票金额时，付款人应当在见票当日足额付款。

（9）签发现金支票和用于支取现金的普通支票均应符合现金管理的规定。

8.34 支票退票理由书

表8－15 退票理由书

出票单位：________

票据号码：________ 年 月 日

项目	内容	退票理由（√）
账户款项不足	1. 存款不足	
	2. 超过放款批准度或限额	
内容填写	3. 非用墨汁或碳素墨水填写	
	4. 金额大小写不全，不清楚	
	5. 未填写收款单位或收款人	
	6. 未填写款项用途或用途填写不明	
	7. 属于按照国家政策规定不能支付的款项	
日期	8. 出票日期已过有效期限	
	9. 非即期支票	
背书签字	10. 背书人签章不清、不全、空白	
	11. 背书人签章与预留银行印鉴不符	

续表

项　目	内　容	退票理由（√）
涂改	12. 支票大小写金额和收款人名称涂改	
	13. 日期、账号等涂改处未盖预留银行印鉴	
其他	14. 此户已结清，无此账户	
	15. 已经出票人申请止付	
	16. 非本行承付支票	
	17. 非该户领用此支票	

8.35 汇兑结算会计管理制度

汇兑结算，是指汇款人委托银行将其款项支付给收款人的一种结算方式。企业的各种款项结算，均可使用汇兑结算方式。

汇兑根据划拨款项及传递方式的不同，可以分为信汇和电汇两种，由汇款人自行选择一种。

信汇，是指以邮寄方式将汇款凭证转给外地收款人指定的汇入银行的一种结算方式。

电汇，是指以电报方式将汇款凭证转发给收款人指定汇入银行的结算方式。电汇速度要快于信汇。

签发汇兑凭证必须记载下列内容：

（1）“信汇”或“电汇”字样；

（2）无条件支付的委托；

（3）确定的金额；

（4）收款人的名称；

（5）汇款人名称；

（6）汇入地点、汇入行名称；

（7）汇出地点、汇出行名称；

（8）委托日期；

（9）汇款人签章。

汇兑凭证上欠缺上列内容之一的，银行不予受理。

汇兑结算，是以汇兑的方式办理款项往来结算的结算方式。

汇兑是目前异地结算中广泛使用的一种结算方式，具有以下特点：

（1）汇兑结算没有金额起点，不管款项多少都可以使用。

（2）汇兑结算是汇款人向异地主动付款的一种结算方式。

（3）汇兑结算手续简便、方式灵活，适用于交易双方的各种款项结算。

8.36 中国工商银行信汇凭证（收款通知或取款收据）

表 8－16

汇款单位编号：　　　　委托日期：____年____月____日　　　　第____号

<table>
<tr><td rowspan="3">收款单位</td><td>全称</td><td colspan="2"></td><td rowspan="3">汇款单位</td><td>全称</td><td colspan="3"></td></tr>
<tr><td>账号</td><td colspan="2"></td><td>账号</td><td colspan="3"></td></tr>
<tr><td>汇入地点</td><td>××省市</td><td>汇入行名称</td><td>汇出地点</td><td>××省市</td><td>汇出行名称</td><td></td></tr>
<tr><td>金额</td><td colspan="4">人民币（大写）</td><td colspan="4">千 百 十 万 千 百 十 元 角 分</td></tr>
<tr><td colspan="9">汇款用途　　　　留行待取预留
收款人印鉴</td></tr>
<tr><td colspan="3">上列款项已代进账，如有错误
请持此联来面洽。此致
（开户单位）
（汇入行盖章）
年　月　日</td><td colspan="3">上列款项已照首无误
（收款人盖章）
年　月　日</td><td colspan="3">科目（付）
对方科目（收）
汇入行解汇日期　年　月　日
复核员　出纳员
记账员</td></tr>
</table>

8.37 中国工商银行电汇凭证

表 8－17

中国工商银行电汇凭证（回单）

委托日期　　年　　月　　日

<table>
<tr><td rowspan="3">汇款人</td><td>全称</td><td colspan="3"></td><td rowspan="3">收款人</td><td>全称</td><td colspan="3"></td></tr>
<tr><td>账号及地址</td><td colspan="3"></td><td>账号及地址</td><td colspan="3"></td></tr>
<tr><td>汇出地点</td><td>省 市</td><td>汇出行名称</td><td></td><td>汇出地点</td><td>市 省</td><td>汇入行名称</td><td></td></tr>
<tr><td>汇款金额</td><td colspan="6">人民币（大写）</td><td colspan="3">百 十 万 千 百 十 元 角 分</td></tr>
<tr><td colspan="2">汇款用途</td><td colspan="4"></td><td rowspan="2">汇出行盖章</td><td rowspan="2" colspan="3">年　月　日</td></tr>
<tr><td colspan="6">上列款项已根据委托办理，如需查询，请持此回单来行面洽</td></tr>
</table>

8.38 托收承付会计管理制度

托收承付结算是适用于异地结算的一种结算方式，指根据购销合同由收款人发货后委托银行向异地付款人收取款项，由付款人向银行承认付款的一种结算方式。托收承付结算方式也分为邮划和电划两种。

1. 签发托收承付凭证时必须记载下列内容：

（1）“托收承付”的字样；

（2）确定的金额；

（3）付款人名称及账号；

（4）收款人名称及账号；

（5）付款人开户银行的名称；

（6）收款人开户银行的名称；

（7）托收附寄单证张数或册数；

（8）合同名称、号码；

（9）委托日期；

（10）收款人签章。

托收承付凭证上欠缺上列内容之一的，银行不予受理。

2. 托收承付结算的特点

托收承付结算方式同其他结算方式相比，具有以下特点：

（1）监督严格，信誉度较高。

（2）使用范围狭窄。

3. 对托收承付的有关规定

办理托收承付，除须具备上述有关使用范围的规定外，还应符合以下规定：

（1）收付双方必须签有符合《经济合同法》的购销合同，并在合同上注明使用托收承付结算方式。

（2）收付双方都有着较好的资信情况，都能遵守合同的规定。

（3）收款人办理托收，必须具有商品确已发运的证件（包括铁路、航运、公路等运输部门签发的运单、运单副本和邮局包裹回执）。

8.39 中国工商银行托收承付结算凭证

表 8－18　　中国工商银行托收承付结算凭证（回单）

第　　号

委托日期　　年　　月　　日　　托收号码：

<table>
<tr><td rowspan="3">收款单位</td><td>全称</td><td colspan="3"></td><td rowspan="3">付款单位</td><td>全称</td><td colspan="3"></td></tr>
<tr><td>账号</td><td colspan="3"></td><td>账号</td><td colspan="3"></td></tr>
<tr><td>开户银行</td><td></td><td>行号</td><td></td><td>开户银行</td><td></td><td>行号</td><td></td></tr>
<tr><td colspan="2" rowspan="2">托收
金额</td><td colspan="5" rowspan="2">人民币（大写）</td><td colspan="3">千 百 十 万 千 百 十 元 角 分</td></tr>
<tr><td colspan="3"></td></tr>
<tr><td colspan="2">附件</td><td colspan="5">商品发运情况</td><td colspan="3">合同名称号码</td></tr>
<tr><td colspan="2"></td><td colspan="5"></td><td colspan="3"></td></tr>
<tr><td colspan="5">备注：</td><td colspan="5">款项收妥日期
年　月　日
（收款单位开户行盖章）</td></tr>
</table>

此联是收款单位开户银行给收款单位的回单

单位主管　　　　会计　　复核　　　　记账

第 9 章　销售与收款业务会计管理制度与表格设计

9.1 销售与收款业务会计管理目标与管理要点

表 9－1　　销售与收款业务会计管理目标与管理要点

会计管理目标	会计管理要点
登记入账的销货业务确系已经发货给真实的顾客	1. 在发货前，顾客的赊销已经被授权批准； 2. 销货业务是以经过审核的发运凭证及经过批准的顾客订货单为依据登记入账的； 3. 销售发票均经事先编号，并已恰当地登记入账； 4. 每月向顾客寄送对账单，对顾客提出的意见作专案追查。
现有销货业务均已登记入账	1. 发运凭证（或提货单）均经事先编号并已经登记入账； 2. 销售发票均经事先编号，并已登记入账。
登记入账的销货数量确系已发货的数量，并已正确开具收款单并登记入账	1. 销售价格、付款条件、运费和销售折扣的确定已经适当的授权批准； 2. 由独立人员对销售发票的编制作内部核查。
销货业务的分类正确	1. 采用适当的会计科目表； 2. 内部复核和实施。
销货业务的记录及时	1. 采用尽量能在销货发生时开具收款账单和登记入账的控制方法； 2. 内部核查。
销货业务已经正确地记入明细账，并经正确汇总	1. 每月定期给顾客寄送对账单； 2. 由独立人员对应收账款明细账作内部核查； 3. 将应收账款明细账余额合计数与其总账余额进行比较。

需要说明的是，上述列示仅仅作为范例供参考，它既未包含销售与收款循环所有的内部控制，也并不意味着实务工作中必须按此一成不变。另外，设计的销售与收款循环内部控制，应同时达到上述目标。因为即使其他目标的控制非常有效，只要某一项目所必需的控制无效，都可能影响企业整个销售与收款循环内部控制制度的有效性。

9.2 销售与收款业务会计管理方法

1. 适当的职责分离

适当的职责分离有助于防止各种有意的或无意的错误。例如，主营业务收入账如果系由记录应收账款账之外的职员独立登记，并由另一位不负责账簿记录的职员定期调节总账和明细账，就构成了一项交互牵制；规定负责主营业务收入和应收账款记账的职员不得经手货币资金，这也是防止舞弊的一项重要控制。另外，销售人员通常有一种乐观地对待销货数量的自然倾向，而不问它是否将以巨额坏账损失为代价，赊销的审批在一定程度上可以抑制这种倾向。因此，赊销批准职能与销货职能的分离，也是一种理想的控制。

2. 正确的授权审批

对于授权审批问题，应当关注以下三个关键审批程序：其一，在销货发生之前，赊销业经正确审批；其二，非经正当审批，不得发出货物；其三，销售价格、销售条件、运费、折扣等必须经过审批。前两项控制的目的在于防止企业财产因向虚构的或者无力支付货款的顾客发货而蒙受损失，价格审批控制的目的则在于保证销货业务按照企业定价政策规定的价格开票收款。

3. 充分的凭证和记录

每个企业交易的产生、处理和记录等制度都有其特点，因此，也许很难评价其各项控制是否足以发挥最大的作用。然而，只有具备充分的记录手续，才有可能实现其他各项控制目标。例如，有的企业在收到顾客订货单后，就立即编制一份预先编号的一式多联的销售单，分别用于批准赊销、审批发货、记录发货数量以及向顾客开具账单等。在这种制度下，只要定期清点销售发票，漏开账单的情形几乎就不太会发生。相反的情况是，有的企业只在发货以后才开具账单，如果没有其他控制措施，这种制度下漏开账单的情况就很可能会发生。

4. 凭证的预先编号

对凭证预先进行编号，旨在防止销货以后忘记向顾客开具账单或登记入账，也可防止重复开具账单或重复记账。当然，如果对凭证的编号不作清点，预先编号就会失去其控制意义。由收款员对每笔销货开具账单后，将发运凭证按顺序归档，而由另一位职员定期检查全部凭证的编号，并调查凭证缺号的原因，就是实施这项控制的一种方法。

5. 按月寄出对账单

由不负责现金出纳和销货及应收账款记账的人员按月向顾客寄发对账单，能促使顾客在发现应付账款余额不正确后及时做出说明，因而这是一项有用的控制。为了使这项控制更加有效，最好将账户余额中出现的所有核对不符的账项，指定一位不掌管货币资金也不记载主营业务收入和应收账款账目的主管人员处理。

6. 内部核查程序

由内部审计人员或其他独立人员核查销货业务的处理和记录，是实现内部控制目标所不可缺少的一项控制措施。

9.3 审核、批准客户订货流程

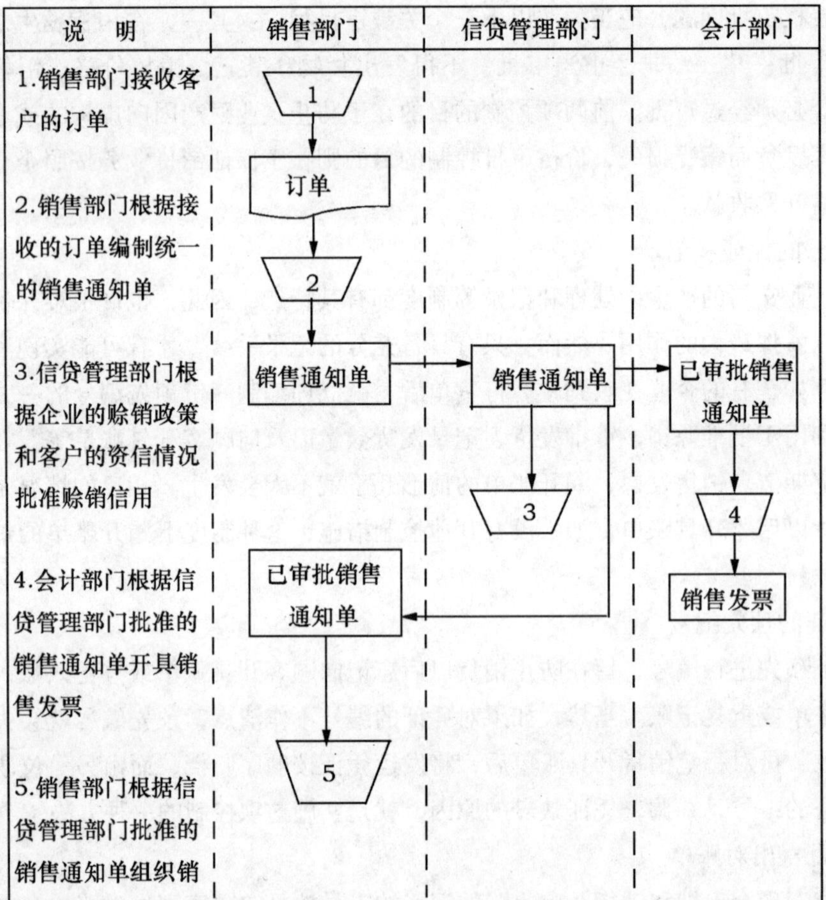

图9－1　审核、批准客户订货流程图

9.4 订货单

表9-2　　订　货　单

编号：　　单位：　　填单日期：　　年　月　日

收货单位					客户编号		
联络地址							
电话					联络人		
收货站名							
订货日期					到货日期		
产品代号	产品名称	规格	数量	赠送	补货	合计	备注
							客户签章
公司主管		部门主管		财务单位经办人签章		业务员	

9.5 销售信用政策

应收账款赊销的效果好坏，依赖于企业的信用政策。信用政策包括：信用期间、信用标准和现金折扣政策。

1. 信用期间

信用期间是企业允许顾客从购货到付款之间的时间，或者说是企业给予顾客的付款期间。

信用期的确定，主要是分析改变现行信用期对收入和成本的影响。延长信用期，会使销售额增加，产生有利影响；与此同时应收账款、收账费用和坏账损失增加，会产生不利影响。当前者大于后者时，可以延长信用期，否则不宜延长。如果缩短信用期，情况与此相反。

2. 信用标准

信用标准，是指顾客获得企业的交易信用所应具备的条件。如果顾客达不到信用标准，便不能享受企业的信用或只能享受较低的信用优惠。

3. 现金折扣政策

现金折扣是企业对顾客在商品价格上所做的扣减。向顾客提供这种价格上的优惠，主要目的在于吸引顾客为享受优惠而提前付款，缩短企业的平均收款期。折扣的表示常采用如5/10、3/20、N/30这样一些符号形式。这三种符号的含义为：5/10表示10天内付款，可享受5%的价格优惠，即只需支付原价的95%，如原价为10 000元，只支付9 500元；3/20表示20天内付款，可享受3%的价格优惠，即只需支付原价的97%，若原价为10 000元，只支付9 700元；N/30表示付款的最后期限为30天，此时付款无优惠。

9.6 对客户资信情况评估的“5C”法

企业在设定某一顾客的信用标准时，往往先要评估它赖账的可能性。这可以通过“5C”系统来进行。所谓“5C”系统，是评估顾客信用品质的五个方面，即：品质(Character)、能力（Capacity)、资本（Capital)、抵押（Collateral）和条件（Conditions)。

1. 品质

品质指顾客的信誉，即履行偿债义务的可能性。企业必须设法了解顾客过去的付款记录，看其是否有按期如数付款的一贯做法，及与其他供货企业的关系是否良好。这一点经常被视为评价顾客信用的首要因素。

2. 能力

能力指顾客的偿债能力，即其流动资产的数量和质量以及与流动负债的比例。顾客的流动资产越多，其转换为现金支付款项的能力越强。同时，还应注意顾客流动资产的质量，看是否有存货过多、过时或质量下降，影响其变现能力和支付能力的情况。

3. 资本

资本指顾客的财务实力和财务状况，表明顾客可能偿还债务的背景。

4. 抵押

抵押指顾客拒付款项或无力支付款项时能被用作抵押的资产。这对于不知底细或信用状况有争议的顾客尤为重要，一旦收不到这些顾客的款项，便以抵押品抵补。

5. 条件

条件指可能影响顾客付款能力的经济环境。比如，万一出现经济不景气，会对顾客的付款产生什么影响，顾客会如何做等等，这需要了解顾客在过去困难时期的付款历史。

9.7 客户信用状况评价表

表9-3 客户信用状况评价表

指　　标	指标值	拒付风险系数（%）
流动比率		
速动比率		
现金比率		
产权比率		
已获利息倍数		
有形净值负债率		
应收账款周转率		
存货周转率		
总资产报酬率		
赊购付款履约情况		
累计拒付风险系数		

在考核客户信用状况的过程中，我们也可以将客户信用风险予以量化，对每一客户的信用风险用百分数表示出来，借以简单地反映和比较各个客户的信用度好坏。为此，企业可使用客户信用状况评价表。该表使用时应参照信用标准一览表，当某客户某项信用指标值等于或低于坏的信用标准，则该客户拒付风险系数增加100%，若客户某指示介于好与坏信用标准之间，则客户拒付风险系数增加5%，当客户这一指标高于好的信用指标时，客户这一指标无拒付风险，最后将客户各项指标的拒付风险系数累加，即作为该客户量化的信用状况。

9.8 信用标准分析评价表

表9－4 信用标准分析评价表

项　目	方案一	方案二	方案三
年赊销额 变动成本			
信用成本前收益			
信用成本 应收账款机会成本 坏账损失 收账费用 小　计			
信用成本后收益			

信用标准是企业评价客户等级、决定给予或拒绝客户信用的依据。一旦企业决定给予客户信用优惠时，就需要考虑具体的信用条件。对信用条件进行分析，就是对企业接受客户信用定单时所提出的付款要求即信用期限、折扣期限以及现金折扣等情况进行分析。信

用条件分析评价表正是一种用以分析评价信用条件的专项管理表格，在表中将各种备选方案进行比较，确定最佳方案。

9.9 销售确认、发货业务流程

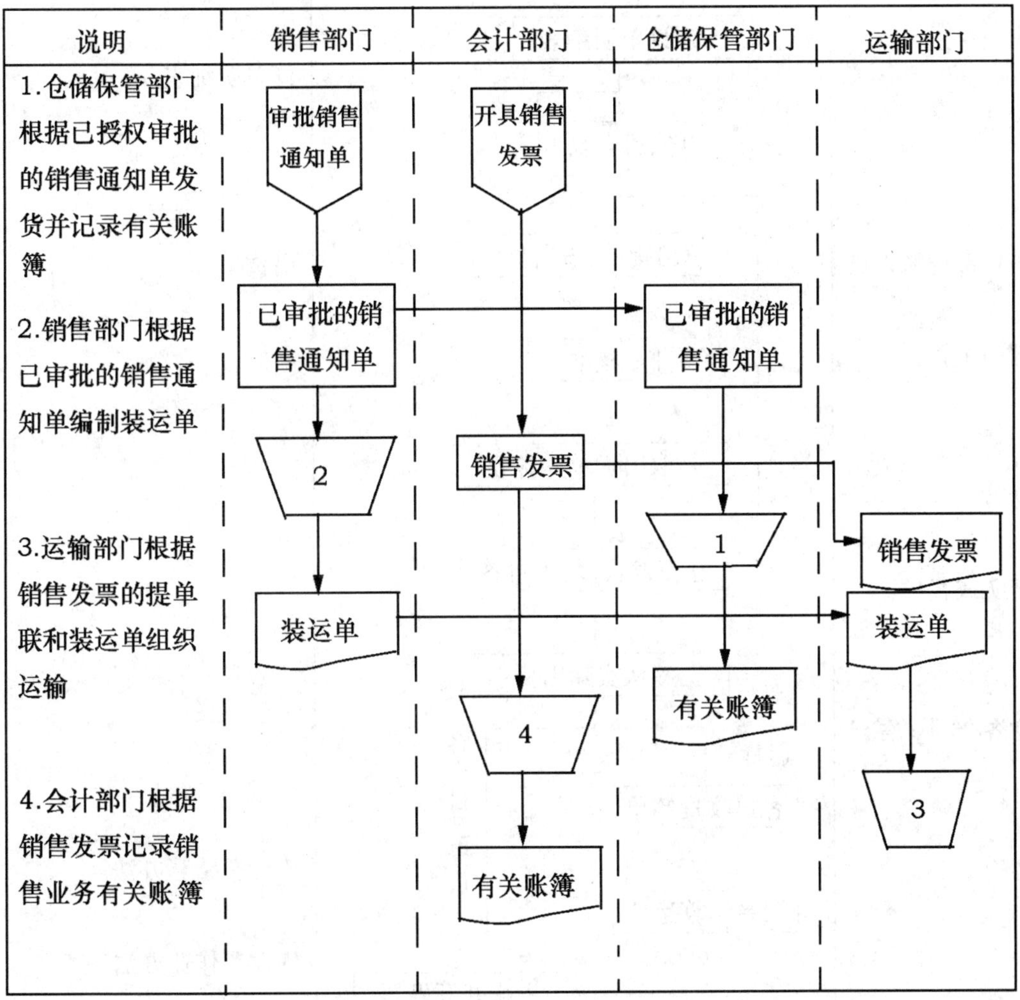

图 9-2 销售确认、发货业务流程图

9.10 销售出货管理流程

执行	流程	说明及表单
销售人员	列订单明细表	订单明细表
车队	安排车辆	
销售部记账人员	填出货单,盖出货章	出货单
部门主管	核准	
仓管	领取出货单并签收	
车队或客户	仓库发货,装车封签 签认实际出货	
仓客/车队/客户	(运货) 客户收货签单 / (客户自己提货)	
客户	回单结算运费	依运费结算办法
财务	入账并开发票	依发票作业办法

图9-3 销售出货管理流程图

9.11 出货单

表 9－5 出 货 单

订单号：______ 出货单号：______ 年 月 日

客户代码		收货单位名称					联系人		
卸货地点							电话		
承运单位									
序号	品名	规格	单位	单价	数量	金额	实际数量	客户实收数量	备注
合计									
货物起运时间			客户收货时间						
承运车号		封签号		封签人					
退回/短缺	品名		单位	数量	退回或短缺原因				
备注			客户签认						

门卫： 司机： 仓管：

财务： 销售经理： 销售代表：

9.12 销售发票管理流程

执行	流程	相关文件及表单
销售分公司/营销部	传送出货资料 ↓	
财务部	准备发票和发票明细单 ↓	
财务部	开具发票，盖“发票专用章” ↓	发票明细单
财务部	传送发票 ↓	
销售部	申请领用发票 ↓	发票送达单
销售分公司/营销部负责人	签核 ↓	发票领用单
销售代表	领用发票 ↓	
销售代表	回款或交回发票	

图9－4 销售发票管理流程图

9.13 销售发票管理制度

同城销售发票管理

（1）销售分公司或营销部记帐人员每日及时将出货资料反馈给财务部。

（2）财务部根据销售分公司或营销部门出货资料准备发票（分增值税发票和普通发票）。

（3）会计按日期分区域填开列发票明细表、销售日报表，并将两表核对无误。

（4）会计按照已印好的发票号码顺序填开发票，并加盖“发票专用章”。

（5）发票上反映的销售折让包括：

①赠品促销。

②销售单价折让。

③一定方式的返利折让。

开具发票时将以上三项设在“销售折让”栏内，金额用负数表示，销售数量（含赠品）及单价按通常表示方法填列。

（6）部门发票的开立

①每月末根据各部门领用赠品资料收集发票，增值税发票或普通发票依当地财务制度执行。

②以公司名称为抬头填开发票，并将销售日报表、出货清单一并存档。

（7）将发票第四联、发票明细表、销售日报表附于传票后面存档。

（8）发票第一联按号码装订成册存档。

（9）每周列出发票应开未开报表，以避免漏开发票。如开具发票时选择全部汇总发票，须开立发票清单，每联的流转同发票。

（10）外地分公司所在地可开发票者，程序同上。

异地销售发票管理

（1）财务部将发票第二、三联及发票送达单每日邮寄至外设分公司或各营销部账务收。

（2）各账务收到财务部寄出的发票后，应先将发票与发票送达单核对，无误后签认并传回财务部。

（3）账务还应将发票与出货资料核对，若发现错误，应及时将发票寄回公司财务部修正。

（4）经销商发票由账务交销售代表送客户，并请销售代表在发票领用单上签字。

（5）直销代表需要领发票时，先填写发票领用单，由分公司/营销部负责人签准，账务核对无误后方可将发票交与销售代表。

（6）当日下班前直销代表若无回款，账务应催销售代表退回发票或交回客户签收的凭证，以避免丢失发票等情况发生。

（7）直销代表交回客户签收的凭证超过一定时间而无回款，账务须及时向销售分公司或营销部负责人报告。

（8）对尚未回款的直销客户的发票及出货回执，账务应按客户户别妥善保管。

（9）账务将发票传送单及发票领用单按月份存档保管。

发票管理注意事项

（1）发票如有遗失，不能重新开立。

（2）若客户资料有变更，营销部账务应及时将变更资料寄到财务部作变更登记。

9.14 销售退换货管理流程

执行	流程图	相关文件及表单
客户	提出退换货申请单 ↓	
销售代表	填写退换货申请单 ↓	退换货申请单
销售经理	核准 ↓	出货单
车队/仓管	运回货物，整理分类 ↓	
仓管	保管账处理 ↓	依出货作业办法
客户	换货/退货 ↓	
	退回原发票及退税证明 ↓	
财务部	账务处理并重新开立发票	依发票作业办法

图9－5 退换货管理流程图

9.15 退换货申请单

表 9－6　　退换货申请单

填表日期：　　年　月　日

客户名称				退换货时间		
退货品种	数量	原出货单号码	退货原因	仓库实收数量	换货品种	换货数量
备注						

仓管　　　　财务　　　　销售经理　　　　销售代表

9.16 销售管理报告制度

销售管理报告是销售部门和人员向上级领导汇报销售业务开展情况，请示工作、沟通销售信息的一种方式，是企业领导控制销售业务、掌握销售信息、制定销售方针和政策、实施经营战略、改善经营管理的重要依据。销售管理报告种类较多，就其主要用途和内容来划分，可以分为销售（包括利润、成本）计划完成情况报告，销售计划与合同执行情况报告，订单、合同签订和赊销情况报告，分支机构销售和盈利情况报告，商品存量与货源情况报告，重大销售业务专题报告，销售网点扩展与收缩、合并、撤销报告，调整售价报告，资金回笼情况报告，市场供求、客源、行情调研和竞争情况报告，商品盘存和损耗损失以及重大销售事故情况报告，销售管理制度与岗位责任制度执行情况报告，销售内部审计报告，等等。这些报告主要由销售管理职能部门和商场经理负责编写，并向销售经理定期或不定期报告，以便销售经理及时掌握销售工作情况，作出决策和决定。定期的报告可分为旬报、月报、季报、半年报和年度报；不定期报告则根据需要及时向销售经理报告。报告应采用书面形式。

建立销售管理报告制度有下列要点：

①规定报告人和报告传递程序；

②规定报告日期；

③报告的内容必须真实、全面，既反映事实情况和问题，又要提出合理化建议；

④报告须由报告人签证，以示负责。

上述内容和要点，用条文形式予以明确下来，就可形成企业销售管理报告制度。

9.17 批发销售日报表

表9－7 **批发销售日报表**

部门名称______ 年 月 日 金额单位：元

收入部分	金额	附单据张数	付出部分	金额	附单据张数	备注
昨日现款			1. 现金存入银行			
1. 销售收入			2. 支票存入银行			
其中： 类			3. 办理托收			
类			4. 内部转账			
类			5.			
类			6.			
类			7.			
2. 包装物押金			8.			
3. 出售包装收入			9.			
4.			10.			
5.			11. 次日现款			
合 计			合 计			

合计 审核 制表（收款员）

说明：（1）本表适用于批发企业；

（2）本表由收款员填写，一式两联，一联存根，一联连同所附单据一并上报财会部门；

（3）本表的“次日现款”是当日解缴银行后营业收入的现款，次日报表中“昨日现款”金额与此金额相同；

（4）本表平衡公式为：收入部分合计数等于付出部分合计数。

9.18 销售缴款会计管理流程

执行	流程	相关文件及表单
客户	汇票/电汇/支票/现金缴款	缴款单
	↓	
销售代表	收款并填写缴款单	
	↓	
财务/出纳	核准	
	↓	
	填写缴款明细单	缴款明细单
财务/出纳	↓	
销售经理	核准	
	↓	
公司经理		
财务部	签收缴款单，填列缴款明细单，将缴款单及缴款凭证传财务部。	缴款明细单
	↓	
财务部	及时将货款划回	缴款清单

图9－6 销售缴款会计管理流程图

9.19 货款回收管理规定

①会计人员根据“出货单”会计联、发票，制作传票登入客户应收账款明细账。

②“出货单”客户联经客户签收，签收联由公司会计单位保管，交由业务人员按时收款。

③每月（或每周期）结账一次，由会计单位提供“客户应收账款明细表”、“应收账款账龄分析表”给予业务单位，以利收款。

④业务单位应依据会计单位所提供的当月的“应收账款明细表”，向客户催收款项；凡因“销货退回”及“销货折让”所发生的应收账款减少，须经主管核准。

⑤业务人员收回现金，应于当日或次日上班时如数交会计部出纳人员入账，若有延迟缴回或调换票据缴回者，均依挪用公款处理；缴回票据的发票人若与统一发票抬头不同，应经同一抬头客户正式背书，否则应由收款人亲自在票据上背书，并注明客户名称备查，若经查明该票据非客户所付，即视同“挪用公款”处理。

⑥业务人员依“应收账款明细表”，收取客户款项（现金或票据），回公司填写“收款通知单”，连同所收款项一并交给会计单位（出纳）签收，一联连同凭证给予业务人员。

⑦账款收回时，会计单位应即将其填入当天“出纳日报表”的“本日收款明细表”栏中，并过入“客户应收账款明细表”中，凭此销账及备查。

⑧业务主管除督促加强“客户应收账款明细表”的催收外，应核对应收未收款之“客户联”与“应收账款明细表”二者是否相符。一旦不符合，立即追查原因。

⑨会计单位为加强催收应收账款，应每月编制“应收账款账龄分析表”，并将超过60天尚未收者，列表注明债务人、金额，该表单交由业务单位加以催收，业务主管注明迟滞原因，交由总经理室财务组评估单位绩效。

⑩会计部门针对迟延未收的“应收账款”，凡超过规定期限60天未收回者，除列表通知业务单位继续催收，应通知法律部门采取必要行动，并呈报总经理财务组。

⑪. 会计单位应核对应收账款明细账、总分类账及有关凭证是否相符；不定期向债务人函证应收账款余额。

⑫迟滞收回的应收账款，若欲列为“呆账”加以冲销，须经主管核准。

⑬业务部至迟应于出货日起60日内收款。如超过上列期限者，会计部门就其未收款项详细列表，通知各业务部门主管，将其视同呆账处理，并自奖金中扣除，待收回票据后，再行冲回。

9.20 销售缴款单

表 9－8　　　　　　　　　　　**销售缴款单**

厂商　　　　　　　　　　　　　　年　　月　　日　　　　　　　　　　　页数

承购客户						
订单编号						
品名	数量	单价	金额			
			美元		人民币	
交付	佣金		印花			
	手续费					
	汇　费					
	邮　费					
	电报费		合计			
实际缴款：						
记事：						

经理　　　　科长　　　　财务　　　　缴款人

9.21 与客户对账业务管理流程

执行	流程	相关文件及表单
账务	每日列印余额表 核对收款出货及余额	余额表
财务	每月填列客户对账单	客户对账单
	传客户对账单给客户	
销售	核对账单	
客户	签章认可,返销售代表	
客户	对账至 调整正确	
账务	收单并传回会计部 存档保存	客户对账单

图9－7 与客户对账业务管理流程图

9.22 客户对账单

______________：

贵公司　　年　月惠购我公司货品详列如本对账单，本货款烦请核对后，依照与我公司约定的货款支付方式及日期：　　年　　月　　日支付货款，本公司将派人前来接洽。

谢谢！

表9-9　　客户对账单

（单位财务章）

年　月　日

交货日期	品名规格	数量	单价	总价	发票日期	发票号码	交运单号码	备注

9.23 收账管理方法

收账是企业应收账款管理的一项重要工作。收账管理应包括如下两部分内容。

1. 确定合理的收账程序

催收账款的程序一般是：信函通知；电话催收；派员面谈；法律行动。

2. 确定合理的讨债方法

顾客拖欠货款的原因可能比较多，但可概括为两类：无力偿付和故意拖欠。

无力偿付是指顾客因经营管理不善，财务出现困难，没有资金偿付到期债务。对这种情况要进行具体分析，如果顾客确实遇到暂时困难，经过努力可以东山再起，企业应帮助顾客渡过难关，以便收回较多的账款。如果顾客遇到严重困难，已达破产界限，无法恢复活力，则应及时向法院起诉，以期在破产清算时得到债权的部分清偿。

故意拖欠是指顾客虽有能力付款，但为了本身利益，想方设法不付款。遇到这种情况，则需要确定合理的讨债方法，以达到收回账款的目的。常见的讨债方法有如下几种：

（1）讲理法。讨债人要有礼貌地说明理由。坚持说理，以理服人，无故拖欠货款是不应该的，已对债权人产生消极影响，造成经济损失。若不及时付款，引起法律纠纷，对双方都不利。

（2）恻隐术法。讨债人应讲清自己的困难，说明本身的危险处境，以打动债务人的恻隐之心，使债务人良心发现，按时付款。

（3）疲劳战法。抓住欠债企业的一两个领导人（如厂长、总会计师、财务科长）坚持打持久战，不达目的决不罢休，总有一天，该领导人会同意付款。

9.24 应收账款管理制度

第一条 为确保公司权益，减少坏账损失，特制定本办法，以资遵守。

第二条 各营业部门应详实办妥客户信用调查，并随时侦察客户信用的变化（可利用机会通过A客户调查B客户的信用情况）签注于信用调查表相关栏内。但政府机关、事业单位、国有企业、信用良好的民营大企业及风险低的小金额或现金交易客户应不受此限。

第三条 营业部门，至迟应于出货日起60日内收款。如超过期限者，财务科就其未收款项详细列表，通知各营业部门主管，转为呆账，并自奖金中扣除。待收回票据时，再行冲回。但政府机关、事业单位、国有企业及民营大企业等订有其内部付款程序者，应依其规定。

第四条 营业部门所收票据，自销售日起算，至票据兑现日止，以120天为限。如超过期限，财务科就其超限部分的票据编列明细表，通知营业部门加收利息费用，利息概以月息2%计算。

第五条 赊销货品收受支票时，应注意下列事项：

（1）注意发票人有无权限签发支票；

（2）非该商号或本人签发的支票，应要求交付支票人背书；

（3）注意查明支票有效的绝对必要记载事项，如文字、金额、到期日、发票人盖章等等是否齐全；

（4）注意所收支票账号号码愈少表示与该银行往来期愈长，信用较为可靠（可直接向银行查明或请财务科协办）；

（5）注意所收支票账户与银行往来的期间、金额、退票记录情况（可直接向付款银行查明或请财务科协办)；

(6) 支票上文字有无涂改、涂销或更改；

(7) 注意支票记载何处不能修改（如大写金额)，可更改者是否于更改处加盖原印鉴；

(8) 注意支票上的文字记载（如禁止背书转让字样)；

(9) 注意支票是否已逾到期日 1 年（逾期 1 年失效)，如有背书人，应注意支票提示日期，是否超过第六条的规定；

(10) 尽量利用机会通过 A 客户注意 B 客户支票的信用。

第六条 本公司收受的支票提示付款期限，至迟应于到期日后 6 日内予以处理。

第七条 所收支票已缴交者，如退票或因客户存款不足，或因其他因素，要求退回兑现或换票时，营业单位应填具票据撤回申请书，经部门主管签准后，送财务科办理，营业部门取回原支票后，必须先向客户取得相当于原支票金额的现金或担保品，或新开支票，始将原支票交付，但仍须依上列规定办理。

第八条 应收账款发生折让时，应填具折让证明单，其折让部分，应设销货折让科目表示，不得直接从销货收入项下减除。

第九条 财务科接到银行通知客户退票时，应即转告营业部门，营业部门对于退票，无法换回现金或新票时，应即寄发邮政信函，通知发票人及背书人，并迅速拟定方案进行处理。

第十条 营业部门对退票申诉案件送请财务科办理时，应提供下列资料：

(1) 发票人及背书人户籍所在地（先以电话告知财务科)；

(2) 发票人及背书人财产（土地应注明所有权人、地段、地号、面积、持分、设定抵押)、建物（土地改良物）应注明所有权人、建号、建物持分、设定抵押，其他财产应注明名称、存放地点、现值等；

(3) 其他投资事项。

第十一条 上述债权确定无法收回时，应专案列送财务科，并附税务机关认可的合法凭证（如法院裁定书当地派出所证明文件或邮政信函等）呈总经理核准后，方可冲销应收账款。

第十二条 依法申诉而无法收回债权部分，应取得法院债权凭证，交财务科列册保管，倘事后发现债务人（利益偿还请求权，时效为 15 年内）有偿债能力时，应依上列有关规定申请法院执行。

第十三条 本公司营业人员不依本办法的各项规定办理或有勾结行为，致使本公司权益蒙受损失者，依人事管理规则论处，情节重大者应移交法办。

第十四条 本办法经呈准后公布实施，修订时亦同。

9.25 应收账款控制表

表 9－10　　　　　　　　　　年　　月　　日

厂商	上月应收帐款	本月出资	本月减顶				本月底应收账款			
			回款	退款	折让	合计	月	月	月	合计
合计										
%										

核准　　　　复核　　　　制表

9.26 应收账款收款日程安排表

表 9－11　　应收账款收款日程安排表

年　月　日　　　　编号：

项次	客户名称	金额	明细表编号	预定收款日期	收款情况说明
				月　日上/下午　时　分	
				月　日上/下午　时　分	
				月　日上/下午　时　分	
				月　日上/下午　时　分	
				月　日上/下午　时　分	
				月　日上/下午　时　分	
				月　日上/下午　时　分	
				月　日上/下午　时　分	
				月　日上/下午　时　分	
				月　日上/下午　时　分	
				月　日上/下午　时　分	
				月　日上/下午　时　分	
				月　日上/下午　时　分	

主管　　　　会计　　　　制表

应收账款是企业为促进销售而给客户提供优惠。但无论现销还是赊销，企业最终目的是为了获得利润，因此企业应做好应收账款的收账安排工作。应收账款收款日程安排表正是这种辅助企业制定收款计划的书面资料。

9.27 应收账款控制表

表 9－12 **应收账款控制表**

年 月 日

厂商	上月应收账款	本月出资	本月减项				本月应收账款	
			回款	退款	折让		合计	合计
合计								

核准 复核 制表

应收账款管理工作中，应收账款的控制阶段也是十分关键的。应收账款的控制主要是对应收账款的产生乃至回收的各个因素进行监督，逐一反映在应收账款控制表上。

9.28 收款通知单

表 9－13 **收款通知单**

收款单位__________ 年 月 日 编号______字______号

客户名称	销售单号码	摘要	金额	备注

收款记录	出票人	银行名称	账号	票据号码	到期日	金额	附件
							张
							出纳科点收
	折 让						
	合 计						

副经理 科长 经手人

收款通知单是对企业应收回的应收账款做出的记录，是收款单位与客户密切联系的纽带。

9.29 应收账款账龄分析

企业已发生的应收账款时间长短不一，有的尚未超过信用期，有的则逾期拖欠。一般来讲，逾期拖欠时间越长，账款催收的难度越大，成为坏账的可能性也就越高。

因此，进行账龄分析，密切注意应收账款的回收情况，是提高应收账款收现效率的重要环节。

应收账款账龄分析，即应收账款账龄结构分析。所谓应收账款的账龄结构，是指企业在一基本时点，将各应收账款按照开票日期进行归类（即确定账龄），并计算出各账龄应收账款的余额占总计余额的比重。

账龄结构向企业财务管理人员提供了应收账款占用状况的详实资料。通常情况下，赊销信用期越短，应收账款的过期数额、比重及坏账风险相应越高。例如，截止 2009 年 3 月底某企业应收账款余额中，有 600 万元尚在信用期内，占全部应收账款的 60%。过期数额 400 万元，占全部应收账款的 40%，其中逾期一、二、三、四、五、六个月的分别为 10%、6%、4%、7%、5%、2%，另有 6% 的应收账款已经逾期半年以上。对不同拖欠时间的账款及不同信用品质的客户，企业应采取不同的收账方法，制定出经济可行的不同收账政策、收账方案；对可能发生的坏账损失，需提前作出准备，充分估计这一因素对企业损益的影响。对尚未过期的应收账款，也不能放松管理、监督，以防成为新的拖欠。通过应收账款账龄分析，提示财务管理人员在把逾期款项视为工作重点的同时，有必要进一步研究与制定新的信用政策。

在作应收账款账龄分析时，也可以选择重要的顾客及其余额，编制应收账款账龄分析表，不重要的或余额较小的，可以汇总列示。应收账款账龄分析表的合计数减去计提的相应坏账准备后的净额应该等于资产负债表中的应收账款数。

表 9－14　　应收账款账龄分析表

年　月　日　　　　货币单位：

客户名称	期末余额	账龄			
		1 年以内	1～2 年	2～3 年	3 年以上
合　计					

9.30 逾期账款管理流程

执行	流程	相关文件及表单
账务	账龄分析	账龄分析表
销售代表	↓ 逾期账款催款	逾期账款催账单
销售代表	↓ 问题账款调查	问题账款调查表
法律顾问	↓ 对无法回收的账款诉诸法律予以追缴	
账务	追回的货款 ↓ 无法追回的货款	
销售	回款入账；呆账上报	
总经理	↓ 核准	呆账处理申请单
账务	↓ 销账	

图9－8 逾期账款管理流程图

9.31 问题账款处理办法

第一条 为妥善处理“问题账款”，争取时效，以维护本公司与销货经办人的权益，特制定本办法。

第二条 本办法所称的“问题账款”是指本公司营业人员于销货过程中（含表演与试用）所发生被骗、被倒账、收回票据无法如期兑现或部分货款未能如期收回等情形的案件。

第三条 因销货而发生的应收账款自发票开立之日起逾2个月尚未收回，亦未按公司规定办理销货退回者，视同“问题账款”。但情形特殊经呈报副总经理特准者不在此限。

第四条 “问题账款”发生后，该单位应于2日内据实填妥“问题账款报告书”（以下简称报告书），并检附有关证据、资料等依序呈请单位主管查证并签注意见后，转请人事部协助处理。

第五条 前条报告书上的基本资料栏由单位会计员填写；问题账形成过程、处理意见及附件明细等栏由销货经办人填写。

第六条 人事部应于收到报告书后2日内与经办人及单位主管协商后拟订处理办法，呈请直属副总经理批示，并协助经办人处理。

第七条 经批示后的报告书，人事部应即复印一份交财务部备案，如为尚未开立发票的“问题账款”，则应另复印一份交财务部备案。

第八条 仓库部接到人事部转来的报告书后，应将“问题账款”的商品，专案列账，免受试用日期的限制。

第九条 经办人填写报告书后，应注意：

（1）务必亲自据实填写，不得遗漏。

（2）发生原因栏如勾填“其他”时，应在括弧内注明简略原因。

（3）经过情形栏应从与客户接洽时起，依时间的先后，逐一载明至填报日期止的所有经过情形。本栏空白若不够填写，可另粘白纸填写。

（4）处理意见栏由经办人自己拟具赔偿意见用，如需公司协助，请在本栏内填明。

第十条 报告书未依前条规定填写者，人事部可退回经办人，请其于收到原报告书2天内重新填写提出。

第十一条 “问题账款”发生后，经办人未依规定期限提出报告书，请求协助处理者，人事部应不予受理。逾15天仍未提出者，该“问题账款”应由经办人负全额赔偿责任。

第十二条 会计员未主动填写报告书的基本资料或单位主管疏于督促使经办人未在规定期限内填妥并提出报告书，致使经办人应负全额赔偿责任者，该单位主管或会计员应连带受行政处分。

第十三条 “问题账款”处理期间，经办人及其单位主管应与人事部充分合作，必要时，人事部可借阅有关单位的账册、资料，并请求有关单位主管或人员配合查证，该单位主管或人员不得拒绝或借故推拖。

第十四条 人事部协助单位处理的“问题账款”，自该“问题账款”发生之日起40天内，尚未能处理完毕，除情形特殊经报请副总经理核准延期赔偿者外，财务部应依财务人员、营业主任待遇办法中有关倒账赔偿的规定，拟定经办人应赔偿的金额及其偿付方式，呈请执行副总经理核定。

第十五条 本办法各条文中所称“问题账款”发生日按如下方法确定：如果票据未能兑现，系指第一次收回票据的到期日；如被骗，则为被骗的当日。此外的原因，则为该笔交易发票开立之日起第60天。

第十六条 经核定由经办人先行赔偿的“问题账款”，人事部仍应寻求一切可能的途径继续处理。若事后追回商品或货款时，应通知财务部于追回之日起5天内依比率一次退还原经办人。

第十七条 人事部对“问题账款”的受理，以报告书的收受为依据，如情况紧急时，可由经办人先以口头提请人事部处理，但经办人应于次日补填报告书。

第十八条 经办人未据实填写报告书，以致妨碍“问题账款”处理者，除应负全额赔偿责任外，人事部还应视情节轻重酌情惩处。

第十九条 本办法经总经理核准后公布实施，修正时相同。

9.32 问题账款报告书

表 9－15 **问题账款报告书**

年 月 日

<table>
<tr><td rowspan="7">基本资料栏</td><td>客户名称</td><td colspan="3"></td></tr>
<tr><td>公司地址</td><td></td><td>电话</td><td></td></tr>
<tr><td>工厂地址</td><td></td><td>电话</td><td></td></tr>
<tr><td>负责人</td><td></td><td>经办人</td><td></td></tr>
<tr><td>开始往来日期</td><td></td><td>交易项目</td><td></td></tr>
<tr><td>平均每月交易额</td><td></td><td>信用度</td><td></td></tr>
<tr><td>问题账款金额</td><td></td><td></td><td></td></tr>
<tr><td>问题账款形成过程</td><td colspan="4">（1）发生原因：□客户倒闭 □拖延付款 □质量不良 □数量不符
□客户要求延后付款 □其他（ ）
（2）经过情况</td></tr>
<tr><td>处理意见</td><td colspan="4"></td></tr>
<tr><td>附件明细</td><td colspan="4"></td></tr>
</table>

核准 复核 制表

问题账款报告书是具有针对性的管理表格，它针对每一项具体的问题账款，在报告书上反映出客户的基本情况、问题账款的金额、问题账款的产生原因以及企业的处理意见等，是企业加强应收账款回收管理的有效手段。

9.33 坏账确认的标准与坏账准备制度

坏账是指企业无法收回或收回的可能性极小的应收账款。由于发生坏账而产生的损失，称为坏账损失。

企业确认坏账时，应遵循财务报告的目标和会计核算的基本原则，具体分析各应收账款的特性、金额大小、信用期限、债务人的信誉和当时的经营情况等因素。一般来讲，企业的应收账款符合下列条件之一的，应确认为坏账：

（1）债务人死亡，以其遗产清偿后仍然无法收回；

（2）债务人破产，以其破产财产清偿后仍然无法收回；

（3）债务人较长时期内未履行其偿债义务，并有足够的证据表明无法收回或收回的可能性极小。

企业应当定期或至少于年度终了对应收账款进行检查，并预计可能产生的坏账损失。对预计可能发生的坏账损失，计提坏账准备。企业计提坏账准备的方法由企业自行确定。企业应当制定计提坏账准备的政策，明确计提坏账准备的范围、提取方法、账龄的划分和提取比例，按照法律、行政法规的规定报有关各方备案，并备置于企业所在地。坏账准备提取方法一经确定，不得随意变更。如需变更，应当在会计报表附注中予以说明。

9.34 坏账损失估计方法

估计各会计期间坏账损失的方法有四种，即应收账款余额百分比法、账龄分析法、赊销百分比法和个别认定法。

1. 应收账款余额百分比法

应收账款余额百分比法是按应收账款余额的一定比例估计坏账损失的方法。采用这种方法时，每期所估计的坏账损失，应根据坏账损失占应收账款余额的经验比例和该期应收账款余额确定。

2. 账龄分析法

账龄分析法，是按应收账款账龄的长短，根据以往的经验确定坏账损失百分比，并据以估计坏账损失的方法。这里所指的账龄是指客户所欠账款账龄超过结算期的时间。虽然应收账款能否收回及其回收的程度与应收账款的过期时间长短并无直接联系，但一般来说，账龄越长，账款不能收回的可能性越大。账龄分析法就是依据这一前提来估计坏账损失的。采用这种方法可以比较客观地反映应收账款的估计可变现净值。

3. 赊销百分比法

赊销百分比法，是以赊销金额的一定百分比估计坏账损失的方法。百分比一般根据以往的经验，按赊销金额中平均发生坏账损失的比率加以计算确定。

4. 个别认定法

个别认定法是根据每一应收账款的情况来估计坏账损失的方法。

还需要说明一点，无论是应收账款余额百分比法、账龄分析法，还是赊销百分比法，都涉及估计坏账的比例问题。因不同的企业所处的具体环境各不相同，世界上大多数国家也就不规定具体的比例标准，只是要求企业根据以往经验和实际情况合理确定。

第 10 章　成本与费用会计管理制度与表格设计

10.1 成本会计管理内容

成本会计管理的基本内容有：成本预测、成本决策、成本计划、成本控制、成本核算、成本分析与成本考核等。

1. 成本预测

是指依据成本与各种技术经济因素的依存关系，结合企业发展前景及采取的各种措施，利用一定的科学方法，对未来期间成本水平及其变化趋势做出科学的推测和估计。成本预测的主要内容包括以下四个方面：

（1）在编制成本计划时，应预测企业计划期目标成本，以及在产品产量、品种、质量、价格等因素发生变化的情况下的总成本水平和成本变化的趋势。

（2）在生产过程中，根据生产预测和计划，对期中的成本进行预测，从而揭示成本计划的执行情况和完成程度。

（3）根据日常的核算资料和经营管理的状况，预测单位产品成本水平的变化趋势。

（4）运用各项成本指标和有关资料，预测企业各项技术经济工作的经济效果。

2. 成本决策

是指用决策理论，根据成本预测及有关成本资料，运用定性与定量的方法，选择最佳成本方案的过程。企业成本决策的构成内容主要有：

（1）合理生产批量的成本决策。

（2）零部件自制或外购的成本决策。

（3）接受追加独立核算订货的成本决策。

（4）亏损产品是否停产的成本决策。

（5）产品转产的成本决策。

（6）自制半成品出售或进一步加工的成本决策。

（7）产品薄利多销的成本决策等。

3. 成本计划

是在成本预测和决策的基础上，根据计划期的生产任务、降低成本的要求及其相关资料，按照一定的程序，运用一定的方法，以货币计量形式表现计划期产品的生产耗费和各种产品成本水平，作为控制与考核成本的重要依据。企业的成本计划一般包括两部分内容：

（1）按照生产要素确定的生产耗费，编制生产费用预算，如变动性制造费用采用弹性预算，固定性制造费用采用固定预算。

（2）按照生产费用的经济用途，即按产品成本项目编制产品单位成本计划和全部产品成本计划。

4. 成本控制

是指在产品成本形成过程中，通过监督产品成本形成过程及时纠正发生的偏差，采取纠正措施，使生产经营过程中发生的各种消耗和费用，被限制在成本计划和费用预算标准范围内，以保证达到降低产品成本的目标。成本控制的基本内容包括三个方面：

（1）对各种费用开支进行控制。

（2）对各项生产经营活动所消耗的物资进行控制。

（3）对各项生产经营活动进行控制，以达到提高经济效益的目的。

5. 成本核算

成本核算是指对生产费用发生和产品成本形成的核算。成本核算是按照企业的生产工艺和生产组织的特点以及对成本管理的要求所确定的成本核算，采用与成本计算相适应的成本计算方法，按规定的成本项目，严格划分各种费用的界限，对生产费用通过一系列的归集与分配，从而计算出各种产品或劳务的总成本和单位成本。因此，成本核算过程，既是对生产耗费进行归集、分配及其对象化的过程，也是对生产中各种劳动耗费进行信息反馈和控制的过程。

6. 成本分析与成本考核

成本分析是指利用成本核算资料和有关资料，以本期实际成本、目标成本、上期实际成本、国内外同类产品的成本进行比较，以便了解成本升降变动情况及其变动原因，并分清责任，提出建议，以便采取有效措施，达到降低成本的目的。

成本考核是指定期对成本计划及有关指标实际完成情况进行考察和评价。成本考核一般是以单位、部门或个人成本控制情况作为考核对象，以其可控成本为基础，考察各自成本指标完成情况，评价其工作业绩和决定是否对其采取奖惩措施。

10.2 成本会计管理目标与管理要点一览表

表 10－1

会计管理目标	会计管理控制要点
生产业务是根据管理者一般或特定的授权进行的	对以下三个关键点，应通过恰当手续，经过特别审批或一般审批：（1）生产指令的授权批准；（2）领料单的授权批准；（3）工资的授权批准。

续表

会计管理目标	会计管理控制要点
记录的成本为实际发生的而非虚构的	成本的核算是以经过审核的生产通知单、领发料凭证、产量和工时记录、人工费用分配表、材料费用分配表、制造费用分配表为依据的。
所有耗费和物化劳动均已反映在成本中	生产通知单、领发料凭证、产量和工时记录、人工费用分配表、材料费用分配表、制造费用分配表均事先编号并已经登记入账。
成本以正确的金额，在恰当的会计期间及时记录于适当的账户	采用适当的成本核算方法，并且前后各期一致；采用适当的费用分配方法，并且前后各期一致；采用适当的成本核算流程和账务处理流程；要有内部核查。

10.3 成本会计管理组织形式

表 10－2

材料组	一般由企业总部成本会计人员与仓库材料管理人员共同负责，主管原材料物资和低值易耗品的采购、入库、领用、结存的明细分类核算，在设一套账的情况下，仓库负责数量核算（登记），总部负责定期的稽核、作价并进行金额的核算。在设两套账的情况下，仓库与总部进行平行登记核算，定期组织核对。不论采用哪种方式组织核算，为了使原材料账实相符，都必须定期组织原材料的盘点清查工作，保证原材料费用成本真实可靠。与此同时，成本会计人员还应根据领料凭证及有关凭证，通过汇总登记有关费用成本明细分类账，对原材料等的耗费进行归集、分配与汇总，计算出产品的原材料成本费用，并对全过程进行控制和监督。
薪金组	薪金是成本的组成要素。薪金核算组，主管员工工资、奖金的计算与分配。成本会计人员主要根据统计的产品消耗定额、实际工时、产量等资料，并根据实际发生的工资费用，按对象和用途进行归集与分配，经过一定程序汇总计算出产品工资成本费用，并对全过程进行严格的控制和监督。
间接费用组	企业在生产经营过程中，会发生各种费用，其中有些费用可以直接记入成本对象，有些费用是多个成本对象共同耗用的，不能直接记入其成本对象，而要通过设置“间接费用”科目先进行汇总，然后再按一定比例在有关对象间进行分配，如固定资产折旧费、部门管理费用等都属于这种费用，间接费用的核算一般是由总部成本会计人员负责进行，对这部分费用，应按成本习性分为变动费用和固定费用，而变动费用以弹性预算进行控制，固定费用则用固定预算进行控制，使间接费用达到有效的控制。

10.4　产品成本会计核算管理流程

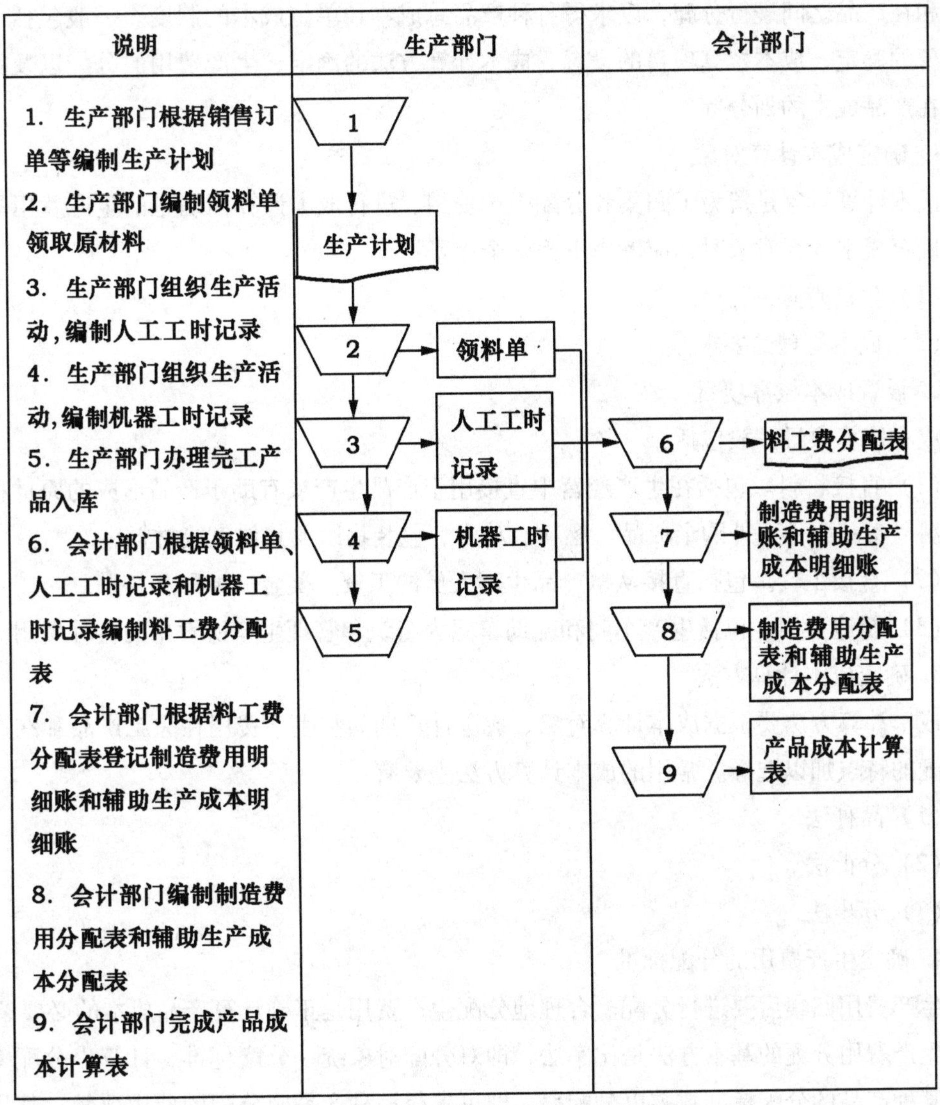

图 10－1　产品成本会计核算管理流程图

10.5 产品成本核算的会计管理制度

产品的成本核算制度，通常是指一定期间的生产费用，按各种产品进行归集，并在产成品和在产品之间进行分配，以求得各种产品总成本和单位成本的制度。一般包括成本计算对象的确定、成本核算项目的设置、成本计算方法的确定、生产费用的分配以及完工产品和在产品成本的划分等。

1. 确定成本计算对象

成本计算对象是指为了归集和分配生产费用、进行成本计算而确定的生产费用的承担者。确定成本计算对象时，应考虑下面两个因素：

（1）生产特点

（2）成本管理的要求

2. 设置成本核算项目

成本核算项目一般包括：

（1）直接材料。包括在生产经营中直接用于产品生产或有助于产品形成的原材料、辅助材料、备品配件、外购半成品、燃料、动力、包装物以及其他直接材料。

（2）直接工资。包括直接从事产品生产人员的工资、奖金、津贴和补贴。

（3）制造费用。包括生产车间和辅助车间为组织和管理生产所发生的各种费用。

3. 确定成本计算方法

成本计算方法要根据成本计算对象、成本计算期间和生产费用在完工产品和在产品之间分配的特点加以选择。常用的成本计算方法主要有：

（1）品种法

（2）分批法

（3）分步法

4. 确定生产费用的分配标准

生产费用归集后要进行分配。合理地分配生产费用是正确计算产品成本的必要条件。

生产费用分配的基本方法是比率法，即对分配对象统一分配标准，计算出分配率；然后以某种产品的分配标准数乘以分配率，即可求得该种产品应分配的费用数额。其计算公式是：

分配率 = 分配对象/各种产品分配标准总数

某种产品应分配数额 = 该种产品分配标准数 × 分配率

生产费用分配是否正确取决于分配标准与分配对象是否有较大的相关性。因此选择分配标准首先要有代表性，与分配对象有直接联系；其次要简便，即资料的取得较为方便，计算也不复杂。一般而言，主要的生产费用分配标准有：

（1）直接材料费用分配标准

（2）直接耗用外购动力的分配标准

（3）直接工资费用的分配标准

10.6 生产成本核算表

表 10－3 生产成本核算表

制造号码：______ 制造完工日期______

产品名称：______ 规格：______ 出产数量：______ 单位：______ 缴库通知编号：______

	原料名称	规格	领料单号码	单位	数量	单价	金额		材料名称	规格	领料单号码	单位	数量	单价	金额
耗用原料								耗用材料							
	合计					—			合计					—	

直接人工					已分配制造费用			成本汇计		单位成本	
制造单位	日期	工时数	工资率	金额	工时数	分摊率	金额	项目	金额	金额	备注
								直接原料			
								直接材料			
								直接人工			
								已分配制造费用			
合计								合计			

缴库记录			出货记录				备注	
缴库日期	缴库单号	缴库数量	日期	厂商	发票号码	数量		

经理 会计 制表

成本费用管理的首要基础是正确核算成本与费用。工业企业根据生产特点和管理要求设立三个成本项目来核算已完工产品生产成本。生产成本核算表正是根据这一要求对完工产品生产成本组成要素进行详细记录核算，该表将原材料的种类、规格、数量、单价、金额逐一记录，而对人工费用与制造费用又按工时数、工资率、摊配率进行合计，从而最终核算出总成本与单位成本，表体格式清晰准确，一目了然。

10.7 产品生产费用分摊表

表 10－4　　产品生产费用分摊表

月份

费用科目	固定	变动	金额	工厂					管理部门		
				仓库	保养	生产一线	生产二线	生产三线	人事	总务	其他
合计											

审核　　　　　　　　　　　　　　　　　　制表

生产费用分摊表将企业为生产产品而发生的，应该计入产品成本的各项生产费用进行归集分配。该表按不同车间、部门分类，分别反映各车间各部门各项生产费用的发生情况。

10.8 产品成本记录表

表 10-5 产品成本记录表

制造号码													
产品名称规格				生产数量				生产日期					
月份	直接原材料						直接人工				制造费用		
	日期	领料单号	原材料	单价	数量	金额	日期	凭证号码	部门	金额	日期	凭证号码	金额

产品成本记录表只对某类或某种产品的生产成本耗用情况进行统计记录。该表侧重于对该类或该种产品在基本生产过程中的基本成本项目进行归集，表体分出多个明细专栏，详细记录各个成本项目发生的时间、种类、数量与金额，同时还注意对领料单号、凭证号码的记录，因此，该表无论对成本核算还是对成本控制都有较大帮助。

10.9　产品成本核算方法比较表

表 10－6　　产品成本核算方法比较表

生产类型		成本核算方法
生产工艺	生产组织	
简单生产	大量生产	品种法
复杂生产（连续式）	大量生产	分步法
复杂生产（装配式）	大量生产	分步法
复杂生产（装配式）	成批生产	分步法与分批法
复杂生产（装配式）	单件生产	分批法

企业的生产类型包括工艺过程和组织方式，前者可以划分为简单生产和复杂生产两种类型，复杂生产可以进一步划分为连续式生产和装配式生产两种类型，后者可以划分为大量生产、成批生产和单件生产。不同工艺过程和生产组织方式构成了不同的生产类型。

10.10　产品成本核算品种法

产品成本计算的品种法，是指以产品品种为成本计算对象计算成本的一种方法。它适用于大量大批的单步骤生产的企业。在这种类型的生产中，产品的生产技术过程不能从技术上划分为步骤（如企业或车间的规模较小，或者车间是封闭式的，也就是从原材料投入到产品出产的全部生产过程都是在一个车间内进行的）或者生产是按流水线组织的，管理上不要求按照生产步骤计算产品成本，都可以按品种法计算产品成本。

1. 成本计算对象是产品品种。如果企业只生产一种产品，全部生产费用都是直接费用，可直接记入该产品成本明细账的有关成本项目中，不存在在各成本计算对象之间分配费用的问题。如果是生产多种产品，间接费用则要采用适当的方法，在各成本计算对象之间进行分配。

2. 品种法下一般定期（每月月末）计算产品成本。

3. 如果企业月末有在产品，要将生产费用在完工产品和在产品之间进行分配。

按照产品的品种计算成本，是成本管理对于成本计算的最一般的要求，成本计算的一般程序也就是品种法的成本计算程序。

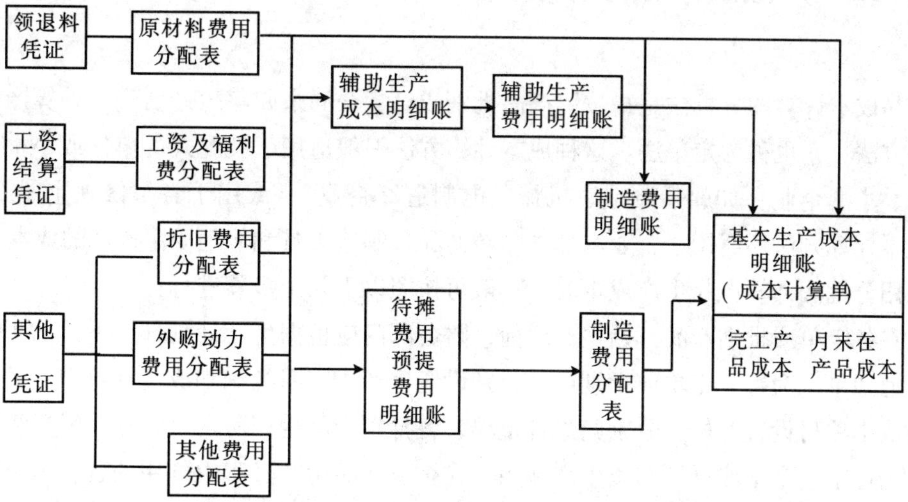

图 10-2 产品成本核算品种法工作流程图

10.11 品种法产品成本计算单

表 10-7 产品成本计算单

产品名称： 年 月 产成品数量：

成本项目	月初在产品成本	本月生产费用	生产费用合计	产成品成本		月末在产品成本
				总成本	单位成本	
直接材料费						
直接人工费						
燃料和动力费						
制造费用						
合计						

10.12 产品成本核算分批法

产品成本计算的分批法是指按照产品批别或订货合同来归集生产费用、计算产品成本的一种方法，它也称为定单法。这种成本计算方法一般适用于装配式的单件或小批复杂生产的中、小型企业（如船舶制造、机械机电制造等企业），或用于各类修理企业。此外，这种成本计算方法还适用于企业内部试制新产品、制造工具和修理固定资产的成本计算。

采用分批法计算产品生产成本时，一般可按照以下几个步骤进行：

①在各定单或批别产品开始生产之前，财会部门应根据生产计划部门下达的工作令号或生产通知单，为每一定单或批别产品分别设置生产成本明细账和成本计算单，并按生产车间及成本项目设置专栏，分别归集各定单、各批别产品生产所发生的各项生产费用。

②为便于按定单或批别归集生产费用，在企业产品生产过程中领用的各种原材料耗用等有关生产费用原始凭证上，应分别注明各工作令号或生产通知单号，以便定期地按工作令号或生产通知单号整理编制各种生产费用汇总表，并据以登记有关生产成本明细账。

③对于生产过程中发生的各项间接费用，也应分别设置有关明细账（如制造费用明细账、辅助生产成本明细账）进行归集，月末采用适当的方法进行分配，并分别计入有关生产成本明细账。

对于间接费用，应分别按照不同的生产车间或部门设置制造费用明细账，分别进行归集，以便采用适当的方法分配。

10.13 分批法产品成本计算单

表 10－8　　**分批法产品成本计算单**

批号：　　产品名称：　　开工日期：

委托单位：　　批量：　　完工日期：

项目	直接材料费	直接人工费	制造费用	合计
本月发生费用：				
据材料费用分配表				
据工资费用分配表				
据制造费用分配表				
合计				
结转产成品（　）件成本				
单位产品成本				
月末在产品成本				

10.14 产品成本核算分步法

产品成本计算的分步法是按照产品的生产步骤计算产品成本的一种方法。它适用于大量大批的多步骤生产，如纺织、冶金、大量大批的机械制造企业。在这类企业中，产品生产可以分为若干个生产步骤的成本管理，往往不仅要求按照产品品种计算成本，而且还要求按照生产步骤计算成本，以便为考核和分析各种产品及各生产步骤的成本计划的执行情况提供资料。

1. 分步法的主要特点

（1）成本计算对象是各种产品的生产步骤。

（2）月末为计算完工产品成本，需要将归集在生产成本明细账中的生产费用在完工产品和在产品之间进行费用分配。

（3）除了按品种计算和结转产品成本外，还需要计算和结转产品的各步骤成本。其成本计算对象，是各种产品及其所经过的各个加工步骤。如果企业只生产一种产品，则成本计算对象就是该种产品及其所经过的各个生产步骤。其成本计算期是固定的，与产品的生产周期不一致。

在实际工作中，根据成本管理对各生产步骤成本资料的不同要求（是否要求计算半成品成本）和简化核算的要求，各生产步骤成本的计算和结转，一般采用逐步结转和平行结转两种方法，称为逐步结转分步法和平行结转分步法。

2. 逐步结转分步法

逐步结转分步法是按照产品加工的顺序，逐步计算并结转半成品成本直到最后加工步骤，才能计算产成品成本的一种方法。它是按照产品加工顺序先计算第一个加工步骤的半成品成本，然后结转给第二个加工步骤，这时，第二步骤把第一步骤转来的半成品成本加上本步骤耗用的材料和加工费用，即可求得第二个加工步骤的半成品成本，按如此顺序逐步转移累计，直到最后一个加工步骤才能计算出产成品成本。逐步结转分步法就是为了分步计算半成品成本而采用的一种分步法，也称计算半成品成本分步法。

3. 平行结转分步法

平行结转分步法是指在计算各步骤成本时，不计算各步骤所产半成品成本，也不计算各步骤所耗上一步骤的半成品成本，而只计算本步骤发生的各项其他费用，以及这些费用中应计入产成品成本的份额，将相同产品的各步骤成本明细账中的这些份额平行结转、汇总，即可计算出该种产品的产成品成本。这种结转各步骤成本的方法，称为平行结转分步法，也称不计算半成品成本分步法。

采用平行结转分步法的成本计算对象是各种产成品及其经过的各生产步骤中的成本“份额”。而各步骤的产品生产费用并不随半成品实物的转移而结转。

10.15 分步成本会计管理制度

总　则

第一条 本公司成本会计事务处理准则及程序，除会计准则和公司章程另有规定外，依照本制度处理。

第二条 本公司的成本会计事务由财务部成本室处理。

第三条 本公司成本计算采用分步成本法，每月底计算成本一次。

第四条 本制度所称成本，是产品生产过程中的所有支出，包括直接材料、直接人工及制造费用。

第五条 本公司各类成本或费用，依权责基础制入账。

第六条 成本单位应视实际需要设置各种辅助账，包括原材料明细分类账、在制品明细分类账、制成品明细分类账、制造费用明细分类账，只须受总分类账各统制账户的统制。

第七条 本公司产品数量与成本金额的计算，一律算至小数点以后二位为止，第三位四舍五入。

第八条 本公司生产过程中的损坏部分，应依其性质分别按下列方式办理：

① 生产过程中，不可能完全避免损坏，其损坏部分成本，由完好产品负担。

② 生产过程中，因意外事故发生损坏，其所耗用成本，一概以非常损失处理。

原 材 料

第九条 原材料的请购、订购、领用、保管、退料、盘盈（亏）及废料等的处理，依照本公司材料管理办法办理。

第十条 成本室依请购单、收料单及进货发票编制传票。其分录为，借：“原材料”；贷：“应付账款”，并将数量及金额分别记录于“材料明细分类账”。

第十一条 各部门领用材料时，应填发“领用单”，注明领料部门、品名、规格、用途，并经主管签章后，方得向仓库领料。仓库根据领用单发料，发料数量不得超过核准数量。

第十二条 领用单一式三联，第一联领料部门存查，第二联仓库留存，第三联送交成本室。成本根据领用单统计汇编“材料领用汇总表”。并编制传票，其分录为，借：“在制品——直接材料”、“制造费用——间接材料”；贷：“原材料”，并据以登录“材料明细分类账”各账户的发生数量栏。

第十三条 材料领用的计价方法，按账面成本采用加权平均法，其公式为：

（上月底结存总价 + 本月份进料总价）÷（上月底结存数量 + 本月进料数量）= 本月

份单价

第十四条 计入产品成本的原材料分为：

1. 直接材料：是指直接供给产品制造所需，能直接计入产品成本的原材料。

2. 间接材料：是指间接用于产品制造，但并未形成产品本质；或虽形成产品本质，但所占成本比例很小，或不便计入产品成本的原材料。

第十五条 原材料盘点采用不定期盘点办法，由成本室会同有关人员进行。盘点时应填制“盘点单”三联，第一联仓储室留存，第二联成本室留存，第三联置于材料存放处。成本室应于盘点后十五日内，编制“材料差异报告表”三联，第一联送仓储室，第二联成本室留存，第三联为制票凭证，并记入材料明细分类账。

第十六条 原材料盘损应由仓储室出具报告，说明短少原因，并由上级主管追究责任。

第十七条 “材料明细分类账”与“总分类账”的材料统领科目，平时数额可不相等。但于月底，成本室应与会计室对账核实后，方能开始计算原材料的单位成本。

人　工

第十八条 人工是指直接或间接参加生产而由企业支付的一切报酬。管理及市场部门的人员薪金，属管理及销售费用，不在人工范围内。

第十九条 计入产品成本的人工可分为：

①直接人工：凡从事直接生产的员工报酬，能直接计入各产品的成本之内者，都属于直接人工。

② 间接人工：从事行政、研究等工作，不直接从事生产的员工报酬，不能或不便直接计入产品成本者，都属于间接人工。

第二十条 总务室应设置“出勤卡”，每人每月一张，由人事室管理统计，据以编制薪金表二份。一份送成本室，一份由领款人签单存于人事室，并于第二年元月三十一日编好扣缴凭单后送会计室。

第二十一条 本公司员工均应于到职前，填妥“扶养亲属表”，由人事室收存，作为扣缴薪金所得税依据。于每次付薪时依法扣缴所得税，并于次月十日前缴纳税务机关。

第二十二条 成本室根据薪金表，计算各生产部门及服务部门的直接人工及间接人工成本，并编制传票。其分录为，借：“在制品——直接人工”及“制造费用——间接人工”，贷：“应付费用”，并登入“在制品明细分类账”、“制造费用明细分类账”及“应付费用明细账”。

制造费用

第二十三条 制造费用是指生产过程中，除直接材料、直接人工外，所发生的一切其他费用。包括间接材料、间接人工及其他费用等。

第二十四条 为便于计算产品成本，制造费用应分为直接费用与分摊费用。凡总部及技术部门的制造费用，一概按特定的分摊基础及方法，将其分摊于各生产中心。各生产中心摊列的费用，称为分摊费用。凡生产部门本身直接发生的费用，称为直接费用。

第二十五条 制造费用发生时，应详加分析其发生的原因及用途，并分别归纳于应负担部门。凡能确定其归属部门时，应于传票中注明其成本中心；凡属共同性的费用时，应按合理的分摊基础，分摊至各产品中。

第二十六条 凡按实际发生金额计算成本不能一次摊销的费用，成本室应予合理分摊，计算该月份应分摊的金额，并列入制造费用项下。其传票分录为：借“××费用”，贷“预估应付款”。

第二十七条 费用分摊的基础按下列方式办理：

（1）服务部门费用以下列费用为基础摊入各成本中心。

①供电费用：按各成本中心实际耗电量分摊。

②给水费用：按各成本中心实际用水量分摊。

③供汽费用：按各成本中心实际耗用蒸汽量分摊。

④原动力费用：按各成本中心的机器使用气压量分摊。

（2）总务部门及其他辅助部门的费用按各成本中心员工人数分摊。

第二十八条 成本室应于每月底，根据“制造费用明细分类账”编制“制造费用汇总表”及“制造费用分摊表”。按各服务部门制造费用摊入各成本中心的内容与确实数字编制如下会计分录：借“在制品”，贷“制造费用”，并登入“在制品明细分类账”及“制造费用明细分类表”。

第二十九条 前项分摊基础方法，应视实际情况变化修正。

成本计算与记账上报

第三十条 生产部门应于次月三日前，递交生产月报表。生产月报表一式二联，第一联自存，第二联送成本室。

第三十一条 成本室根据全组报表，编制原材料、在制品、制成品的收发存明细表。

第三十二条 成本室根据“耗用直接材料明细表”、“制造费用汇总分摊表”及“直接人工汇总分摊表”，计算制成品及在制品的单位成本及总成本，并编制“成本计算表”。

第三十三条 成本室再根据会计室编制的“销货明细表”编制“产品规格损益表”。

第三十四条 成品的单位成本采用加权平均法。其公式为：

（上月底结存总金额＋本月生产总金额）÷（上月底结存量＋本月总生产量）

第三十五条 成本室根据成本计算表编制传票。其分录为借“产成品”，贷“在制品”。并登录于“在制品明细分类账”及“制成品明细分类账”。

第三十六条 成本室根据“收发存明细表”核对发票后，编制传票。其分录为：借“销售成本”、“制造费用”，贷“产成品”。

第三十七条 成本室于每月结算完成后，应将其有关成本报表汇送会计室。

10.16 成本会计控制系统

一个企业的成本控制系统包括组织系统、信息系统、考核制度和奖励制度等内容。

1. 组织系统

成本控制系统必须与企业组织机构相适应，即企业预算是由若干分级的小预算组成的。每个小预算代表一个分部、车间、科室或其他单位的财务计划。与此有关的成本控制，如记录实际数据、提出控制报告等，也都是分小单位进行的。这就是所谓“责任预算”和“责任会计”。

在责任会计系统中，把每个内部单位称为“责任中心”，即企业内部负有特定管理责任的部门或单位。作为责任中心，必须有十分明确的、由其控制的行动范围。按其所负责任和控制范围不同，分为成本中心、利润中心和投资中心。成本中心是以达到最低成本为经营目标的一个组织单位；利润中心是以获得最大净利为目标的一个组织单位；投资中心是以获得最大的投资收益率为经营目标的一个组织单位。按企业的组织结构合理划分责任中心，是进行成本控制的必要前提。

2. 信息系统

成本控制系统的另一个组成部分是信息系统，也就是责任会计系统。责任会计系统是企业会计系统的一部分，负责计量、传送和报告成本控制使用的信息。

责任会计系统主要包括编制责任预算、核算预算的执行情况、分析评价和报告业绩三个部分。

通常企业分别编制销售、生产、成本和财务等预算。这种预算主要按生产经营的领域来落实企业的总体计划。为了进行控制，必须分别考查各个执行人的业绩，这就要求按责任中心来重编预算，按责任中心来落实企业的总体计划。这项工作被称为责任预算，其目的是使各责任中心的管理人员明确其应负的责任和应控制的事项。

在实际业务开始之前，责任预算和其他控制标准要下达给有关人员，他们以此控制自己的活动。对实际发生的成本、取得的收入和利润，以及占用的资金等，要按责任中心来汇集和分类。为此，需要在各明细账设置时考虑责任中心分类的需要，并与预算的口径一致。在进行核算时，为减少责任的转嫁，分配共同费用时，应按责任归属选择合理的分配方法。各单位之间相互提供产品或劳务，要拟定适当的内部转移价格，以利于单独考核各自的业绩，报告预算的执行情况。

在预算期末要编制业绩报告，比较预算和实际的差异，分析差异的产生原因和责任归属。此外，要实行例外报告制度，对预算中未规定的事项和超过预算限额的事项，要及时向适当的管理级别报告，以便及时作出决策。

3. 考核制度

考核制度是控制系统发挥作用的重要因素。考核制度的主要内容有：

（1）规定代表责任中心目标的一般尺度。它因责任中心的类别而异，可能是销售额、可控成本、净利润或投资收益率。必要时还要确定若干级次目标的尺度，如市场份额、次品率、占用资金的限额等。

（2）规定责任中心目标尺度的唯一解释方法。例如，什么是销售额，是总销售额还是扣除折让和折扣后的销售净额。作为考核标准，对它们必须事先规定正式的解释。

（3）规定业绩考核标准的计量方法。例如，成本如何分摊，相互提供劳务和产品使用的内部转移价格，使用历史成本还是使用重置成本计量等，都应作出明确规定。

（4）规定采用的预算标准。例如，使用固定预算还是弹性预算，是宽松的预算还是严格的预算，编制预算时使用的各种常数是多少等。

（5）规定业绩报告的内容、时间、详细程度等。

4. 奖励制度

奖励制度是维持控制系统长期有效运行的重要因素。

人的工作努力程度受业绩评价和奖励办法的影响。经理人员往往把注意力集中到与业绩评价有关的工作上面，尤其是业绩中能够影响奖励的部分。因此，奖励可以激励人们努力工作。

奖励有货币奖励和非货币奖励两种形式，如提升、加薪、表扬、奖金等。惩罚也会影响工作努力程度，惩罚是一种负激励。

规定明确的奖励办法，让被考核人明确业绩与奖励之间的关系，知道什么样的业绩将会得到什么样的奖励。恰当的奖励制度将引导人们去约束自己的行为，尽可能争取好的业绩。奖励制度是调动人们努力工作、以求实现企业总目标的有力手段。

10.17 标准成本会计控制制度

标准成本制度在很大程度上即为一种成本控制制度。

建立标准成本制度，首先必须明确为何要制订标准成本，标准成本有何用处。标准成本制度的主要特点在于把成本的事先制订、日常控制和产品实际成本的确定有机地结合起来，成为加强成本管理、全面提高企业经济效益的重要工具。据此，我们可以看出，制订标准成本的重要目的，总括来说，主要表现为：

①事先用于编制预算，作为整个企业在预算期内的奋斗目标。

②事中用于控制实际发生的经济业务，揭示差异及其原因，保证企业预定目标的实现。

③事后通过对差异的分析研究，用于评价和考核企业各部门的工作业绩。

标准成本的主要作用有：

①采用标准成本，有利于贯彻“例外管理”的原则。

②标准成本有助于现金及存货预算的编制。

③标准成本的制订，有助于职工树立成本意识，促进企业经济效益的提高。

④标准成本的采用，有助于存货估价，从而有助于简化日常的账务处理工作和期末的报表编制工作。

⑤标准成本有助于“责任会计”的推行。

⑥标准成本的制订有助于企业制订长期、稳定的产品销售价格，从而促进企业的产品销售。

10.18 标准成本资料卡

表 10-9　　标准成本资料卡

产品名称：　　　　　　　　　　　　　　　　　　标准设定日期：

	代号	数量	标准单价	一部门	二部门	三部门	四部门	合计
原材料								
	合　计							
人工	作业编号	标准工时	标准工资/小时					
制造费用	标准工时	标准分摊/人工小时						
每单位制造成本合计								

成本管理中，为了便于计算和列示产品的标准成本，通常应为每一种产品设立一张标

准成本资料卡，按成本项目、数量、部门、标准单价来计算汇总每种产品的标准成本。

10.19 制造费用明细表

表 10－10　　制造费用明细表

年　月

费用项目	本年计划数	上年同期实际数	本月实际数	本年累计数
工资及福利费				
折旧费				
修理费				
办公费				
水电费				
物料消耗				
劳动保护费				
在产品盘亏、毁损				
停工损失				
其他				
合计				

该表一般按照制造费用的明细科目分别反映各项费用的本年计划数，上年同期实际数，本月实际数和本年累计实际数。企业管理部门通过该表了解制造费用本月实际数比上年同期实际数的增减变化情况，同时可检验本年度内的制造费用年度计划的执行情况。

10.20 产品成本控制表

表 10-11　　　　　　　　　　产品成本控制表

批号

客户名称	产品名称规格	订购数量	完工数量	出口条件

销售	售货价格		其他扣除金额	净价		标准单价	备注
	单价	总价		单价	总价		

原料成本	说明	单价		数量		金额		单位成本		备注
		实际	标准	实际	标准	实际	标准	实际	标准	
	合计									

材料成本	说明	单价		数量		金额		单位成本		备注
		实际	标准	实际	标准	实际	标准	实际	标准	
	合计									

直接工资	说明	裁剪印刷		熔制		品检		包装		合计		备注
		实际	标准	实际	标准	实际	标准	实际	标准	实际	标准	

利润	说明	制造费用		制造成本		毛利		销售管理费用	备注
		实际	标准	实际	标准	实际	标准		
	本批成本利润								
	单位成本利润								

汇总	说明	本批成本	单位成本		%		备注说明
			实际	标准	实际	标准	
	净值						
	原料						
	材料						
	工资制费						
	制造成本						
	毛利						
	净利						

业务　　　　　　厂长　　　　　　填表

该表在产品成本控制管理中发挥着巨大作用，这对构成产品成本的各个成本项目的实际成本与标准成本相比较，找出成本差异，为企业进行定额定量管理提供了宝贵的数据。

10.21 成本差异汇总表

表 10－12 成本差异汇总表

生产通知单号码	产品名称	生产数量	原料成本			材料成本		人工成本		制造费用分摊		售价	毛利	
			估计	实际	差异	估计	实际	估计	实际	估计	实际		估计	实际
合　计														

该表用以反映企业自行制定的定额成本与实际成本之间的差异，是企业对当时的产品成本进行自我控制和考核的依据。该表按产品分类，从原料、材料、人工、制造费乃至毛利等五个方面分析成本差异产生的原因，这一表格能够促进企业的成本控制与考核，从而有利于保证成本计划的完成。

10.22 目标成本会计控制制度

目标成本是指根据预计可实现的销售收入扣除目标利润计算出来的成本，它是目标管理思想在成本管理工作中应用。

“目标成本”是20世纪50年代出现的，是成本管理和目标管理结合的产物，强调对成本实行目标管理。目标成本的制定，从企业的总目标开始，逐级分解成基层的具体目标。制定时强调执行人自己参与，专业人员协助，以发挥各级管理人员和全体员工的积极性和创造性。

目标管理思想是针对“危机管理”和“压制管理”提出的。危机管理方式下的领导，不重视管理目标，平时“无为而治”，只有出了问题时才忙成一团，设法解决问题。压制管理方式下的领导，每天紧紧地盯着下级的一切行动，通过监视手段限制下级的行为。而目标管理方式下的领导，以目标作为管理的根本，一切管理行为以目标设立为开始，执行过程也以目标为指针，结束后以目标是否完成来评价业绩。目标管理强调授权，给下级一定自主权，减少干预，在统一的目标下发挥下级的主动性和创造精神；强调事前明确目标，以使下级周密计划并选择实现目标的有效的具体方法，减少对作业过程的直接干预。

目标管理的要点是：

①初步在最高层设置目标

企业的领导应明确整个组织的总目标，并以此作为一切工作的中心，起到指导资源分配、激励员工努力工作和评价经营成效的作用。

②明确组织的任务

每个目标和子目标，都应有一个责任中心和主要责任人，并明确其应完成的任务和应承担的责任。

③下属人员的目标设置

上级和下级要在一起研究下级的目标。上级主管要了解下级的情况、想法和困难，给予建设性的指导。下级要在总目标的指导下，根据企业资金、材料和人力等资源状况，提出本单位的子目标。经过协商讨论，最后上级批准下级的目标。

④拟定目标的反复循环过程

目标管理的好处是：明确的目标可以起到激励的作用，迫使主管人员更好地计划自己的工作，选择更有效的实现目标的方法，更合理地组织人力和物质资源；迫使主管人员弄清楚组织的结构、任务和权责关系；鼓励人们致力于实现他们的目标；有助于开展有效的控制工作。

目标成本管理的成败，很大程度上取决于企业最高领导是否真正了解目标成本管理的内容，是否有采用此种方法的强烈愿望。他们必须事先搞清楚：目标成本管理对企业的重要性是什么，如何发挥其作用，其优点和不足是什么；目标成本管理是否适合本企业，最高领导是否愿意花费时间和精力坚持下去；是否具备了推行目标成本管理的条件，即适宜的管理气氛、合理的组织结构和有效的信息系统等等。在没有认真考虑这些问题之前，草率起步，盲目推行，效果往往不好。推行目标管理，必须由最高领导亲自作出如何实行的决策，并集中精力对成本管理进行一次全面分析，而不能由其他负责人代替。

10.23 作业成本会计控制制度

传统成本制度认为：企业所有产品都根据其产量均衡地消耗企业所有费用的作业，进一步说，现时的产出引发现时的费用成本，因而所有成本都分配到产品中去。重新布置厂房用于生产新产品与更新有关老产品的设计所发生的支出也计入费用。所以账面费用没有一种能够代表生产产品所实际发生的费用。我们可以作这样一个不太恰当的比喻：传统成本信息就是暗藏着许多危险礁石的大海，表面上看风平浪静，既未显示有任何非盈利产品或非盈利顾客，也未曾揭示企业经营中有什么浪费。所以传统成本制度的基本观念是：相对于全部成本而言，成本计算的不准确性是无关紧要的，由此引起的对边际信息的误报也是无关紧要的。

传统成本制度的基本程序如下图所示。

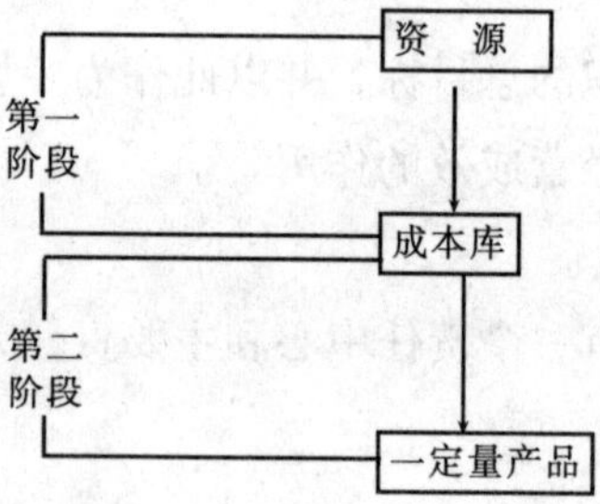

图 10－3　传统成本制度的基本程序

与传统成本制度不同的是，作业成本会计要确认费用单位从事了什么作业，计算每种作业所发生的成本。然后，以产品对这些作业的需求为基础，经过原材料、燃料和人力资源转换为产成品的过程，将成本追踪到产品。而作业成本会计采用的分配基础是作业的数量化，是成本动因。

分配的基础不仅发生了质变而且发生了量变。作业成本会计的分配基础有很多，它不再局限于传统会计成本制度的财务变量，而是集财务变量与非财务变量为一体，并且特别强调非财务变量（例如产品零件的数量、质量检测时间等）。

作业基础成本制的程序如下图所示。

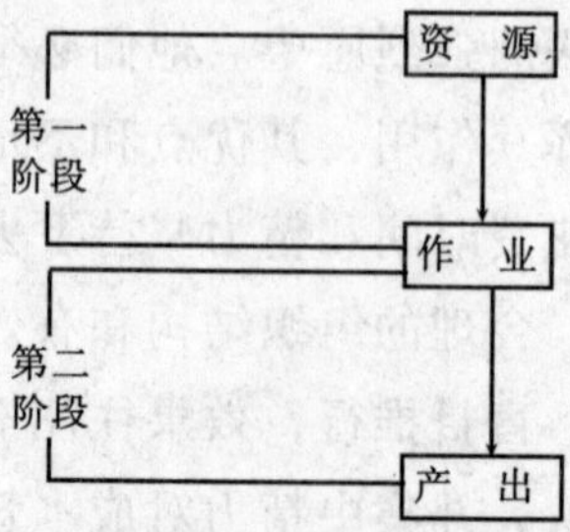

图 10－4　作业成本会计控制制度的基本程序

10.24 作业成本会计控制流程

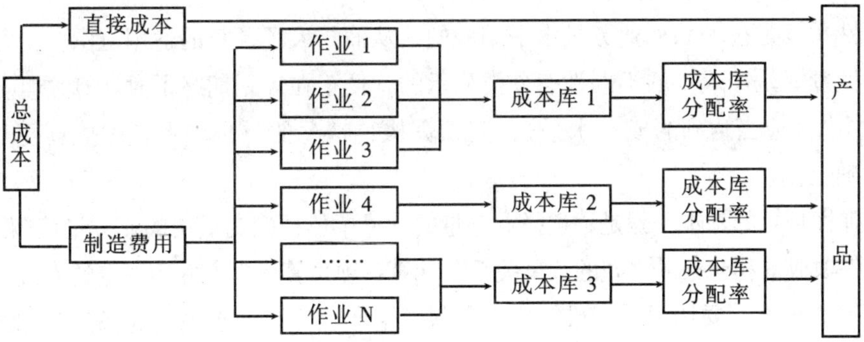

图 10–5 作业成本会计控制流程图

作业成本计算的过程具体说明如下：

（1）确认主要作业，确认作业中心。

一个作业中心即是生产程序的一部分。例如，检验中心就是一个作业中心。按照作业中心披露成本信息，便于管理当局控制作业，评估业绩。在确认作业和作业中心时，要特别注意具有以下特征的作业：

①资源昂贵，金额量大。

②产品之间的使用程度差异极大。

③需求的形态与众不同。

（2）将归集起来的投入成本或资源分配到每一个作业中心的成本库中。

每一个成本库所代表的是它那个中心所执行的作业。因此，这一步骤的成本动因是要确认每个成本的资源耗用量。这一步骤的分配工作，反映了作业会计的基本规则：作业量的多少决定着资源的耗用量，资源耗用量的高低与最终的产出量没有直接关系。

（3）将各个作业中心的成本分配到最终产出（产品、劳务或顾客）。

这一步骤应遵循如下的作用会计规则：产出量的多少决定着作业和耗用量。这种作业消耗量与组织产出量之间的关系称为作业动因。例如，整备作用的作业动用是整备小时或整备次数，前者假定每次整备作业耗用的资源都相同，后者则假定资源的消耗是随着产品所需要的整备时数的变动而变动。

10.25 费用控制的弹性预算方法

所谓弹性预算，是企业在不能准确预测业务量的情况下，根据本量利之间有规律的数量关系，按照一系列业务量水平编制的有伸缩性的预算。只要这些数量关系不变，弹性预算可以持续使用较长时期，不必每月重复编制。弹性预算主要用于各种单位费用预算，有些企业也用于利润预算。

弹性预算有两个显著特点：

①弹性预算是按一系列业务量水平编制的，从而扩大了预算的适用范围。

②弹性预算是按成本的不同性态分类列示的，便于在计划期终了时计算“实际业务量的预算成本”（应当达到的成本水平），使预算执行情况的评价和考核建立在更加现实和可比的基础上。

编制弹性预算的基本步骤是：选择业务量的计量单位；确定适用的业务量范围；逐项研究并确定各项成本和业务量之间的数量关系；计算各项预算成本，并用一定的方式来表达。

编制弹性预算，要选用一个最能代表本部门生产经营活动水平的业务量计量单位。例如，以手工操作为主的车间，就应选用人工工时；制造单一产品或零件的部门，可以选用实物数量；制造多种产品或零件的部门，可以选用人工工时或机器工时；修理部门可以选用直接修理工时等。

10.26 制造费用弹性预算表

表 10－13

制造费用预算表（例）

（多水平法）

单位：元

业务量（直接人工工时）	420	480	540	600	660
占正常生产能力百分比	70%	80%	90%	100%	110%
变动成本：					
运　输（b＝0.2）	84	96	108	120	132
电　力（b＝1.0）	420	480	540	600	660
消耗材料（b＝0.1）	42	48	54	60	66
合　计	546	624	702	780	858
混合成本：					
修理费	440	490	544	600	746
油　料	180	220	220	220	240
合　计	620	710	764	820	986
固定成本：					
折旧费	300	300	300	300	300
管理人员工资	100	100	100	100	100
合　计	400	400	400	400	400
总　计	1 566	1 734	1 866	2 000	2 244

采用多水平法预算制造费用，首先要在确定的业务量范围内，划分出若干个不同水平，然后分别计算各项预算成本，汇总列入一个预算表格。上表就是一个用多水平法表达的弹性预算。

多水平法的优点是：不管实际业务量是多少，不必经过计算即可找到与业务量相近的预算成本，这样控制成本比较方便；混合成本中的阶梯成本和曲线成本，可按其性态计算填列，不必用数学方法修正为近似的直线成本。

10.27 成本中心会计控制制度

一个责任中心，如果不形成或者不考核其收入，而着重考核其所发生的成本和费用，这类中心称为成本中心。

标准成本中心，必须是所生产的产品稳定而明确，并且已经知道单位产品所需要的投入量的责任中心。通常，标准成本中心的典型代表是制造业工厂、车间、工段、班组等。

费用中心，适用于那些产出物不能用财务指标来衡量，或者投入和产出之间没有密切关系的单位。如一般行政管理部门、研发部门等。

投入量与产出量之间没有密切的联系。对于费用中心，惟一可以准确计量的是实际费用，无法通过投入和产出的比较来评价其效果和效率，从而限制无效费用的支出，因此，有人称之为“无限制的费用中心”。

一般说来，标准成本中心的考核指标，是既定产品质量和数量条件下的标准成本。标准成本中心不对生产能力的利用程度负责，而只对既定产量的投入量承担责任。如果采用全额成本法，成本中心不对闲置能量的差异负责，他们对于固定成本的其他差异要承担责任。

通常，使用费用预算来评价费用中心的成本控制业绩。由于很难依据一个费用中心的工作质量和服务水平来确定预算数额，因此，通常的费用预算办法是考察同行业类似职能的支出水平。另外一个解决办法是零基预算法，即详尽分析支出的必要性及其取得的效果，确定预算标准。还有许多企业依据历史经验来编制费用预算。

10.28 管理费用登记表

表 10－14 **管理费用登记表**

年　　月份　　　　　　　　第　　页

日期		凭证号码	工资	文具印刷	邮电费	税款	水电费	劳保费	员工福利	房租	折旧	广告费	交通费	交际费	自由捐赠	杂费
月	日															

管理费用作为影响利润的一项因素，是侧重于企业组织和管理生产经营活动而发生的费用。管理费用登记表正是这样一个详细记录各种管理费用发生情况的表格。

10.29 管理费用设定表

表 10 - 15　　管理费用设定表

单位：　　单位：元

明细科目	年实际发生数	年费用额	各月费用拟定数											
			一月	二月	三月	四月	五月	六月	七月	八月	九月	十月	十一月	十二月
用人费用：														
间接人工														
训练及服装费														
设备费用：														
折旧														
修理费														
保险费														
税金														
租金														
事务费用：														
交际费														
邮电费														
交通费														
书报杂志费														
差旅费														
伙食费														
医药费														
水电费														
运费														
其他费用：														
劳务报酬														
自由捐赠														
各项摊提														
总管理处分摊费用														
合　计														

管理费用预测是费用管理中的一个分支。企业可通过管理费用设定表来制定年度费用计划，该表对管理费用中几十种明细项目一一列出，分别拟定了各月发生数，年费用额同时设“年实际发生数”一栏，对预计数与实际发生数进行比较，从而进一步检验费用计划

的实施效果。

10.30 成本中心责任报告表

表 10－16　　成本中心责任报告

项　　目	预算	实际	超支（节约）
第一车间可控成本 变动成本： 直接材料 直接人工 变动制造费用 变动成本合计 固定成本 固定制造费用 合计			
制造部可控成本 第一车间： 变动成本 固定成本 小计 第二车间： 变动成本 固定成本 小计 制造部其他费用 合计			
公司可控成本 制造部 行政部 销售部 总计			

责任报告是对各个责任中心执行责任预算情况的系统概括和总结。根据责任报告，可进一步对责任预算执行差异的原因和责任进行具体分析，以充分发挥反馈作用。

10.31　利润中心会计控制制度

一个责任中心，如果能同时控制生产和销售，既要对成本负责又要对收入负责，但没有责任或没有权力决定该中心资产投资的水平，因而可以根据其利润的多少来评价该中心的业绩，那么，该中心称为利润中心。

利润中心有两种类型：一种是自然的利润中心，它直接向企业外部出售产品，在市场上进行购销业务。另一种是人为的利润中心，它主要在企业内部按照内部转移价格出售产品。

通常，利润中心被看成是一个可以用利润衡量其一定时期业绩的组织单位。但是，并不是可以计量利润的组织单位都是真正意义上的利润中心。从根本目的上看，利润中心是指管理人员有权对其供货的来源和市场的选择进行决策的单位。一般说来，利润中心要向顾客销售其大部分产品，并且可以自由地选择大多数材料、商品和服务等项目的来源。根据这一定义，尽管某些企业也采用利润指标来计算各生产部门的经营成果，但这些部门不一定就是利润中心。

对于利润中心进行考核的指标主要是利润。但是，也应当看到，任何一个单独的业绩衡量指标都不能够反映出某个组织单位的所有经济效果，利润指标也是如此。因此，尽管利润指标具有综合性，利润计算具有强制性和较好的规范化程度，但仍然需要一些非货币的衡量方法作为补充，包括生产率、市场地位、产品质量、职工态度、社会责任、短期目标和长期目标的平衡等。

10.32　利润中心业绩评价表

某公司的某一部门的数据如下（单位：元）：

部门销售收入	15 000
已销商品变动成本和变动销售费用	10 000
部门可控固定间接费用	800
部门不可控固定间接费用	1 200
分配的公司管理费用	1 000

假设该部门的利润表如下：

收入	15 000
变动成本	10 000

（1）边际贡献	5 000
可控固定成本	800
（2）可控边际贡献	4 200
不可控固定成本	1 200
（3）部门边际贡献	3 000
公司管理费用	1 000
（4）部门税前利润	2 000

以可控边际贡献 4 200 元作为业绩评价依据可能是最好的，它反映了部门经理在其权限和控制范围内有效使用资源的能力。

10.33 投资中心会计控制制度

投资中心是指某些分散经营的单位或部门，其经理所拥有的自主权不仅包括制定价格、确定产品和生产方法等短期经营决策权，而且还包括投资规模和投资类型等投资决策权。投资中心的经理不仅能控制除公司分摊管理费用外的全部成本和收入，而且能控制占用的资产，因此，不仅要衡量其利润，而且要衡量其资产并把利润与其所占用的资产联系起来。

评价投资中心业绩的指标主要是投资报酬率。

这里所说的投资报酬率是部门边际贡献除以该部门所拥有的资产额。

假设某个部门的资产额为 20 000 元，部门边际贡献为 4 000 元，那么投资报酬率为：

$$投资报酬率=\frac{4\ 000}{20\ 000}=20\%$$

用投资报酬率来评价投资中心业绩有许多优点：它是根据现有的会计资料计算的，比较客观，可用于部门之间，以及不同行业之间的比较。投资人非常关心这个指标，公司总经理也十分关心这个指标，用它来评价每个部门的业绩，促使其提高本部门的投资报酬率，有助于提高整个企业的投资报酬率。

投资报酬率指标的不足也是十分明显的：部门经理会放弃高于资金成本而低于目前部门投资报酬率的机会，或者减少现有的投资报酬率较低但高于资金成本的某些资产，使部门的业绩获得较好评价，但损害了企业整体的利益。

第 11 章　筹资与投资会计管理制度与表格设计

11.1 企业筹资活动会计管理目标与控制要点一览表

表 11 - 1 筹资活动的控制目标和基本内部控制要点一览表

内部控制目标	基本内部控制要点
借款和所有者权益账面余额在资产负债表中确实存在，借款利息费用和已支付的股利是由实际发生的交易事项引起的	借款或发行股票经过适当的授权审批；利息的支付和股利的支付经过适当的授权审批
借款和所有者权益的增减变动及其利息和股利已登记入账	筹资业务的会计记录与授权和执行等方面明确职责分工 借款合同或协议由专人保管；如保存债券持有人的明细资料，应同总分类账核对相符，如有外部机构保存，需定期同外部机构核对
借款均为企业承担的债务，所有者权益代表所有者的法定求偿权	签定借款合同或协议、债券契约、承销或包销协议等相关法律性文件
借款和所有者权益的期末余额正确	建立严密完善的账簿体系和记录制度；核算方法符合会计准则和会计制度的规定
借款和所有者权益在资产负债表上的披露正确	筹资业务明细账与总账的登记职务分离；筹资披露符合会计准则和会计制度的要求

11.2 筹资资金需要量预测方法选择

企业的资金需要量是筹集资金的数量依据，因此，必须科学合理地进行预测。企业资金需要量的预测是财务计划的基础。这里说明预测资金需要量常用的方法，即销售百分比法和线性回归分析法。

1. 销售百分比法

（1）销售百分比法的基本依据。

销售百分比法是根据销售与资产负债表和利润表项目之间的比例关系，预测各项目短期资金需要量的方法。例如，某企业每年为销售 100 万元货物，需有 20 万元存货，即存货与销售的百分比是 20%（20÷100）。若销售量增至 200 万元，那么，该企业需有 40 万元存货（200×20%）。由此可见，在已知某项目与销售的比率固定不变的前提下，便可预测未来一定销售额下该项目的资金需要量。

（2）预计利润表。

预计利润表是运用销售百分比法的原理预测留用利润的一种报表。预计利润表与实际利润表的内容、格式相同。通过提供预计利润表，可预测留用利润这种内部筹资的数额，也可为预计资产负债表外部筹资数额提供依据。

2. 线性回归分析法

线性回归分析法是假定资金需要量与营业业务量之间存在线性关系建立数学模型，然后根据历史有关资料，用回归直线方程确定参数预测资金需要量的方法。其预测模型为：

$$y = a + bx$$

式中：y——资金需要量；

a——不变资金；

b——单位业务量所需要的变动资金；

x——业务量。

其中，不变资金是指在一定的营业规模内，不随业务量增减的资金，主要包括为维持营业而需要的最低数额的现金、原材料的保险储备、必要的成品或商品储备，以及固定资产占用的资金。变动资金是指随营业业务量变动而同比例变动的资金，一般包括在最低储备以外的现金、存货、应收账款等所占用的资金。

运用预测模型，在利用历史资料确定 a、b 数值的条件下，即可预测一定业务量 x 所需要的资金数量 y。

11.3 企业筹资渠道与筹资方式选择

企业筹集资金需要通过一定的渠道，采用一定的方式，并使两者合理地配合起来。

1. 企业筹资渠道

筹资渠道是指筹措资金来源的方向与通道，体现着资金的源泉和流量。认识筹资渠道的种类及每种渠道的特点，有利于企业充分开拓和正确利用筹资渠道。

总体而言，企业筹集资金的渠道有如下七种：

（1）国家财政资金。国家对企业的投资，历来是国有企业，包括国有独资公司的主要资金来源。现有国有企业的资金来源大部分是过去由国家以拨款方式投资形成的。国家财政资金具有广阔的源泉和稳固的基础，今后仍然是国有企业筹集资金的重要渠道。

（2）银行信贷资金。银行对企业的各种贷款，是各类企业重要的资金来源。银行一般分为商业性银行和政策性银行。前者为各类企业提供商业性贷款，后者主要为特定企业提供政策性贷款。银行信贷资金有居民储蓄、单位存款等经济性的资金源泉，贷款方式多种多样，可以适应各类企业的多种资金需要。

（3）非银行金融机构资金。非银行金融机构主要有信托投资公司、租赁公司、保险公司、证券公司、企业集团的财务公司等。它们有的承销证券，有的融资融物，有的为了一定目的而集聚资金，可以为一些企业直接提供部分资金或为企业筹资提供服务。这种筹资渠道的财力比银行要小，但具有广泛的发展前景。

（4）其他企业资金。企业在生产经营过程中，往往形成部分暂时闲置的资金，同时为了一定的目的也需要相互投资。这都为筹资企业提供了资金来源。

（5）民间资金。企业职工和城乡居民的节余货币，可以对企业进行投资，形成民间资金渠道，为企业所利用。

（6）企业自留资金。企业内部形成的资金，主要是计提折旧、提取公积金和未分配利润而形成的资金。这是企业的“自动化”筹资渠道。

（7）外商资金。外商资金是外国投资者以及我国香港、澳门和台湾地区投资者投入的资金，是外商投资企业的重要资金来源。

2. 企业筹资方式

筹资方式是指企业筹措资金所采取的具体形式，体现着资金的属性。认识筹资方式的种类及每种筹资方式的属性，有利于企业选择适宜的筹资方式进行筹资组合。

企业筹集资金的方式一般有下列七种：（1）吸收直接投资；（2）发行股票；（3）银行借款；（4）商业信用；（5）发行债券；（6）发行融资券；（7）租赁筹资。限于篇幅，这些筹资方式不再详细介绍。

11.4 筹资方式与筹资渠道的配合

企业的筹资方式与筹资渠道有着密切的关系。一定的筹资方式可能只适用于某一特定的筹资渠道，但是同一渠道的资金往往可以采取不同的方式取得，而同一筹资方式又往往适用于不同的筹资渠道。因此，企业筹集资金时，必须实现两者的合理配合。筹资方式与筹资渠道的配合情况可列示如下。

表 11－2　　筹资方式与筹资渠道的配合

配合　方式 渠道	吸收直接投资	发行股票	银行借款	商业信用	发行债券	发行融资券	租赁筹资
国家财政资金	✓	✓					
银行信贷资金	✓	✓	✓		✓	✓	
非银行金融机构资金	✓	✓			✓	✓	✓
其他企业资金	✓	✓		✓	✓	✓	
民间资金	✓	✓			✓	✓	
企业自留资金	✓	✓					
外商资金	✓	✓					

11.5　银行短期借款明细表

表 11－3　　银行短期借款明细表

截止到　年　月　日　　单位：元

序号	贷款银行	贷款种类	贷款额度	年率（利息）	期限	已动用额度	尚可动用额度	备注

11.6 实收股（债）金报告表

表 11－4 **实收股（债）金报告表**

填报日期 年 月 日

<table>
<tr><td>企业名称</td><td colspan="2">（盖章）</td><td colspan="2">负责人姓名</td><td colspan="4"></td></tr>
<tr><td>地 址</td><td colspan="2">区（县）</td><td colspan="2">电 话</td><td colspan="4"></td></tr>
<tr><td>开户银行名称</td><td colspan="2"></td><td colspan="2">银行账号</td><td colspan="4"></td></tr>
<tr><td>工商登记证字号</td><td colspan="2"></td><td colspan="2">公司性质</td><td colspan="4"></td></tr>
<tr><td>注册资金总额</td><td colspan="2"></td><td colspan="2">批准日期</td><td colspan="4">年 月 日</td></tr>
<tr><td>行业分类</td><td colspan="8">工业（ ） 农业（ ） 商业（ ） 服务（ ）
建筑（ ） 运输（ ） 其他（ ）</td></tr>
<tr><td>集资种类</td><td colspan="2">债券（ ）
股票（ ）</td><td colspan="2">发行方向</td><td colspan="4">内部（ ）定向（ ）
面向社会（ ）</td></tr>
<tr><td rowspan="4">批准集资
金额情况</td><td>批准日期</td><td></td><td colspan="2">批准文号</td><td colspan="4">字第 号</td></tr>
<tr><td>每股金额</td><td></td><td colspan="2">期限</td><td colspan="4">不定期（ ）
定期（ ） 年（ ）</td></tr>
<tr><td colspan="2">国家资金购买</td><td colspan="2">购 买</td><td colspan="2">个人购买</td><td colspan="2">合计</td></tr>
<tr><td>份数</td><td>金额</td><td>份数</td><td>金额</td><td>份数</td><td>金额</td><td>份数</td><td>金额</td></tr>
<tr><td>批准集资额</td><td></td><td></td><td></td><td></td><td></td><td></td><td></td><td></td></tr>
<tr><td>实际发行额</td><td></td><td></td><td></td><td></td><td></td><td></td><td></td><td></td></tr>
<tr><td>实收资金日期</td><td colspan="8">年 月 日至 年 月 日</td></tr>
<tr><td rowspan="2">实收资金投向</td><td colspan="2">类别</td><td colspan="2">固定资产投资</td><td colspan="2">技术改造投资</td><td colspan="2">流动资金</td></tr>
<tr><td colspan="2">金额</td><td colspan="2"></td><td colspan="2"></td><td colspan="2"></td></tr>
<tr><td rowspan="4">单位投资分析</td><td colspan="2">单位名称</td><td colspan="2">公司性质</td><td colspan="2">投资金额</td><td colspan="2">地址</td></tr>
<tr><td colspan="2"></td><td colspan="2"></td><td colspan="2"></td><td colspan="2"></td></tr>
<tr><td colspan="2"></td><td colspan="2"></td><td colspan="2"></td><td colspan="2"></td></tr>
<tr><td colspan="2"></td><td colspan="2"></td><td colspan="2"></td><td colspan="2"></td></tr>
</table>

填报人 负责人

说明：本表一式四份，一份送市国家银行金融行政单位管理处，一份送市专业银行信贷科，一份送区专业银行信贷科，一份单位留存。

该报告表全面反映了企业进行融资所获得的实收资金，其中包括发行债券集资，也包括发行股票集资。通过该报告表可以了解到企业的集资方式和实收资金的金额、来源、构成和去向，同时对单位投资还作出了分析。

11.7 股票转让过户申请书

股票转让过户申请书

致启者：出让人持有下列股票让与受让人所有，即请照章办理过户登记为荷。

此致　　　股份有限公司。

表 11－5

过户股票详细内容	
票面股数	股票号码
股	字第　　　号
股	字第　　　号
股	字第　　　号
股	字第　　　号
合　计	张　　　股

受让人	姓　名		户号		印鉴
	住址				
	户　籍				
	身份证	（统一号码）			
出让人	姓　名		户号		印鉴
	住　址				

以上各栏请受让人及出让人分别填写

卡别	出让股东			变动日期			变动别	凭证号码
	地区	户号	检算	年	月	日		

计算中心	机器操作科	资料控制科	受让股东			应税别	公民别	法团别	身份证统一编号
			地区	户号	检算				

财务处	科长	股长	核对印鉴及登账

以上各栏由本公司有关单位填写

股票所有人要转让股票时，即出让人持有的股票经让与受让人所有，必须照章办理过户登记手续，填写股票转让过户申请书，以申请转让股票。

11.8 企业投资活动会计管理目标与控制要点一览表

表 11-6　投资活动的控制目标和基本内部控制要点一览表

内部控制目标	基本内部控制要点
投资活动经过适当的授权并符合国家法律、法规和相关契约的规定	投资业务经过授权审批
投资账面余额为资产负债表日确实存在的投资，投资收益（或损失）是由实际发生的投资交易事项引起的	与被投资单位签定合同、协议，并获取被投资单位出具的投资证明；内部审计人员或其他不参与投资业务的人员定期盘点证券投资资产，检查是否为企业实际拥有
投资增减变动及其收益（或损失）均已登记入账	投资业务的会计记录与授权、执行和保管等方面明确职责分工，健全证券投资资产的保管制度，或者委托专门机构保管，或者由内部建立至少两名人员以上的联合控制制度，证券的存取均需详细记录和签名
投资的计价方法正确，期末余额正确	建立详尽的会计核算制度，按每一种证券分别设立明细账，详细记录相关资料；核算方法符合会计准则的规定；期末进行成本与市价孰低比较，并正确记录投资跌价准备
投资在资产负债表上的披露正确	投资明细账与总账的记账人员职务分离；投资披露符合会计准则的要求

11.9 投资管理制度

××公司投资管理制度

第一条　目的

本公司为加强投资管理和进行科学投资决策，特制定本制度。

第二条　实施部门

本公司投资事务由本公司财务部负责办理。

第三条 投资分析

①敏感性分析。其目的是找出那些尚未发现但可能影响投资决策的不利因素，并及早采取措施予以纠正。其内容是分析销售、成本等变化对投资利润所造成的影响。

②保本点分析。其内容是分析出使投资不盈不亏的销售量底线。

③蒙特卡罗模拟分析。其内容是分析所有可能出现的变量之间的内在联系对投资的影响。

第四条 投资预测的要求

①预测人员必须要抛弃不必要的心理压力，以创新和科学的态度从事预测工作。

②预测人员不要因不合理的解释而影响投资预测。

③预测人员须做到不因个人偏爱而影响投资预测。

第五条 投资风险的测定方法

①图示测定。

②市场收益率测定。

③市场收益标准差测定。

④市场收益率变异系数测定。

⑤市场收益率灵敏度测定。

⑥借鉴历史资料测定。

第六条 投资审核的程序

①业务人员在年底或年度结束后经过分析，选择净现值为正的投资项目，并附上有关开支细目、必要的书面材料和书面说明。

②业务人员将上述材料上报财务部经过审核，并加工整理，将其列入预算计划。

③财务经理将列入预算计划的项目上报总经理审核批准，并列入下年度或下季度的投资计划。

第七条 投资审核的要求

投资申请中必须作出技术说明和申请投资的理由说明。如投资属于公司扩展业务方面的投资，在拨款申请中要对市场需求、现有技术是否会随时间的推移而落伍，以及竞争对手的情况等作出说明。如属于新产品开发方面的投资，在拨款申请中则要对无形资产、新产品开发在技术等方面所占优势，以及新产品开发给公司带来的正值经济剩余情况等作出说明。

第八条 本制度自颁布之日起实施，修订须经董事会批准。

第九条 本公司的投资业务管理，除依据本制度的规定外，还须符合投资计划书的具体要求。

11.10 短期投资业务会计管理制度

为保证短期投资业务控制目标的实现，短期投资业务处理流程中应设置以下一些控制点，并采取相应的控制措施：

1. 投资分析

（1）控制目标。即保证短期投资业务科学合理。

（2）控制措施。主要有：进行短期投资之前，进行周密的投资分析，编制投资分析报告，具体列明短期投资的资金来源、投资意向及投资活动对企业收益带来的影响。

2. 审批

（1）控制目标。即保证短期投资业务符合授权要求。

（2）控制措施。主要有：财务部门在对投资业务综合分析后，将投资分析报告报经企业负责人审批，投资分析报告经过批准后，财务部门负责人即组织进行有价证券的买卖。

3. 复核

（1）控制目标。即保证短期投资业务真实准确。

（2）控制措施。主要有：在投资交易成立后，财务部门负责人审核有关交易活动的手续是否合法及完备，有价证券是否均以企业的名义进行买卖。

4. 保管

（1）控制目标。即保证短期投资资产的安全。

（2）控制措施。主要有：企业对购入的证券建立相应的保管措施，对有价证券进行妥善的保管。

5. 对账

（1）控制目标。即保证账账、账实相符，保证短期投资业务账务处理正确及会计资料准确。

（2）控制措施。主要有：核对相关总账与明细账及有价证券登记簿。

11.11 长期投资业务会计管理制度

为保证长期投资业务控制目标的实现，企业长期投资业务处理流程中应设置以下一些控制点，并采取相应的控制措施：

1. 可行性研究

（1）控制目标。即保证长期投资业务科学合理。

（2）控制措施。主要有：财务部门根据企业管理部门提出的长期投资项目，广泛收集资料，充分进行论证，根据论证结果，编写可行性研究报告。

2. 决策

（1）控制目标。即保证长期投资业务有效合法。

（2）控制措施。主要有：企业管理部门按照科学的决策程序作出是否进行长期投资业务活动的决策。

3. 复核

（1）控制目标。即保证长期投资业务合法有效。

（2）控制措施。主要有：会计部门负责人员复核反映长期投资业务活动的有关凭证，检查长期投资业务活动的手续是否合法及完备。

4. 记账和对账

（1）控制目标。即保证长期投资业务有据可查，保证长期投资业务账簿之间相互制约，及时提供准确的长期投资核算信息。

（2）控制措施。主要有：企业设立专人负责保管有价证券。负责保管有价证券的会计人员对证券存取情况在有价证券登记簿中作出详细的登记，并定期与长期投资明细账相核对。

11.12 有价证券盘点报告表

表 11－7　　有价证券盘点报告表

经营部门：＿＿＿＿　　　　年　　月　　日　　　　No＿＿＿＿

名　称	发行年度期　别	到期日	每张面值	账面张数	盘点张数	盘盈亏		差异原因说明
						张数	金额	
								处理对策
（副）总经理		部门主管		保管人		会点人		

本表一式三联：①财务部门→经管部门→总经理室→经管部门（白色）

②财务部门→经管部门→总经理室→财务部门（红色）

③财务部门→经管部门→总经理室（黄色）

说明：1. 适用盘点项目：股票、债券、金融票据。

2. 用　　途：①财务部门与经管部门共同盘点及共同填表。

②经管部门说明差异原因及拟订处理对策呈报上级审核。

本表是对企业一定时期内持有的各种有价证券进行盘点，将实际盘点数与账面数相核对而使用的一种管理表格。

11.13　股票汇购书

股票汇购书

编号××××××

本人自愿认购　　　　公司发行的股票　　股，　　股　　元，共计人民币　　元。

请予办理

此致

××信托投资公司

汇购人：
身份证明：
地址：
年　　月　　日

表 11－8

××信托投资公司

代收股款临时收据

编号××××××

今收到　　　认购　　　　公司股票　　　　股

每股　　　　元，共计股款人民币________

待股票发行后根据公告日期凭本收据随带身份证明和图章调换股票。

经收单位公章　　经收人印章

年　　月　　日

说明：本收据一式三联，第一联交购股人收执，第二联作收入传票附件，第三联作存根。

这是客户认购某上市公司发行股票时必须填写的汇购书。汇购书上需详细填明所认购的是何股票，每股单价，共计股价。而代收股款临时收据则是调换股票的依据。

11.14 项目投资会计管理流程

一个投资项目要经历投资前期、投资时期和生产时期三个时期，在各个时期都应该设计相应的会计管理制度，其会计管理流程如下图所示。

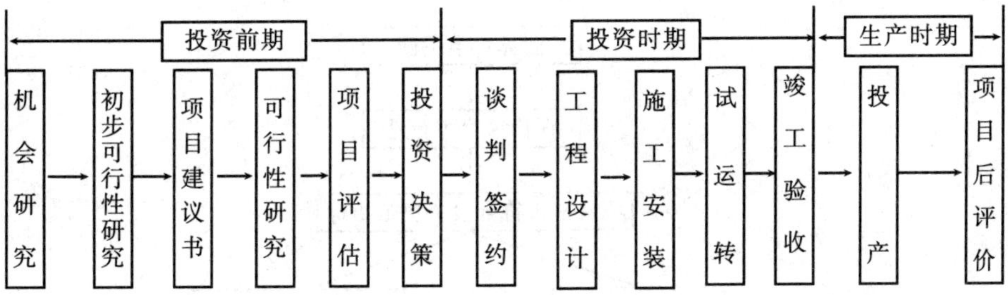

图 11－1 项目投资会计管理流程图

11.15 项目投资分析会计管理流程

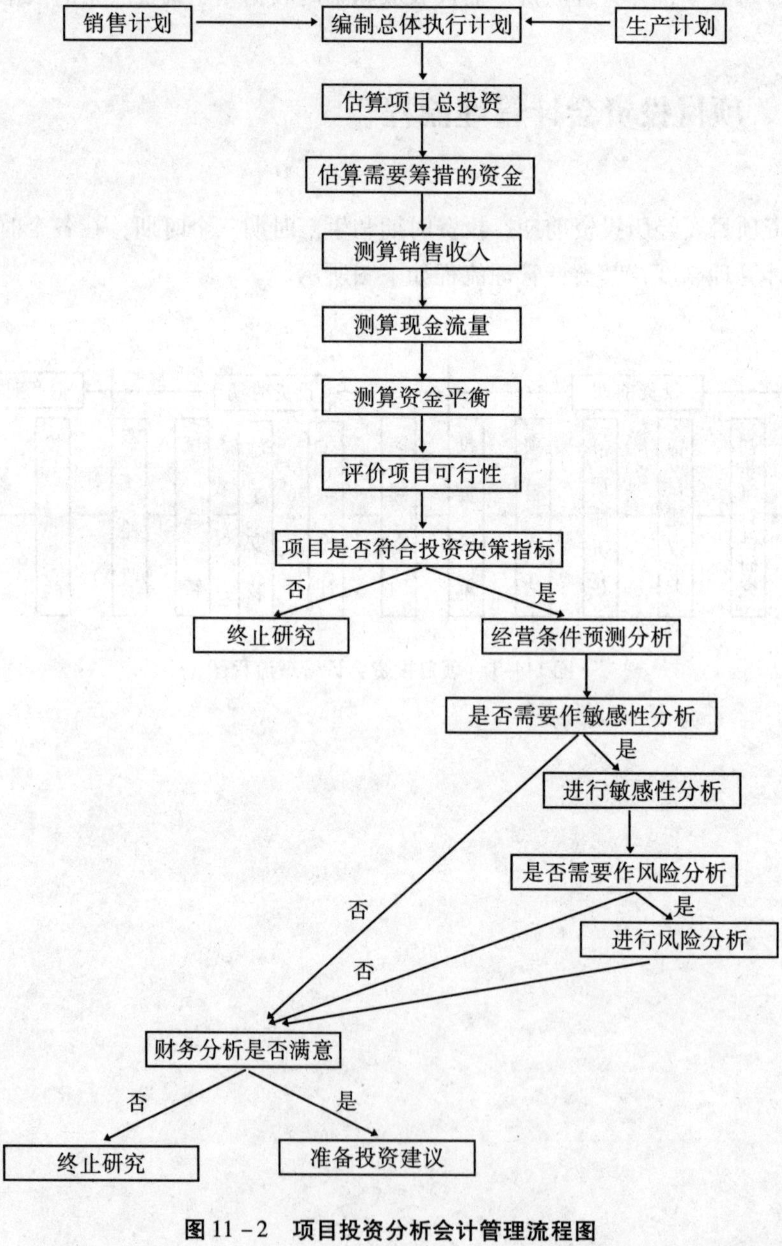

图 11－2 项目投资分析会计管理流程图

11.16 重要投资方案绩效考核表

表 11-9　　重要投资方案绩效考核表

年度

投资编号	投资名称	回收期间	估计投资金额	实际投资金额	预计应回收金额	实际已回收金额	预计回收金额		预计收益率		原因
							预计	修正	预计	修正	
1											
2											
3											
4											
5											
6											
7											
8											
9											
10											
合计											

该表是对企业一定时期内重要的投资方案已取得的效益与预计效益所作的比较，是对实际投资额与估计投资额作比较的一个财务报表。通过比较，找出预期与实际之间的差距，并分析原因。

11.17 投资专案管理卡

表 11－10 **投资专案管理卡**

投资编号					投资名称						
专案进度											
收益状况分析	年度 说明	年	年	年	年	年	年	年	年	年	年	合计
	实际增加收益①											
	实际投资金额②											
	净收益③											
	累计净收益④											
	累计净收益⑤											
	累计净收益⑥											
	累计净收益⑦											
	累计净收益⑧											
	累计净收益⑨											
	差额④－⑤－⑦＋⑨											

这是对某一投资项目进行登记、管理所用的卡片，包括专案进度的记录和收益状况的分析。该卡有利于管理者了解投资项目实施状况，进行严格控制，以保证按预算保质保量按期完成投资项目。

第 12 章　内部审计管理制度

12.1 企业内部审计的任务与目标

1. 内部审计任务与计划

企业内部审计的基本任务，是对企业管理各项职能进行系统的检查与评价，并向企业负责人报告关于企业管理方针和控制的效果。其具体任务是：

（1）监督检查内部控制制度的建立与执行情况；

（2）监督检查计划、预算、资金、财产、资料等方面会计控制的有效性；

（3）监督检查行政领导、组织人士、资产存量、生产作业、行销作业等方面的管理控制的有效性。

（4）监督检查管理方针与目标的落实执行情况；

（5）监督检查各种资源的使用情况；检查各种管理决策是否合法有效；

（6）定期或不定期地向企业负责人或管理者报告内部审计工作状况，提出完善管理措施的建议。

2. 内部审计目标

在执行具体的内部审计项目前，必须确立内部审计目标，内部审计目标不同于外部审计，一般而言，现代企业内部审计的具体目标包括：

（1）对企业计划与经营目标进行审计。

企业计划与目标是内部控制的基础，对其恰当性、实际执行的有效性进行评价与考核是内部审计的主要目标。在检查计划与目标的恰当性方面，应查明目标是否清楚，有无明确的数量和质量标准，目标是否有预算支持，有无偏离预算的现象；计划的经济性与各项细目标是否协调，计划内容是否完成；年度计划是否符合长期目标的进程；执行计划的要求与实际条件是否相符等。

（2）对企业组织机构及其职责进行审计。

对企业组织机构及其职责的审计，有三项内容：一是考核组织机构是否有利于业务执行；二是检查职责划分是否有利于计划的协调、控制及执行，如检查各部门的职责是否明确，有无重叠遗漏，有无责任归属，有无办事细则等；三是检查一般组织原则的遵循情况，如观察与询问工作中有无越权行事或越权报告等。

（3）对企业政策与规章进行审计。

首先要检查业务处理政策与规章是否有利于计划目标的达成，以及企业政策与规章是否合法和恰当。其次是检查政策与规章是否真正得到贯彻执行，具体的执行办法是否矛盾等。再次是检查决策层是否接受政策与规章的约束。最后是检查政策的贯彻是否有利于目标的有效实行。

（4）对制度与程序进行审计。

对制度与程序的审计目标在于：检查制度与程序的完善性；检查制度与程序是否得到

有力的贯彻执行；检查有无不必要或不适宜的制度与程序。

（5）对资源运用进行审计。

对资源运用的审计目标是：检查企业的资源潜力与其所承担的任务是否适应；检查资源的使用是否恰当、充分和经济有效。

12.2 开展内部审计的意义

1. 实行内部审计，有利于单位加强内部人计控制，提高管理水平

内部审计是内部会计控制制度的有力补充，实行内部审计，可以促使各个单位在其经济活动及业务的各个环节建立和完善内部会计控制制度；可以促使单位制定科学的业务处理程序，明确单们内部各个部门、各个岗位的经济责任；可以对单位的内部会计控制制度和经济活动进行全面的、经常的、及时的、有效的内部监督，保证单位目标的顺利实现。

2. 实行内部审计，有利于内部会计控制制度的健全和完善

内部审计通过对单位内部会计控制制度的审查和评价，可发现内部会计控制制度的不尽完善和执行不力之处，并提出改进意见和措施，从而促使单位的内部会计控制控制制度日益完善和得到充分的贯彻执行，发挥其控制功能。

3. 实行内部审计，有利于保证财务会计信息的真实、完整，提高财务会计信息质量

通过审查有关的会计凭证、会计账簿和会计报表以及其他资料，确定其是否真实、完整地记录和反映了单位经济业务的实际情况，有无弄虚作假行为，并对各种错弊行为予以揭露、纠正和处理，能够保证财务会计信息的高质量。

4. 实行内部审计，有利于保护单位财产物资的安全、完整

保护单位财产物资的安全、完整，使其不受损失，是单位对国家和投资者应负的基本职责，也是保证单位进行正常的经济业务活动的必要措施，是内部会计控制的目标之一。

5. 实行内部审计，有利于单位提高经济效益

提高经济效益是我国经济工作的中心任务，也是单位特别是企业生产经营管理工作的核心。内部会计控制的最终目的也是促进单位经济效益的不断提高。促进单位经济效益的提高是内部审计工作的重点，实施经济效益审计是内部审计的一项重要任务。

12.3 内部审计工作职责及任务

总　则

第一条 根据国务院（××）××号、市政府（××）××号文件精神及审计局关于内部审计工作的试行办法（讨论稿），结合总公司的具体情况制定本细则。

第二条 企业内部审计是搞好国家审计监督的基础，运用审计监督在经济建设中促进和制约，即监督与服务两个作用，对企业经营过程及经营效果进行监督、检查、评价，实现企业的优质、低耗、高效率，是企业自我约束机制的重要组成部分。

第三条 正确处理监督和改革的关系。审计工作是促进企业经济体制改革，使开放、搞活深入开展的一个重要保证，是对企业改革、开放、搞活和发展生产力的积极支持。

第四条 内部审计应坚持实事求是的原则，根据国家的方针、政策、财经制度和审计法规，依法进行审计监督。

第五条 内部审计机构是国家审计体系的组成部分，实行本单位的领导和上级审计机构的双重领导。集团总公司审计部受总公司经理领导，在业务上受市审计局的领导。所属单位专职审计人员同时受本单位的负责人和集团总公司审计部双重领导。

内部审计工作的职责及基本任务

第六条 内部审计是在上级审计机构和本级行政负责人双重领导下，以财务审计为基础，在本单位内实行全面审计监督。

第七条 对本单位各部门贯彻执行国家经济政策、法令、规章、制度和法律的情况和结果进行审计监督。

第八条 对本单位的计划和预算、财务收支计划的执行情况，会计记录、账簿、年度报表的真实性、正确性、可靠性进行审计监督。检查会计数字的可靠性；检查其所代表经济业务的合法性；检查所反映的经济活动的合理性。

第九条 审查财产、物资、现金管理，维护投资者和财产所有者的权益，保护社会主义财产的安全和完整。

第十条 审查供、产、销、经济合同和产品物价执行情况，促进企业履行经济合同，以维护和提高企业的信誉。

第十一条 考核企业的经济效益，即投入与产出的审计。通过对企业的各项开支、成本盈亏、资金水平、资金使用效果及经营成果的综合分析，全面评价，提出加强管理，增加效益的措施，及时提供经济管理信息，为宏观决策服务。

第十二条 贯彻“预防为主，检查为辅”的原则，建立健全各项规章制度。

第十三条 维护企业经营管理自主权和合法权益，支持企业按照国家及集团规定合理支配自有资金，搞活经济，推动本单位经济体制改革顺利进行。

第十四条 狠杀新的不正之风，保证经济体制改革健康进行。重点抓以改革为名，严重违反政策和财经纪律，损害国家利益和消费者利益的带有倾向性的案件。

第十五条 监督企业正确处理国家、企业、个人三者分配关系。按照国家规定，及时上缴利税和其他应上交的资金。

第十六条 加强对《会计法》执行情况的检查、监督，及时掌握本单位组织实施《会计法》的情况。

第十七条 处理国家和审计机关及本单位主要负责人交办的审计事项；对群众来信来访和财务大检查中发现的侵吞国家资财，严重铺张浪费、以权谋私，损害国家利益的行为进行专案审计。

第十八条 对企业所属集体所有制企业、事业组织的经济活动效益、法纪进行审计监督。

第十九条 贯彻审计法规，结合本单位的实际情况，制定内部审计制度和工作细则，并贯彻实施，同时抓好审计资料的积累、归档及审计人员培训工作。

第二十条 向本单位领导及时做出审计报告或专案审计报告，并报送上级主管审计部门（集团总公司审计部报送市审计局，所属单位报送集团总公司审计部）。

12.4 企业内部审计工作规定

总 则

（1）根据有关于内部审计工作规定，结合公司的实际情况制定本规定。

（2）内部审计的目的是加强公司及所属公司的管理和监督，维护财经法纪，改善经营管理，提高经济效益。

（3）内部审计是在公司总经理的直接领导下，对公司各部门以及公司所属单位的财务收支和经济效益等进行监督，独立行使审计职权，对总经理负责并报告工作，在业务上同时受上级审计计机构的领导和地方审计机关的监督。

内部审计的任务

（1）主要任务

①对公司及所属公司的资金、财产的完整安全进行监督审计；

②对公司及所属公司的财务收支计划、投资和经费的预算，信贷计划，外汇收支计划和经济合同的执行以及经济效益进行审计监督；

③对公司及所属公司的会计报表进行审计；

④对公司及所属公司的承包经营责任的审计评议，配合上级审计机构对公司主要领导人及所属公司的主要领导人的离任经济责任进行审计；

⑤对公司及其他所属各公司基建工程项目的概（预）算的执行、建设成本的真实性和经济效益进行审计；

⑥对公司及所属公司的内部控制制度的健全、有效及执行情况进行监督检查；

⑦对严重违反财经纪律，侵占国家、公司资产，严重损失浪费等损害国家、公司利益的行为进行专案审计；

⑧贯彻执行有关审计法规，制定或参与研究本公司及所属公司有关的规章制度。

（2）办理公司领导、上级审计机构交办的其他审计事项，以及配合上级审计部门和会计师事务所对公司及所属公司进行审计。

（3）对公司的下列项目审计部必须会签（不包括子公司）：

①基建项目；

②经济合同，包括采购合同；

③公司的年度会计报表。

(4) 审计室不定时对上述项目的执行情况进行抽查。

职权

(1) 主要职权。

①根据内部审计工作的需要，被审计单位应按时向审计部报送有关计划、预算、决算报表和文件资料等；

②检查实物、凭证、账册、有关文件和资料；

③参与有关的会议；

④索取有关的证明材料；

⑤对正在进行的严重违反财经法纪、严重损失浪费行为作出临寸制止的决定；

⑥对阻挠、破坏审计工作以及拒绝提供有关资料的，经公司领导批准可以采取必要的临时措施，并提出追究有关人员责任的建议；

⑦监督被审计单位严格执行审计决定；

⑧对审计工作中的重大事项有权直接向上级审计机构如实反映。

(2) 对违反财经法纪和大量浪费的被审计单位的直接责任人员和单位负责人，可建议公司总经理给予行政处分，情节特别严重的可建议移送司法机关依法追究刑事责任。

工作程序

(1) 审计室在年初应根据上级审计部门的部署，结合公司的具体青况，确定年度审计工作计划，报请总经理批准后实施。

(2) 在实施审计计划时应拟订审计方案，审计范围、内容、方式和时间，并通知被审计单位要求提供必要的工作条件。

(3) 在审计中必须写好工作底稿，记录审计过程，各种旁证材料齐全，做好调查记录并应有相关人员的签名盖章。

(4) 审计中如有争议应如实反映给领导，必须依法有据，实事求是地提出解决办法，切忌主观、武断。

(5) 每项审计工作结束最迟不得超过两周提出审计报告。

(6) 审计报告的要求：

①事实清楚；②数据确实；③依法有据；④建议恰当。

(7) 审计报告在征求补充审计单位意见后（不是同意审计报告），报送公司经理审定批示，作出审计结论和处理决定，通知被审计单位执行。

(8) 被审计单位在听取审计部审计报告草稿后有不同意见时，首先对事实和数据是否确切可提出补充意见，经审计室查明后修改或补充，对审计报告的法规依据，处理建议的内容也可以提出不同的看法，审计室可以采纳或维护报告。

(9) 被审计单位对总经理指示的审计报告必须执行，审计部必须在一定时期内向总经理报告执行结果。

(10) 审计报告后由于情况变化和有新的重要数据，事实查明后，被审计单位应向审计部报告的同时向总经理报告，由总经理决定原审计报告修改或继续执行。

(11) 每个审计报告以及工作底稿附件等必须在 1 个月内整理装订成册归档备查。

奖惩

(1) 对审计工作成绩显著的工作人员以及在揭发检举中的有功人员给予表扬和奖励。

(2) 审计人员泄漏机密，有以权谋私、舞弊行为者应给予行政处分，情节严重而构成犯罪的提请司法机关依法追究其刑事责任。

(3) 对打击、报复检举揭发人员的，不论其职位高低，在公司内部由总经理根据情节严重情况给予行政和经济处分，情节特别严重的报有关部门处理，直到依法追究法律责任。

12.5 内部审计工作流程

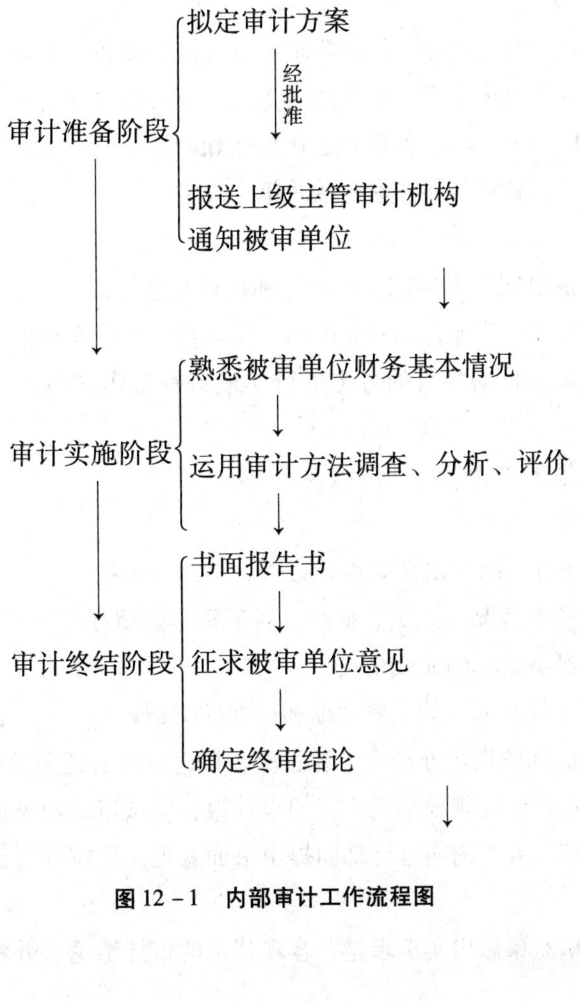

图 12-1 内部审计工作流程图

12.6 经理（厂长）离任经济责任内部审计程序

为逐步实现审计工作制度化、规范化，根据《企业经理（厂长）调离审计实施细则》，特制定本规定。

1. 确定审计对象

按照上级要求和本级审计规定的范围，明确审计对象。

2. 本级审计公证领导小组下达审计指令并通知被审单位和个人

其指令内容是：

（1）审计对象；

（2）成立审计小组，指定组长和成员；

（3）提出要求（任务和时间）。

3. 审计准备阶段

审计小组根据审计公证领导小组的要求，认真做好准备。编制调查审计工作计划。根据审计内容和时间要求具体安排，要注意抓重点以及带倾向性的问题。

审计人员做具体分工，明确各自的工作范围和职责。

收集被审单位的各种资料和国家有关政策、规定。

4. 审计阶段

（1）审计小组成员同被审单位主管领导和被审对象见面：①审计小组交待来意和工作安排，并提出需要被审单位配合的有关事项。②请被审单位介绍情况。

（2）审计小组成员根据各自的分工进行实地审查工作（包括内查外调找有关人员核实和做好记录）。

（3）拟草审计报告初稿。

5. 审计终结阶段

审计结束后，审计小组写出调离审计报告，其内容包括：

（1）被审单位基本情况（人员、财产、各项资金的结存等）；

（2）各项主要经济指标的完成情况；

（3）被审对象在任职期间的主要业绩和存在的问题；

（4）针对存在的问题提出处理意见和建议，报送审计公证领导小组审定。

审计小组将经审计公证领导小组审定的审计报告同被审对象见面，被审对象对审计报告有不同意见时，应在五天内向审计部门提出书面意见，经审计公证领导小组复议确定终审结论。

审计小组对被审对象做出实事求是、客观公正的审计结论，并将审计报告和结论抄送组织和人事部门。

审计部门将各种资料、审计报告、结论整理归档。

6. 本规定由集团总公司审计部负责解释。

7. 本规定自 × 年 × 月 × 日起执行。

12.7 内部审计组织机构

内部审计组织机构是在企业最高领导人授权下，专门行使审计监督职权并独立于其他部门的职能部门。其机构形式和名称可以用审计或审计监察室、处、科、组等，视企业规模大小而定。内部审计机构应由本企业行政领导负责。内部审计机构根据审计需要，按照有利分工和提高审计效率和效果，可适当分设若干科或组。

内部审计机构的建立应当遵守下列基本原则：

（1）组织机构的设置必须合理和有效率。要精简、不重叠，人员精干，防止人浮于事。

（2）配备的人员必须慎重挑选，选用合格称职的人员担任审计监督工作。合格称职的审计人员，应具备下列几个基本条件：

①具有较高的审计、会计与财务、销售、生产、仓储等管理知识，掌握审计方法和技巧，并具有实践经验和独立进行审计的能力。

②具有良好的思想政治品质，作风正派，办事客观公正，奉公守法，廉洁，有很强的责任心和使命感，有高尚的职业道德和组织观念。

③要有敢于审计，善于审计，善于分析，正确判断审计事项的精神、意志和能力。

（3）在审计机构内部的人员必须实行职能分开，进行职务分工，明确规定和划分审计人员的职权、工作范围和任务，建立岗位责任，做到人人守职尽责，忠于职守，勤奋工作，完成各自的审计任务。

12.8 内部审计管理办法

总　则

第一条　为了加强公司经营管理，充分发挥内部审计监督作用，使审计工作制度化、规范化、根据国家审计法规并结合公司实际情况，特制定本办法。

审计机构和人员

第二条　内部审计机构和人员方案有：

①设立审计部，配置若干专职人员；

②附属于财务部，设专职审计人员；

③不设机构和专职人员，聘请外部兼职审计人员。

公司根据自身发展规划，逐步形成多层次，多功能的审计监督体系。

第三条 内审人员应具有一定的政治素质，审计专业职称，审计专业知识和审计经验。

第四条 内审人员必须依法审计，忠于职守，坚持原则，客观公正、廉洁奉公，不得滥用职权，徇私权法，玩忽职守。公司应视审计人员工作质量对其进行奖励和处罚。

第五条 内审人员应按审计程序开展工作，对审计事项严守秘密，未经批准不得公开。

第六条 内审人员依法行使职权，受法律保护。任何部门，个人不得阻挠和打击报复。

审计对象，范围和依据

第七条 内部审计的对象：

①公司各职能部门和员工；

②公司全资子公司、分公司和控股公司；

③公司参股企业的派驻人员；

④总经理认为需要检查的其他事项和人员

第八条 内部审计范围：

①与财务收支有关的经济活动；

②财务计划的执行和决算；

③公司资产的使用、管理及保值、增值情况；

④基建工程预、决算的真实性和合法性；

国家财经法律、法规执行情况；

⑤国家财经法律、法规执行情况；

⑥公司领导离任的经济责任；

⑦管理活动、行政活动；

⑧其他认定事项。

第九条 内部审计依据：

①国家法律、法规、政策；

②公司规章制度；

③公司经营方针、计划、目标；

④其他有关标准

审计种类和方式

第十条 公司内部审计包括：

（1）财务收支审计

对被审计单位财务收入的合法性、真实性和效益性进行监督检查。

（2）专案审计

对被审计单位及人员违反公司财经纪律问题进行审计查处。

（3）专项审计

①管理审计。对被审计单位管理活动的效率性进行审计。

②效益审计。在财务收支审计基础上，对其经济活动的效益性，合理性进行审计。

③任期审计。对被审单位负责人在任职期间履行职责情况进行审计。

④审计调查。对公司普遍存在的问题进行专题调查。

第十一条 公司内部审计方式有：

①报送（送达）审计

被审单位接到审计通知书后，应在其指定时间内将有关材料送审计机构接受审计检查。

②就地审计

审计人员到被审单位进行审计，被审单位需提供必要的工作，生活条件。

内部审计的内容

第十二条 内部审计的内容

①财务计划及其预算的执行；

②固定资产投资项目的立项，资金来源，以及预算、决算、竣工、开工审计。

③资产管理情况；

④经营成果、财务收支的真实性、合法性、效益性；

⑤内部控制制度的健全、严密、有效性；

⑥重要经济合同、契约的签订；

⑦各部门及下属企业领导离任审计；

⑧联营、合资、合作企业和项目投入资金、财产使用及其效果；

⑨配合有关审计机关和审计（会计）师事务所，对公司有关部门的审计；

⑩其他交办审计事项；

⑪向总经理室、审计机关报送审计工作计划、报告、统计报表等资料。

内部审计的主要职权

第十三条 内部审计行使下列职权：

①召开本公司、部门、下属分公司有关审计工作会议；

②参与公司重大经济决策的可行性或可行性报告事前审计；

③要求被审单位及时提供计划、预算、决算、合同协议、会议凭证、会计账簿等文件资料。

④检查被审计单位的凭证、账簿、报表、资产；

⑤对有关事项进行调查，有权要求有关单位个人提供相关证明材料；

⑥提出改进管理、提高效益的建议；

⑦对违反财经法规的行为提出纠正意见；

⑧对严重违反有关财经法规，给公司造成严重损失浪费的人员，提出追究责任的建议；

⑨对审计工作中发现的重大问题及时向总经理、董事会、监事会报告；

⑩对阻挠破坏审计工作及拒绝提供资料的人员，有权向总经理提出建议，采取必要措施，并追究其责任；

⑪参与制定、修订有关公司规章制度。

内部审计工作程序

第十四条　内部审计工作程序

①制定公司审计计划和审计工作方案，经总经理批准后组织实施，必要时报送审计机关。

②书面通告被审计单位，说明审计内容、种类、方式、时间。

③实施审计。审计人员可采取审查凭证、账表、文件、资料、检查现金、实物，向有关单位和人员调查取证等措施。

④提出审计报告，作出审计结论及审计处理意见。

⑤下达审查处理决定。

⑥复审。被审单位或个人在接到审查处理决定 15 天内，向公司提出书面复审申请，经总经理批准组织复议。

⑦进行后续审计。

第十五条　审计程序执行过程中注意事项

①审计前，应向被审计单位出示由总经理签章的审计通知书及授权审计通知书；

②审计处理决定由总经理批准下达；

③复议期间，原审计结论和决定必须照常执行；

④重大事项审计报告董事会，监事会备案；

⑤审计过程中若发现问题，可随时向公司有关领导报告以便及时制止。

审计档案管理

第十六条　审计部门应建立、健全审计档案管理制度。

第十七条　审计档案管理范围

①审计通知书和审计方案；

②审计报告及其附件；

③审计记录，审计工作底稿和审计证据；

④反映被审单位和个人业务活动的书面文件；

⑤总经理对审计事项或审计报告的指示、批复和意见；

⑥审计处理决定以及执行情况报告；

⑦申诉或申请复审报告；

⑧复审和后续审计的资料；

⑨其他应保存的审计资料。

第十八条 审计档案管理参考公司档案管理、保密管理等办法执行。

奖励与处罚

第十九条 审计人员对被审计单位的人员有工作努力、业绩突出行为的向总经理提出各类奖励建议。

第二十条 审计人员对有下列行为之一的被审单位和个人，根据情节轻重，向总经理提出各类处罚建议：

①拒绝提供有关文件、凭证、账表、资料和证明材料的；

②阻挠审计人员行政职权、抗拒、破坏监督检查的；

③弄虚作假，隐瞒事实真相的；

④拒不执行审计结论和决定的；

⑤打击报复审计人员或举报人的。

第二十一条 如审计人员有下列行为，根据情节轻重给予各类处罚；

①利用职权谋取私利的；

②弄虚作假、徇私舞弊的；

③玩忽职守，给公司造成重大损失的；

④泄露公司秘密的。

第二十二条 对审计过程中发生的以上行为，若构成犯罪的，应提请司法机关依法追究弄事责任。

附 则

第二十三条 本办法由审计（财务）部负责解释、补充，经公司董事会通过颁行。

12.9 内部审计报告制度

内部审计报告是由内部审计主审人员编写的审计结果报告。内部审计报告按其内容的多少，可以分为全面审计报告、部分审计报告、专题审计报告等三种。内部审计报告按审计时期长短，可分为年度审计报告、上半年或下半年审计报告、季度审计报告、月度审计报告四种。不论何种审计报告都应该采用详细的报告方式，不宜采用简明的报告方式。

详细的审计报告由四个部分组成。

1. 审计概况

这一部分简要报告审计经过，被审企业或部门的经营状况、财务状况、管理状况、账务状况，包括销售和盈利状况。一般在200~300字左右，不宜过详。

2. 审计出的问题

审计出的问题，包括将影响经济效率、效果、效益，影响计划完成，影响企业经营和发展、生存，影响投资效益和决策的执行，影响重大交易等问题以及人员严重违纪，贪污舞弊，弄虚作假，严重事故，造成企业损失等问题。对上述问题，应将其逐项列入报告。有一个，写一个，逐个写明发生的事实、原因和过程，以及有关的责任人员，以便让领导引起注意，予以重视。这部分内容是审计报告的主题，即主要内容和组成部分。编写时，要求事实清楚，只叙述事实和危害结果，不作分析说明，也不能用推理方法进行推理，文句要简洁、明了、恳切，不能含糊不清，似是而非，让事实说明问题的性质及其危害性。对于一般细小问题，不予写入，以免影响主题。审计出的问题写完后，应该将每一个问题的证明材料列作附件，以便让领导审阅时核对事实。附件放在报告后面，或编号装订，以防散失引起疑问。

3. 审计结论

结论要正确、客观、公正，恰如其分，是肯定的就肯定，是否定的就否定，实事求是。

4. 审计建议

审计建议应分两种。一是对问题的处理意见，另一种是改进的方法。对问题的处理意见应包括对事的处理和对人员的处理意见。对改进的方法，必须针对存在的问题提出有效的、切实可行的办法。需要彻底整顿、全面改进的应经仔细研究，另立方案提出意见，报告企业领导审批后实施。

内部审计报告制度的要点，应包括下列几项：

（1）规定内部审计报告的种类、编报时间；

（2）规定报告的传递程序、审阅人和使用者；

（3）规定审计报告编写人员和报告人员的责任；

（4）规定审计报告复核和校对人员的责任；

（5）规定审计报告档案管理办法。

上述要点，用条文形式规定下来，就可形成内部审计报告制度，予以执行。

12.10 审计报告表

表 12－1 **审计报告表**

审计人员：

审计项目	审计类别	审计期间	抽样比率	审计结果	备 注
批示					

董事长 总经理 总审计 制表 说明

12.11 审计查账记录表

表 12－2　　　　审计查账记录表

被审计单位：　　　　问题类别：　　　　单位：元

年		证	凭证	内容摘要	金额	会计记录		审计
月	日	册号	号码			借	贷	结论

审计组长（主审）　　审计员　　复核　　审计日期　年　月　日

说明